Riemann

Emmanuelle Grundmann

Wälder, die wir töten

Über Waldvernichtung, Klimaveränderung und menschliche Unvernunft

Vorwort von Jane Goodall

Aus dem Französischen von Elisabeth Liebl

Riemann

Die französische Originalausgabe erschien 2007 unter dem Titel
»Ces forêts qu'on assassine« bei Calmann-Lévy, Paris.

Umwelthinweis
Dieses Buch wurde auf 100 % Recycling-Papier gedruckt,
das mit dem blauen Engel ausgezeichnet ist.
Die Einschrumpffolie (zum Schutz vor Verschmutzung)
ist aus umweltfreundlicher und recyclingfähiger PE-Folie.

1. Auflage

Redaktion: Daniela Weise
Satz: Barbara Rabus
Druck und Bindung: GGP Media GmbH, Pößneck
Printed in Germany
ISBN 978-3-570-50086-6

www.riemann-verlag.de

Francisco Alves Mendes Filho, Spitzname Chico Mendes, gewidmet. Der Kautschukzapfer, Gewerkschafter und Umweltschützer wurde 1988 ermordet, weil er den Regenwald gegen die Motorsägen verteidigte.

»Am Anfang glaubte ich noch, ich würde um die Kautschukbäume kämpfen, dann dachte ich, ich wolle den Regenwald Amazoniens retten. Mittlerweile weiß ich, dass mein Kampf dem Überleben der Menschheit gilt.«

Für Chichap.

Die Wälder gehen den Menschen voran,
die Wüsten folgen ihnen.

Chateaubriand

Inhalt

Geleitwort

Die weltweite Vernichtung der Wälder ist eine der größten ökologischen Katastrophen unserer Zeit. Dieses Buch beschäftigt sich mit den Triebfedern der Zerstörung.

Dabei handelt es sich meiner Ansicht nach nicht nur um ein Umweltdrama. Es geht vielmehr um die Schändung der Natur, ein Verbrechen, das mich zutiefst berührt.

Seit ich mich erinnern kann, habe ich Bäume geliebt. Als ich als Mädchen die Tarzanbücher las, liebte ich den Urwald mindestens ebenso wie der Herr des Dschungels, der das Glück hatte, in seinem Schoß aufgewachsen zu sein. Natürlich liebe ich auch die Savanne, die Prärie, die Berge, den Sumpf und andere wilde Orte auf unserem Planeten. Doch richtig zu Hause fühle ich mich nur im Wald. Im Nationalpark von Gombe, wo ich fast ein halbes Jahrhundert lang das Verhalten der Schimpansen studierte, hatte ich zu den Bäumen ein fast spirituelles Verhältnis. Ich legte meine Hand auf den Stamm und fühlte die Rinde, manchmal glatt und frisch, dann wieder runzlig und rau. Ich konnte den Saft, der im Innern des Stammes zu den Blättern hinaufstieg, beinahe spüren. Ich liebte es, mich auf dem Rücken liegend auf dem Waldboden auszustrecken und den Blick ins Laubdach zu richten, aus dem mich leuchtende Himmelsstückchen sternengleich anblitzten, während der Wind die Zweige und Blätter über meinem Kopf wiegte. Ein stetes Murmeln umgab mich, Scharren von Flügeln, Summen, Piepsen und andere Geräusche, die all jenen, die schon einmal im Wald gelebt haben, so vertraut sind – so ähnlich wie es Stadtbewohnern geht, wenn sie quietschende Reifen, aufheulende Motoren oder die Stimmen Betrunkener auf der Straße hören.

Der Wald von Gombe wurde von Menschen bewohnt, lange bevor man ihn zum Nationalpark machte. Sogar auf den Gipfeln der Hügel entdeckte ich die Spuren dieser Menschen nur durch Zufall: ein zerbrochener Kopf, eine Felsplatte, deren Oberfläche durch jahrelangen Gebrauch rau und unansehnlich geworden war ... An den unzugänglichsten Orten hatte ich stets das Gefühl, dass jemand vor mir dort gewesen war – zur Jagd von Wildschweinen, Antilopen oder Perlhühnern. Dieser Wald steht zwar unter Naturschutz, doch seine Fläche erstreckt sich nur auf etwa 30 Quadratkilometer. Jenseits der Grenzen des Parks sind die Wälder verschwunden, sind Feldern gewichen, die von einer immer zahlreicher werdenden Menschheit bestellt werden.

Eines Tages besuchte ich einen völlig abgelegenen Regenwald nahe am Äquator. Ich musste ein Ultraleichtflugzeug nehmen, weil keine Straße dorthin führte. Unter mir Grün, so weit das Auge reichte ... In Indien wurde rund um die winzigen Dörfer des Landes das Pflanzenreich gerodet. Den Bäumen blieb dieses Schicksal erspart, weil es keine Straßen gab. Heute jedoch sind diese Bäume bedroht. Die großen Ölfirmen machen Druck auf die Regierung, ihnen doch endlich die Genehmigung zum Abholzen der riesigen Bäume im tropischen Regenwald zu erteilen. Und sie bauen Straßen. Diese Straßen eröffnen den Zugang zu bislang unerreichbaren Regionen. Auf ihnen fällt eine Armada von Zug- und Baumaschinen ins Land ein, die sich für den Wald fast immer als tödlich erweist. Die Inder, die für die Eigentumsrechte an diesen Straßen kämpfen, werden gejagt, als wären sie Terroristen. Und wenn kein Wunder geschieht, wird der heilige

Wald im tropischen Indien geschändet werden, wie es bereits in Mittel- und Südamerika geschehen ist.

Natürlich werden einzelne Regionen zu Naturschutzgebieten erklärt, doch allzu häufig triumphieren ökonomische Interessen über jene Gesetze, welche die Umwelt schützen sollen. Die Regierung Bush beispielsweise hat erst kürzlich ein Gesetz verwässert, das Millionen Hektar von Wald in Amerika schützte. Nun ist die Ausbeutung des Waldes erlaubt und ebenso die Erschließung des Landes durch Straßen. (Für diesen Schritt fand man folgende innovative Begründung: Durch die »Nutzung« des Waldes verringere sich die Gefahr unentdeckter Waldbrände im Unterholz.) Als ich in Ghana war, besuchte ich den Kakum-Nationalpark. Damals hatte man gerade die neuen Hängebrücken geschaffen, 30 Zentimeter breite Fußgängerstege, die man in 40 Metern Höhe an den Bäumen aufgehängt hat. Von dort, wo ich stand, hörte ich im Innern des Parks mindestens zweimal Gewehre knallen.

Ich habe einige zauberhafte Tage in den Wäldern von Kalimantan im indonesischen Nationalpark von Tanjung Puting verlebt. Dort konnte ich einen Orang-Utan und einen alten Nasenaffen beobachten. Dieser sah mich über seine lange Nase hinweg an, die aus diesen Tieren eine der ungewöhnlichsten Arten der Welt macht. Der unglaublich schöne Wald liegt in einer Region, die ob ihres Artenreichtums berühmt ist. Doch ich hatte auch gehört, dass mittlerweile illegaler Holzeinschlag im Wald an der Tagesordnung war. Seit dieser Zeit werden die Wälder von Indonesien durch Brandrodung zerstört. An ihrer Stelle stehen nun Palmölplantagen, die sich über unzählige Quadratkilometer in den Dschungel hineinfressen.

Heute schwebt ein Damoklesschwert über den tropischen Regenwäldern der Erde, die immer noch kaum geschützt sind: Chinas Hunger nach Holz. Das erstaunliche Wirtschaftswachstum dieses Landes heizt seinen Bedarf an Baumaterial immer weiter an. Ganze Völkerschaften ziehen vom Land in die Städte und suchen dort nach neuen Einkommensquellen, was den Bauboom noch verstärkt. Es geht dabei um die größte Völkerwanderung in der Geschichte der Erde! Mehr als 400 Städte sollen neu gebaut werden! Daher kauft China Konzessionen zum Holzeinschlag en gros auf: in Asien, Afrika, Neuguinea und Kanada. Überall also, wo die Wälder bislang geschützt waren. Natürlich hat der Mensch den Wald immer schon für seine Zwecke genutzt, doch das stete Anwachsen der Weltbevölkerung, die wirtschaftliche Entwicklung Asiens und der hohe Lebensstandard in den Industrieländern sorgen dafür, dass die letzten intakten Regenwälder stärker bedroht sind denn je.

Die Entheiligung der Wälder in entlegenen Gegenden, um dort Menschen anzusiedeln, hat Tradition. Im Jahr 2002 nahm ich an einer Konferenz der *Association technique internationale des bois tropicaux* (ATIBT) teil, die diese anlässlich ihres fünfzigjährigen Bestehens veranstaltete. Einer der Vortragenden berichtete über das Entstehen der Organisation. Er beschrieb, wie nach dem Zweiten Weltkrieg die europäischen Siegernationen die tropischen Wälder der Verlierer unter sich aufteilten, um ihre Dörfer und Städte wieder aufzubauen, die von den Bomben in Schutt und Asche gelegt worden waren. Entsetzt hörte ich der Geschichte dieser gnadenlosen Plünderung zu, die das Werk von Piraten zu sein schien – mit dem einzigen Unterschied, dass sie in viel größerem Umfang stattfand, als Piraten dies je zustande gebracht hätten, und dass mit voller Absicht geplündert wurde.

Viele Forstbeamte, vor allem in Europa, lieben die Wälder, in denen sie tätig sind. Sie sind über Kahlschlagaktionen ebenso entsetzt wie jeder andere Mensch. Niemand versteht besser als sie, dass der Wald heilig ist. Kann man den Wald wirklich wirtschaftlich nutzen, ohne seine Seele anzutasten? Natürlich kann die Holzgewinnung auch nachhaltig erfolgen. So hat ein bestimmter Wald in Britisch-Kolumbien, der seit 40 Jahren holzwirtschaftlich genutzt wird, seinen wilden Charme behalten. Dieser Wald wird nicht umsonst *Wildwood* (»wilder Wald«) genannt und von Merve Wilkinson bewirtschaftet, einem hervorragenden Waldfachmann, der heute 92 Jahre alt ist. Dieser Mann hat 140 Hektar unberührten Wald käuflich erworben, um ihn vor der intensivwirtschaftlichen Nutzung zu bewahren. Krankheiten der Bäume behandelt er ausschließlich mit natürlichen Mitteln. Im größten Teil seines Waldes werden zum Abtransport der gefällten Bäume Pferde genutzt. Wilkinson kennt jeden einzelnen seiner Bäume und lässt ihn nur dann fällen, wenn er seine besten Tage bereits hinter sich hat. Auf seinem Stück Land zählt man heute mehr Arten als zu jener Zeit, als er den Wald kaufte. Gerade die alten Baumriesen fällt er nur äußerst ungern. In seinem Wald findet sich eine kleine Gruppe von Douglasien, von denen jede Einzelne ihr mutmaßliches Alter eingraviert trägt sowie eine Liste von Ereignissen, deren Zeuge sie im Lauf ihres mehrhundertjährigen Lebens geworden ist. Mich in diesem Wald aufhalten zu dürfen, war ein unglaubliches Erlebnis.

Natürlich sollen hier auch jene Menschen Erwähnung finden, die um den Erhalt besonders alter Wälder kämpfen. Alte Bäume haben ein gewisses, unbeschreibliches Etwas an sich, das in allen Menschen, die sich mit ihnen beschäftigen, tiefe Gefühle erweckt. John Seed beispielsweise ist ein wunderbarer Sänger, der die Ökologie sogar in seine Lieder mitnimmt. Er gehört zu den

Ersten, die sich für den Schutz der Regenwälder engagierten. Ich habe ihn kennen gelernt, als er sich in seiner Heimat Australien gefesselt vor die Planierraupen legte, die seine geliebten Wälder niederwalzen wollten – mit Erfolg. Die von ihm gegründete Organisation breitete sich am Ende sogar bis in die Vereinigten Staaten aus und ermöglichte es, dass auf der ganzen Welt ähnliche Einrichtungen entstanden wie zum Beispiel die Rainforest Alliance, das Rainforest Action Network und das Centre d'information sur les forêts humides.

Auch den »Schmetterling« Julia Hill habe ich kennen gelernt. Sie verbrachte zwei Jahre ihres Lebens auf einem uralten Sequoiabaum, den sie Luna getauft hatte. Ihr Kampf hat diesem Baum das Leben gerettet, was leider die anderen Sequoiabäume nicht vor dem Gefälltwerden bewahrte.

Dank dieser Menschen und Organisationen konnten viele Wälder gerettet und unter Naturschutz gestellt werden. In einigen von ihnen bin ich spazieren gegangen: unter den beeindruckenden Sequoias in Kalifornien und in den hügeligen Wäldern des Mount Hood in Oregon. Ich habe ein Naturschutzgebiet in Costa Rica durchquert und war tief berührt, als ich mich über die hängenden Stege durch das Grün bewegte und plötzlich einer Gruppe von Affen gegenüberstand. Einer von ihnen hing faul in den Zweigen und sah mir direkt in die Augen, während über uns Papageien in den strahlendsten Farben aufflatterten.

Doch das bei weitem beeindruckendste Erlebnis hatte ich im Kongobecken von Kongo-Brazzaville. Mike Fay, ein amerikanischer Biologe, Michael (Nick) Nichols, eine Filmcrew der National Geographic Society und ich waren im Goualougo-Dreieck unterwegs, das an den Nationalpark von Nouabale-Ndoki angrenzt. Mike hatte diesen Wald, diesen unglaublichen Garten Eden, »entdeckt«, als er seinen »Megatransect« unternahm, einen Marathonmarsch durch den Dschungel, auf dem er gut 3000 Kilometer zurücklegte. Auf seinem Weg durch das Kongobecken stieß er wunderbarerweise auf ebendiesen Ort. Als er sich einen Pfad durch die Sümpfe gebahnt hatte, welche diesen Wald vor den Pygmäen abgeschottet hatten, fand er sich in einem echten Paradies wieder. Die Tiere dort – Elefanten, Gorillas und Schimpansen – hatten keine Angst vor dem Menschen. Wir verfolgten die Spur der Elefanten unter dem Laubdach gigantischer Bäume, immer im Bewusstsein dessen, dass dieser Wald vom Geräusch der Sägen verschont geblieben, dass hier noch nie ein Geschöpf durch eine Kugel oder einen Pfeil ums Leben gekommen war.

Mike zeigte uns einen riesigen Baum, dessen Wipfel weit über das Laubdach hinausragte. Er schätzte, dass der Baum mehr als tausend Jahre alt sei. Ich trat näher und legte meine Hand auf den majestätischen, verehrungswürdigen Stamm dieses Riesen. Da tauchten vor meinem inneren Auge andere Bilder auf: der misstönende Laut der Motorsägen und der Planierraupen, die Schreie der Holzfäller. Als ich den Tod dieses heiligen Gewächses sah, das in der Stille des Waldes Jahrhundert um Jahrhundert bis in den Himmel gewachsen war, stiegen mir die Tränen in die Augen. Ich sah, wie alles zusammenbrach. Wie auch die anderen Bäume vernichtet wurden und mit ihnen alle Tiere und Pflanzen, die in und auf ihnen eine Heimstatt gefunden hatten. Mike unterbrach meinen Alptraum: »Wenn der Stamm verletzt ist, lassen sie ihn liegen, damit er im Wald verrottet. Bei einem großen Baum ist mindestens die Hälfte des Stammes nicht verwertbar. Sie nehmen nur den Teil, der für sie wirklich von Wert ist.« Da wurde aus den Tränen Wut. Warum wohl nennt man es »Vandalismus«, wenn ein Mensch das Werk eines anderen zerstört? Wenn wir aber das Werk Gottes oder der Natur zerstören, dann soll dies Fortschritt sein?

Mike und Nick konnten die kongolesische Regierung davon überzeugen, das Gebiet des Nationalparks von Nouabale-Ndoki auf diesen Wald auszudehnen. Ich empfinde heute noch tiefe Befriedigung bei dem Gedanken, dass diese Bäume, die mich so sehr berührt haben, noch einige Tausend Jahre lang unberührt bleiben werden. Und auch die Tiere dort werden weiterhin in Sicherheit leben.

Doch damit nicht genug der Heldentaten! Mike organisierte bald darauf ein Treffen mit dem Präsidenten von Gabun, Omar Bongo. Zusammen mit Nick erzählte er ihm vom verwunschenen Wald und zeigte ihm Dias und einen Film über Regenwälder in Gabun. Der Präsident war von der Schönheit der Natur sichtlich gerührt, so sehr, dass ihm gar kurz die Tränen in die Augen stiegen. Nach dieser Begegnung fasste Präsident Bongo den Beschluss, dass dieses nationale Erbe auf jeden Fall erhalten bleiben musste. Und er erließ ein Gesetz, in dem er 13 neue, noch nicht industriell ausgebeutete Regenwaldzonen in Gabun zum Nationalpark erklärte. Dabei widerrief er sogar einige bereits erteilte Konzessionen zur Nutzung dieser Wälder. Zumindest moralisch haben die Naturschützer nun wieder Oberwasser, auch wenn es Unmengen Geld erfordern wird, für die neuen Parks die nötige Infrastruktur zu schaffen, um sie wirkungsvoll schützen zu können. Und natürlich hängt auch dort ein Damoklesschwert über ihnen: dass ein neuer Präsident das Gesetz einfach wieder abschaffen könnte, wie es George W. Bush mit dem Gesetz zum Schutz der Wälder getan hat, das unter der Ägide von Bill Clinton beschlossen worden war.

Denn eines dürfen wir nicht vergessen: Die industrielle Ausbeutung der Wälder bringt enorme Summen ein, weshalb immer ein hohes Korruptionsrisiko besteht. Und sie bietet viele Arbeitsplätze. In einem kaum entwickelten Land fällt es nicht leicht, der Regierung andere Möglichkeiten zur Arbeitsplatzbeschaffung aufzuzeigen: Die meisten Menschen dort sehen keinen Unterschied zwischen der kommerziellen Nutzung ihrer Wälder und der ihrer Erdölvorkommen. Beides gestattet das Gesetz. So können wir nur hoffen, dass wenigstens der vollkommene Kahlschlag verboten und die kommerzielle Nutzung der Wälder bestimmten Regeln unterworfen wird, sodass Flora und Fauna trotzdem geschützt werden. Doch dazu bedarf es der Aufklärung der Regierungsbeamten.

Das ist auch der Grund, weshalb ich Gombe, meinen ruhigen Hafen, verlassen habe. Ich wollte mit jungen Leuten arbeiten. Ich wollte sie für die Natur empfänglicher machen und in ihnen den Wunsch wecken, diese zu beschützen. Ein Teil meiner Arbeit besteht darin, für die Erhaltung der Schimpansen und ihrer Wälder einzutreten. Doch ich möchte auch erreichen, dass wir sie besser schützen, als wir es bisher getan haben. Daher habe ich 1991 im Rahmen des Jane-Goodall-Institutes in Tansania das Projekt »Roots & Shoots« ins Leben gerufen. Diese Bewegung hat sich mittlerweile in 90 Länder »ausgedehnt«. Sie hat Kindergärten genauso wie Universitäten erreicht. (Bei Interesse kontaktieren Sie das Jane-Goodall-Institut Deutschland. Die Adresse finden Sie im Anhang.)

Jede Gruppe bearbeitet Projekte zu drei verschiedenen Lebensbereichen: Verbesserung des gesellschaftlichen Umfelds, Tierschutz (auch für Haustiere) und Umweltschutz. Es geht dabei um ganz konkrete Projekte, die helfen sollen, den Menschen in den einzelnen Ländern eine bessere Welt zu sichern. Die jungen Leute, die daran teilnehmen, lernen sehr schnell, dass ihr Engagement etwas bewirken kann.

Die meisten Gruppen bestehen aus freiwilligen Helfern, die sich leidenschaftlich für die Umwelt und die Wälder einsetzen. Sie beschaffen Geld und kaufen einen Hektar Regenwald nach dem anderen – auf der ganzen Welt. Wo immer es geht, nehmen wir die Kinder mit in den Urwald, sodass sie mit eigenen Augen ansehen können, welche Geheimnisse er birgt. Die Gymnasiasten in Kigoma beispielsweise kommen mit in den Nationalpark von Gombe, wo sie die Welt des Waldes entdecken, der einst das gesamte Ufer des Tanganjika-Sees bedeckte. Die meisten Kinder zeigen sich von diesem Wald fasziniert. Sie sind ganz still und feierlich gestimmt, wenn wir sie unter den großen Bäumen hindurch auf dunstigen Wegen durch die riesigen Farne führen. Nun ja, sie kehren ja nur, wie wir alle in Gombe, zu ihren Wurzeln zurück.

Sehr viele indigene Völker kennen den Gesang des Waldes, der entsteht, wenn der Wind in das Blätternetzwerk fährt. Einige Indios können an diesem Laut sogar unterscheiden, um welchen Baum es sich handelt. Heute weiß man, dass viele alte Bauern den Gesang des Waldes kennen. Hier ein Auszug aus dem Roman *Die Liebe der Fancy Day* von Thomas Hardy[1]: »Für die Waldbewohner hat jeder Baum neben seiner besonderen Gestalt auch seine eigene Stimme. Streicht der Wind über sie hin, seufzen und stöhnen die Fichten ebenso deutlich, wie sie sich schaukelnd wiegen. Die Stechpalme pfeift, als ob sie mit sich selbst kämpft. Zitternd zischt die Esche, und die Buche rauscht,

1 Hardy, Thomas, *Die Liebe der Fancy Day*, Hamburg 1949, S. 7.

wenn ihre glatten Zweige schwanken. Selbst der Winter, der den Bäumen das Laub abstreift und ihr Aussehen verändert, zerstört diese Eigenart nicht.«

Wir brauchen die Wälder, weil sie eine wichtige Rolle in der Regulierung unseres Klimas spielen. Wir brauchen sie, weil sie das CO_2 in die Atmosphäre abgeben, das sie vorher aufgenommen haben. Doch wir brauchen sie auch, weil sie eine so wichtige Rolle in unserer Entwicklungsgeschichte spielten. Vor langer, langer Zeit lebten unsere Vorfahren auf den Bäumen. Was mich betrifft, so habe ich ein instinktives, urzeitliches Bedürfnis, mich inmitten von Bäumen aufzuhalten.

Es liegt an uns, die wir uns dessen bewusst sind, nun aktiv zu werden. Bevor es zu spät ist.

Jane Goodall

Gründerin des Jane-Goodall-Instituts und Botschafterin der Vereinten Nationen

Vorwort

Der Tag bricht an mit seinem langen Dunstschleier, der den noch schlafenden Wald in seine Arme nimmt. Die Zikaden begrüßen mit lautem Gesang die Tagschicht. Auf dem Boden, in der Luft und auf den Bäumen wimmelt es nur so von Geschöpfen, die allmählich erwachen. Der Wald, lebendig geworden, scheint sich zu erheben. Ein flüchtiger Augenblick der Kühle, denn mit immer wieder überraschender Schnelligkeit steigt die Sonne am Himmel auf. Sie lässt der Nacht keine Zeit, es sich noch ein bisschen gemütlich zu machen.

Dieser morgendliche Aufruhr begleitet uns, während wir eintauchen in den smaragdgrünen Schild, das Reich des Chlorophylls, in dem nur wenige Lichtstrahlen da und dort den dichten Laubbaldachin durchdringen. Die stickige, feuchte Luft umfängt uns. Der Geruch des vom Tropenregen feuchten Humus durchzieht das Unterholz. Der Regen kennt hier keine Atempause. Schon bald geht ein kräftiger Schauer dicker Tropfen auf den Wald nieder. Was nicht bedeutet, dass das Konzert des Waldes verstummt. Ganz im Gegenteil. Nun haben die Kröten die erste Stimme übernommen.

Der Regen, der sich hier mit der ganzen Fülle der Tropen ergießt, durchweicht die Pflanzenwelt. Sobald der Platzregen aufgehört hat, schlagen wir uns mit der Machete durch das Gewirr aus dornigen Lianen, Rohrgewächsen und riesigen Ingwerstängeln. Wie die Maulwürfe graben wir einen Tunnel in die lebendige, grüne Wand. Eine Art Trunkenheit hat uns erfasst.

Plötzlich ertönt eine Melodie, eine Reihe von Trillern, die bald ihr Echo in einer zweiten Klangkaskade finden. Diese morgendlichen Duette der Weißhandgibbons erfüllen mit ihrem Singsang den Regenwald in Indonesien ... Das Weibchen lässt ein *la* ertönen, gefolgt von den sechs frei improvisierten Noten des Männchens. Ein magischer Moment im Leben des Waldes, ein Hauch akustischer Intimität, dem wir gebannt lauschen.

In dieser strahlend grünen Kathedrale sind die Baumriesen mit ihren gewaltigen Luftwurzeln gleichsam die Säulen, auf denen das Ganze ruht. Diese Giganten ragen weit aus dem Blätterdach hervor und stehen mit dem Himmel auf Du und Du. Sie sind typisch für den Regenwald Südostasiens. Neben ihnen ragen die Feigenbäume hervor, die sich anderer Bäume als Stütze bedienen, um zum Licht zu kommen. Denn die Sonne erreicht hier kaum je das Unterholz, in dem wir uns durch die Schattenwelt kämpfen. Ich stehe unter einem dieser mit violetten Früchten überladenen Feigenbäume und betrachte in der prächtigen Speisekammer über mir das Kommen und Gehen der Tiere: Zu meiner großen Freude geben sich Gibbons, Eichhörnchen, Bären und Doppelhornvögel gleichsam die Tür in die Hand. Und plötzlich erspähe ich zwischen zwei Baumkronen, die dicht ineinanderwachsen, einen orangefarbenen Schimmer, der sich von Liane zu Liane hangelt. Ein Orang-Utan, der »Waldmensch«, wie die Malaien ihn nennen – wohl das rätselhafteste und faszinierendste Geschöpf dieser Wälder.

Der Regenwald umschließt uns wie eine dichte Hülle. Er umfängt uns, verschlingt uns geradezu. Ob in Asien, Afrika oder Amerika, die Begegnung mit dieser Welt berührt die Menschen tief. Denn im Unterholz der tropischen Wälder steht man nicht nur einer extremen Fülle von Tier- und Pflanzenarten gegenüber, sondern einem lebendigen Organismus, dessen Herz im Rhythmus des Regens schlägt. Ein wahres Wunder der Evolution. Der Einfallsreichtum der Schöpferkraft kennt in diesem Ökosystem keine Grenzen. Alle Formen, alle Farben, alle Klänge und alle Kombinationen sind erlaubt. Heuschrecken, die aussehen wie abgefallene Blätter, Kröten von der Farbe leuchtender (Haribo-) Erdbeeren, Affen, die brüllen wie die Stiere, stachlige Spinnen, leuchtende Pilze, Tukane mit prächtig gefärbten Schnäbeln und Rafflesien mit riesigen Blüten. Es ist nicht die unglaubliche Fülle, die erstaunt, sondern die grenzenlose Vielgestaltigkeit. Wer durch diese Wälder wandert, macht stets neue Erfahrungen. Ein Ort, an dem wir mit einem kleinen Ausschnitt der unermesslichen Artenvielfalt unseres Planeten Bekanntschaft schließen können.

Doch dieses Ökosystem ist verwundbar, und seit einigen Jahren breitet sich der Krebs in der Fülle der tropischen Wälder aus. Seine Metastasen machen sich auf der ganzen Welt breit und werden immer zahlreicher, immer beunruhigender. Das gewaltige Pflanzenmeer, das einst wie ein dichter Gürtel um den Äquator lag, wirkt heute, als wäre es von Motten zerfressen, so viele Löcher weist es mittlerweile auf. Die Gründe für diese Seuche sind wohlbekannt. Der Mensch hat sie verursacht, und nur der Mensch kann sie aufhalten. Auf dass wir weiterhin diese grünen Kathedralen erforschen und von ihnen all unsere Sinne betäuben lassen können.

Einführung

Wirklich, ich lebe in finsteren Zeiten.
Das arglose Wort ist töricht, eine glatte Stirn
Deutet auf Unempfindlichkeit hin [...]
Was sind das für Zeiten, wo
Ein Gespräch über Bäume fast ein Verbrechen ist
Weil es ein Schweigen über so viele Untaten einschließt!

Bertolt Brecht, *An die Nachgeborenen* (aus: *Deutsche Gedichte*, hrsg. von Karl Carstens, München 1983)

Die Worte Bertolt Brechts, niedergeschrieben 1937 im Exil, in das sich der große Schriftsteller vor den Nazis in Sicherheit gebracht hatte, klingen mir in den Ohren. Sie entstanden in einer politisch und sozial besonders schwierigen Situation, doch meiner Ansicht nach haben sie auch in jüngeren Zeiten, die nicht minder finster sind, selbst wenn es auf den ersten Blick anders scheinen mag, nichts an Gültigkeit verloren.

Als ich noch Kind war, träumte ich vom Regenwald am Amazonas. Farbenprächtige Aras, wie sie mit einem Flügelschlag über das smaragdgrüne Laubdach gleiten. Jaguare, deren geflecktes Fell im Spiel von Licht und Schatten, das im vor Feuchtigkeit dampfenden Unterholz herrscht, beinahe verschwindet. Klammeraffen, die sich an ihren Gliedmaßen und dem langen Greifschwanz durchs grüne Gewirr hangeln ... Tropischer Regenwald. Ein Wort mit einem sanften Klang, in dem der unterschwellige Wunsch nachhallte, in dieses grüne Paradies einzutauchen, das zugleich so anziehend und abweisend wirkt. Der alte Gegensatz von Natur und Kultur, Überbleibsel des kartesianischen Weltbilds, das in unserer westlichen Gesellschaft immer noch stark verwurzelt ist, machte sich unbewusst in meinem Denken breit.

»Wenn ich erst groß bin ...«, dann würde ich die Geheimnisse dieses in Grün getauchten Ortes zwischen Himmel und Hölle enthüllen.

Am Ende waren es die Affen, die mir den Weg zeigten. Als kehrte ich zu meinen Ursprüngen zurück. Der Schock war immens, als ich zum ersten Mal in eine der gewaltigen Kathedralen eintauchte, die manchmal seladon-, dann wieder jadefarben schimmerten. Dieser Dom aus Chlorophyll sog mich auf, verschlang mich, sodass meine Gedanken bald im Rhythmus der tropischen Flora widerhallten.

Nichts schien diese Bäume aufhalten zu können, die mit dem Himmel auf Du und Du waren, deren Wipfel Hand an die Wolken legten. Die Rinde unter meinen Händen, manchmal rau und rissig, dann wieder glatt und beinahe zu vollkommen, erzählte tausend Märchen. Erinnerungen aus alter und jüngerer Zeit. Die Bäume bewahren das Gedächtnis der Erde.

Wie alle Träume früher oder später ein Ende haben, so fanden auch meine grünen Illusionen ein tragisches Ende. Als ich zum ersten Mal meinen Fuß auf die feuchte Erde des gewaltigen Ökosystems Regenwald setzte, das mich als Mädchen immer zum Träumen gebracht hatte, wenn ich ihm in Bildern oder Erzählungen begegnet war, entdeckte ich die grausame Wirklichkeit voller Wunden, Narben und unendlicher Tristesse. Ich war auf Borneo, in der indonesischen Provinz Kalimantan. Vor mir eine Lichtung, eine Landschaft voll offener Wunden. Wo früher ein leuchtend grünes Juwel lag, starrte mir nun ein Wald aus verkohlten Baumskeletten, abgeknickten Stämmen und ausgerissenen Wurzelstöcken entgegen. In diesem Pflanzenfriedhof waren die anregenden Konzerte der Grillen, Gibbons, Doppelhornvögel und Frösche verstummt, die früher den Tag begleiteten. Eine Grauen erregende Stille machte sich breit. An diesem Ort war das Leben zerstört worden. Und wer war für die Wunden verantwortlich: nur der Mensch, der in seiner Gier übersieht, dass er das zerstört, was ihm das Leben ermöglicht hat.

Madagaskar, Borneo, Kongo, Brasilien oder Malaysia – überall dasselbe Bild.

Mit den Wäldern verschwinden Hunderte, ja Tausende von Lebensformen. Nicht nur Insekten, Vögel oder Reptilien, sondern auch Menschen. Weil sie in Jahrhunderte währender Harmonie mit dem Wald leben, der sie nährt, zahlen sie den höchsten Tribut an die mörderische Gier ihrer Zeitgenossen, die der Natur ein für alle Mal den Rücken zugewandt zu haben scheinen.

Heute sind nur noch 5 Prozent der Erdoberfläche von Wald bedeckt. Vor noch nicht einmal hundert Jahren waren es noch 15 Prozent. Zwischen 2000 und 2005 wurden Jahr für Jahr etwa 7,3 Millionen Hektar Wald, also ein Gebiet von der Größe Panamas, abgeholzt, die Hälfte davon in Amazonien. Am meisten aber leiden wohl die Wälder Südostasiens, die für Holzgewinnung, Papierherstellung oder gigantische Monokulturen der Ölpalme vom Angesicht der Erde verschwinden. Die industrielle Revolution in China trägt daran die Hauptschuld. Dieses gewaltige Land mit seiner hohen Bevölkerungsdichte hat einen enormen Rohstoffbedarf für die erwachende Industrie und den beginnenden Handel mit den westlichen Industrieländern. Dieser treibt die Chinesen zur rigiden Ausbeutung sämtlicher natürlicher Ressourcen. Seit es jedoch im Land selbst aufgrund des massiven Kahlschlags in einigen Regionen zu enormen Umweltproblemen kam, wurde das Abholzen der eigenen Wälder gestoppt. Nun verlegt man sich darauf, die Wälder Asiens und Afrikas zu dezimieren.

Hinter dieser Entwaldung bislang ungekannten Ausmaßes stehen wirtschaftliche und politische Interessen, die von internationalen Finanzinstitutionen wie der Weltbank und dem Internationalen Währungsfonds (IWF) gesteuert werden. Hintergrund ist die Kluft zwischen den nördlichen Industrieländern, die zwar reich an finanziellen Mitteln, aber arm an Rohstoffen sind, und den Ländern des Südens, die – arm und hoch verschuldet – über eine enorme Biodiversität und wichtige natürliche Ressourcen verfügen.

Um unseren westlichen Lebensstil, der in erster Linie von Verschwendung geprägt ist, weiter aufrechterhalten zu können, werden in den Industrieländern zahllose Strategien entwickelt, um sich die Ressourcen der »armen« Nachbarn anzueignen. Die Ausbeutung dieser Reichtümer begann, in mehr oder weniger verhüllter Form, bereits im 15. Jahrhundert und dauert bis heute unvermindert an. Im Austausch dafür geben wir den »armen« Ländern dann Entwicklungshilfe.

Während meiner Reisen durch die Länder des Tropengürtels war es mir wichtig, ein Porträt der aktuellen Situation in diesen Breitengraden zu zeichnen. Ich wollte die Hintergründe, die Ursachen und Folgen dieses Verbrechens gegen die Biodiversität begreifen, dieses ökologischen Dramas, das unser Überleben aufs Spiel setzt. Denn der Kampf um die Erhaltung der letzten Regenwälder ist keineswegs nur eine Grille einiger weltfremder Ökofreaks, die dieses Paradies erhalten wollen, um einigen betuchten »grünen« Touristen Safaris zu den »Ursprüngen der Natur« zu ermöglichen! Wenn wir diese Wälder verlieren, verlieren wir das Grundgerüst unserer Geschichte, unser Erbe als lebendige Wesen, die Teil eines Ganzen sind. Im Namen dieses Ganzen, des Lebens nämlich, müssen wir uns gegen dieses Massaker, gegen diese Chronik einer angekündigten Vernichtung wehren. Außerdem wissen wir noch gar nicht, wie sich die Zerstörung der grünen Lunge unseres Planeten auf Ökologie, Wirtschaft und Lebensbedingungen der Erde auswirken wird. Die Klimaerwärmung liefert uns einen ersten Vorgeschmack auf die Dimensionen des ökologischen Dramas, das jetzt im Gange ist.

Angesichts der riesigen Löcher im Laubdach, der Baumstämme, die zu Tausenden wie Leichen den Fluss hinuntertreiben, angesichts der klaffenden Wunden im Regenwald, die immer zahlreicher werden, ist es unsere Pflicht, nicht nur ein bisschen an der Alarmglocke zu ziehen, sondern endlich zu handeln.

Ich habe dieses Buch für die Bäume geschrieben, die uns im Laufe unserer Entwicklung so viel geschenkt haben. Und für die Völker, die zum Wald ein Verhältnis des Vertrauens, der Achtung, Harmonie und Teilhabe entwickelt haben. Völker, die uns sehr viel über die Natur und uns selbst lehren könnten, wenn wir ihnen nur ausreichend Gelegenheit dazu gäben. Völker, die teilweise schon vor Jahrhunderten aus ihren Wäldern vertrieben wurden, damit die Ausbeuter leichter Zugang zu den kostbaren Rohstoffen hatten. Zu guter Letzt sei das Buch jenen Menschen gewidmet, die den Wald, die Artenvielfalt und die Rechte der Eingeborenen mit aller Leidenschaft verteidigen und die diesen Kampf, der so sehr dem von David gegen Goliath gleicht, manchmal mit ihrem Leben bezahlen.

Ich kann nur hoffen, dass wir eines Tages unsere Fehler einsehen, die wir in bester Absicht begehen, die aber dennoch fürchterliche Auswirkungen haben. Dass wir endlich aufhören, der Natur, den Wäldern und Bäumen den Rücken zuzuwenden. Bevor es zu spät ist.

Denn wir sollten uns vor Augen halten, dass jede ökologische Katastrophe in der Menschheitsgeschichte den sozialen und wirtschaftlichen Zusammenbruch nach sich zog. Es gibt kein isoliertes »Regenwaldproblem«. Was dem Wald geschieht, geschieht auch dem Menschen, sowohl auf lokaler wie auf globaler Ebene.

Vor einigen Monaten entdeckte ich auf einer kleinen Insel an der Atlantikküste einen seltsam zauberisch wirkenden Wald. Dieser Tillorbeerwald in Makaronesien, vor der Küste von Mauretanien, ist das letzte Überbleibsel jenes Waldes, der einst ganz Europa bedeckte, bevor die letzte Eiszeit kam. Moose, Flechten, Farne – alles dort leuchtet in Smaragd-, Jade- oder Seladongrün. Ein geheimnisvoller Dunstschleier hüllt den Wald gleichsam in ein weißes Tuch. Die verkrüppelten, gekrümmten und durchlöcherten Tilllorbeerbäume, die hier wachsen, spiegeln die ganze Geschichte dieser Welt weit über dem Meeresspiegel wider. Im morgendlichen Nebel versinkt mein Fuß in den weichen, mit Veilchenblüten bestickten Mooskissen. Die Zeit scheint stehen geblieben zu sein.

Dieser Wald wurde zum UNESCO-Welterbe erklärt und so

gerettet. Wer immer ihm zu lauschen vermag, dem flüstert er die Geschichte der Erde und der Menschheit ins Ohr, die in der rauen Rinde des Lorbeers gespeichert ist. Ich hoffe, dass auch die riesigen Meranti-, Moabi-, Mahagoni-, Iroko- oder Palisanderbäume uns weiterhin von unserer Jahrtausende währenden Geschichte berichten können, die der Stamm und das Laub dieser Riesen für uns bewahrt haben.

Werter Herr Elefant,

[...] Zweifelsohne müsste man Sie im Zuge eines absoluten Rationalismus vernichten, damit wir Menschen endlich den ganzen übervölkerten Planeten unser Eigen nennen können. Zweifelsohne gäbe Ihr endgültiges Verschwinden das Signal für eine Welt, die durch und durch auf den Menschen ausgerichtet ist. Doch lassen Sie mich Ihnen sagen, mein alter Freund, dass eine Welt, die ganz auf den Menschen ausgerichtet wäre, vermutlich auch für den Menschen keinen Platz mehr böte. [...]

Und so, werter Herr Elefant, befinden Sie und ich uns im selben Boot, das vom selben mächtigen Wind des Rationalismus ins Reich des Vergessens abgedrängt wird. In einer wahrhaft materialistischen und realistischen Gesellschaft sind Poeten, Schriftsteller, Künstler, Träumer und Elefanten nur Sand im Getriebe [...].

Romain Gary, *Brief an einen Elefanten*

TEIL I

Das smaragdgrüne Paradies

1 | Der tropische Regenwald heute

Dschungel. Ein Wort, das uns von Kindesbeinen an beschäftigt. Wir begegnen ihm in Erzählungen, wandern in unserer Fantasie durch undurchdringliche Wälder, von wilden, faszinierenden Tieren und ebenso geheimnisvollen und unbekannten Menschen begleitet. Beim Klang dieses Wortes fühlen wir uns an Mogli erinnert, an Elefanten, Panther, Tiger, Affen und Boas, die in einem mythischen, weil unwegsamen und geheimnisvollen Wald leben. Als Gegenstand unzähliger Sagen und Legenden nimmt der Dschungel in unserer Vorstellungskraft einen besonderen Platz ein, ob in der Kunst oder in der Geografie, ob unter Naturkundlern oder Schriftstellern. In *Herz der Finsternis* von Joseph Conrad ist der Dschungel nicht nur ein dichter, undurchdringlicher Wald voller wilder Tiere, sondern steht auch gleichnishaft für alle Formen des Daseins, in denen das Recht des Stärkeren herrscht. Dies allerdings ist ein grundlegendes Missverständnis, denn im Ökosystem »Dschungel« gelten dieselben, unveränderlichen Gesetze des Lebens wie auf den Feldern unserer Breiten oder im hohen Norden.

In Europa war der Begriff Dschungel vor dem 19. Jahrhundert kaum gebräuchlich. Das hatte seinen Grund, denn die Zeit der großen Forschungsreisen begann gerade erst. Der Begriff kommt aus dem Hindi, *jangal*, und bezeichnete ursprünglich das nicht urbar gemachte Land um die indischen Dörfer. Also kein Gedanke an die grünen Kathedralen, die wir Heutigen uns vorstellen und die Kipling in seinem *Dschungelbuch* nachzeichnet! Deshalb sprechen wir hier meist vom Regenwald, genauer gesagt vom tropischen oder äquatorialen Regenwald, je nachdem, von welcher geografischen Zone die Rede ist.

Den Europäern mag der Regenwald lange Zeit unbekannt gewesen sein, die alten Römer hingegen konnten die erste Beschreibung in der *Historia Plantarum* lesen. Ihr Autor Theophrast sollte für lange Zeit die botanische Autorität schlechthin bleiben. Er beschrieb den tropischen Regenwald und die Mangroven, die Alexander der Große 327 v. Chr. durchquerte, als er sich zum Punjab aufmachte und auf dem Indus an die östliche Grenze seines Reiches reiste, mitten ins Herz der Tropen.

Richtig ins Bewusstsein aber traten die üppigen Wälder mit ihrer steten dampfenden Wärme erst, als Kolumbus, Humboldt, Darwin und Wallace sie entdeckten und beschrieben.

Zwischen dem Wendekreis des Krebses und dem des Steinbocks gelegen, bedeckten die tropischen Regenwälder einst zwischen 12 und 16 Prozent der Erdoberfläche, also etwa 15,5 Millionen Quadratkilometer. Heute ist davon nicht einmal mehr die Hälfte vorhanden. Doch es ist nicht leicht, die Größe der Regenwaldgebiete abzuschätzen, ehe vor einigen Jahren der Raubbau einsetzte. Es gibt kaum genaue Zahlen, und wenn doch, sind sie mit Vorsicht zu genießen, da man stets Gefahr läuft, Äpfel mit Birnen zu vergleichen. Jeder veranschlagt die Größe der Waldgebiete so, wie es seinen Interessen am besten dient, denn die Kriterien dafür, was nun als Regenwald zu betrachten ist, sind keineswegs fest definiert. So machte man früher keinen Unterschied zwischen dem so genannten Sekundärwald (Wald, der schon teilweise zerstört ist) und dem noch unberührten Primärwald. Es zählte nur die Waldfläche als solche. Doch Waldgebiet ist nicht gleich Waldgebiet, wie uns ein einfacher Blick auf die Monokulturen aus Eukalyptusbäumen oder Kiefern lehrt. Diese Gebiete sind zwar von Bäumen übersät, doch sie bieten kaum anderen Pflanzen oder Tieren eine Heimstatt. Daher ist man mittlerweile dazu übergegangen, die noch intakten Wälder, die bislang nicht durch menschliche Intensivnutzung in Mitleidenschaft gezogen wurden, sowie die bereits geschädigten Sekundärwälder extra aufzuführen. Mit einer Ausnahme: wenn es nämlich darum geht, die Zahlen im Interesse der Holzindustrie zu schönen. Denn wenn der Regenwald ja doch noch größer ist, als man bisher annahm, warum dann nicht noch ein paar Konzessionen zum Holzeinschlag mehr vergeben oder die Anlage einer neuen Palmöl- beziehungsweise Sojaplantage genehmigen?

Es gibt wahre Meister auf dem Gebiet, die Gesamtfläche der Regenwaldzonen dieser Erde zum Vorteil der Industrie nach oben zu korrigieren.

Die smaragdgrünen Kathedralen liegen am Äquator. Je nach ihrer geografischen Lage unterscheidet man drei große Regenwaldzonen auf der Erde: Amerika, Zentralafrika und Südostasien. Der Regenwald in Süd- und Mittelamerika nimmt dabei die größte Fläche ein. Etwa die Hälfte aller tropischen Regenwälder wächst dort. Der Regenwald Amerikas bedeckt eine Fläche von etwa 4 Millionen Quadratkilometern (was einem Sechstel aller Wälder auf der Erde entspricht). Er umfasst drei große zusammenhängende Gebiete: die Wälder im Amazonas- und Orinokobecken, die Wälder an der Pazifikküste von Ecuador und Kolumbien sowie die Wälder der Atlantikküste im östlichen Brasilien – Mata Atlantica, von dem der Vernichtungsfeldzug nur noch einige wenige Waldstücke inmitten ausgedehnter Felder zurückgelassen hat.

Die nächstgrößere Regenwaldzone umfasst die Wälder in Asien, die bis nach Queensland in Australien reichen: insgesamt 2,5 Millionen Quadratkilometer. Der Wald dehnt sich über den gesamten Malaiischen Archipel aus. In der Reihenfolge der Länder mit dem größten Anteil an tropischem Regenwald folgt Indonesien gleich hinter Brasilien, das die größte Fläche besitzt.

Am Ende steht schließlich der Wald im Herzen Afrikas, im Kongobecken, wo 1,8 Millionen Quadratkilometer von Regenwald bedeckt sind.

Einige Regenwaldgebiete finden sich auch im Osten Madagaskars und auf den Maskarenen (einer Inselgruppe, welche die Inseln Réunion, Mauritius und Rodrigues umfasst).

Der Regenwald ist ein so genannter Feuchtwald. Er schwitzt sozusagen und sorgt so für ein Treibhausklima, in dem sich ein besonders komplexes Ökosystem etabliert hat, das sowohl strukturell als auch im Hinblick auf seine Artenvielfalt einige Besonderheiten aufweist. Wenn man die verschiedenen Arten von Regenwald (Feuchtwald, äquatorialer Wald, Monsunwald, Trockenwald, Bergregenwald und Mangrovenwald) zusammenfasst, wird klar, dass im tropischen Regenwald nahezu 50 Prozent der Arten auf diesem Planeten beheimatet sind. Ein Ökosystem, das nur mit den Korallenriffen verglichen werden kann, die ebenfalls in tropischen Regionen beheimatet sind.

Am besten aber lässt sich die Sonderstellung dieses Waldes beschreiben, wenn man sich seine klimatischen Bedingungen ansieht: Die Temperaturen im Jahresverlauf bleiben vergleichsweise konstant. Wenn der Wald nicht auf einem Berg liegt, sinkt die Temperatur nur sehr selten unter 18 Grad Celsius. Auch der Unterschied zwischen Tages- und Nachttemperaturen ist gering. Diese Wärme wird begleitet von heftigen Regenfällen. Im Monatsdurchschnitt fallen etwa 200 Millimeter Regen, die recht regelmäßig auf das Jahr verteilt sind. Es gibt zwar eine so genannte »Trockenzeit«, doch auch während der Trockenzeit regnet es noch ziemlich häufig. Daher unterscheidet sich der Regenwald vom Monsunwald, der näher an den Wendekreisen liegt. Dort findet man klare Regen- und Trockenzeiten. Die Regenzeiten sind von sintflutartigen Regenfällen gekennzeichnet, ebendem »Monsun«, nach dem man diese Waldgebiete benannt hat. Die Monsunwälder zeichnen sich durch geringere Artenvielfalt als der Regenwald aus, außerdem sind sie kleiner. Dort verlieren die Bäume auch etwa zur selben Zeit ihre Blätter. Im Jahr 1976 wurde ein Begriff geschaffen, der beide Formen des Regenwalds umfasst und unter Wissenschaftlern mittlerweile allgemein gebräuchlich ist: der so genannte »tropische Feuchtwald«.

Charakteristisch ist auch die Art, wie sich der Wald entwickelt: Er ist in ständiger Veränderung begriffen. Der Grund dafür sind die Löcher im riesigen grünen Ozean des Laubdaches, das normalerweise dicht geschlossen ist, weil die einzelnen Bäume eng beieinanderstehen und kein Licht in die unteren Bereiche durchlassen. Doch sobald die Baumriesen absterben und zu Boden stürzen, reißen sie gewaltige Lücken. Ein letzter Schwanengesang der Urzeitriesen, der plötzlich eine Unzahl von Samen, die bislang ohne Sonnenlicht im Boden ruhten, zum Leben erweckt und so – gewissermaßen mit dem letzten Atemzug – noch dafür sorgt, dass die smaragdgrüne Wildnis sich erneuern kann. Dann beginnen Sträucher, Lianen und Stauden zu wuchern, bis ein anderer der Baumriesen den frei gewordenen Raum nutzt, um seine Laubkrone auszubreiten, die erneut wie ein Sonnenschirm wirkt.

Die Baumriesen sind für diese Art von Wald, der wie Blätterteig aus mehreren Schichten besteht, charakteristisch. Wie große Wächter durchstoßen sie den dichten Blätterteppich des Laubdachs und erreichen eine Höhe von 45 bis 60 Metern. Die Baumriesen, zu denen Kapok-, Mahagoni- und Lapachobäume in Amazonien, Moabi-, Iroko- und Sapellibäume in Afrika sowie Teak-, Meranti- und Raminbäume in Asien gehören, liefern die bekanntesten und gesuchtesten Holzarten. Daher sind sie auch besonders vom Holzeinschlag bedroht. Sie stellen sozusagen die Treppe zwischen den verschiedenen »Etagen« des Regenwaldes dar. Zahllose Lianen umwinden sie in alle Richtungen. Manchmal entwickeln sich diese selbst zu Bäumen, die dann dem Feigenbaum recht ähnlich sind. Doch es gibt auch die so genannten »Baumwürger«. Sie benutzen die Baumriesen als Zugang zum Licht. Dabei schlingen die Würger ihre Wurzeln eng um deren Stamm. Je mehr Zweige und Blätter der Würger ansetzt, desto dicker wird dessen eigener Stamm; er frisst sich allmählich ins Holz des Baumriesen. Sobald dessen Stamm sich zersetzt hat, bleibt nur noch eine Art kreisförmiges Geflecht zurück: Luftwurzeln, die bis vor kurzem noch Halt brauchten, um ans Licht zu gelangen. Auf den Ästen der Regenwaldbäume leben so genannte Epiphyten oder Aufsitzerpflanzen, die sich von ihren pflanzlichen Wirten versorgen lassen, weil die nährende Erde weit ist. Dazu gehören Bromelien, zahlreiche Orchideenarten, ja sogar Farne. Kleine Minigärten, die – gleichsam in der Luft hängend – ein eigenes Ökosystem im Kleinen bilden. Einige Bromelien, Pflanzen aus der Familie der Ananasgewächse, bieten eine Art kostenloser Essensausgabe für Frösche: An ihrer Blattbasis sammelt sich Wasser, in dem sich die Larven von Moskitos und anderen Insekten vermehren. In Jamaika haben Biologen bis zu 68 Arten gezählt, die in diesen luftigen Miniaturbecken zusammenleben. Für die Frösche dort ist das also eine Art Sozialwohnung mit eingebauter Speisekammer.

Auch an die vergleichsweise nährstoffarme Erde und den ständigen Regen mussten sich die dort lebenden Arten anpassen, was dem Wald ein einzigartiges Gepräge gibt. In Afrika beispielsweise sieht man die Baumriesen häufig auf hohen Luftwurzeln stehen. Die Schimpansen dort haben gelernt, sie als Trommeln zu benutzen. So signalisiert die herumwandernde Gruppe ihren Nachzüglern, wo sie gerade ist. Bei den meisten Pflanzen verjüngen sich die Blätter zur Spitze. Auf diese Weise wird vermieden, dass sich das Regenwasser darin sammeln kann, was zur Fäulnis führen würde.

In meinen Augen ist der tropische Regenwald ein lebendes Wesen, das atmet, sich bewegt und entwickelt, wovon nicht zuletzt seine Geräusche und Gerüche zeugen. Der vom lauen Regen durchfeuchtete Humus, der hypnotische Singsang der Zikaden, das Rascheln der Blätter und die betörende Symphonie der Gibbons am Morgen – der Regenwald schärft und verzaubert die Sinne. Er erfrischt auf seltsame Weise die Seele. Dieser Wald stammt vom Anbeginn der Welt, und wir finden darin vielleicht Antwort auf die Frage nach unseren Ursprüngen, eine Erklärung für die zahlreichen metaphysischen Probleme, die uns seit jeher immer wieder beschäftigen. Der tropische Feuchtwald wird häufig als jungfräulich beschrieben, als Überrest jener Wälder, in denen Saurier und andere Tiere am Ursprung des Lebens hausten. Der unberührte Wald steht natürlich auch für das Paradies vor der Erbsünde, in dem sich Adam und Eva (oder zumindest unsere Vorfahren) unter Lianen und Palmen tummelten. In gewisser Weise also der letzte Überrest vom Garten Eden.

Doch solche Vorstellungen sind meist trügerisch, die Worte gehen an den Fakten vorbei. Denn der Regenwald ist trotz seines Alters und seiner grenzenlosen Fülle, die nur abseits aller menschlichen Einflussnahme möglich zu sein scheint, keineswegs unberührt. Zahlreiche archäologische Forschungsarbeiten zeigen, dass der Mensch schon seit langer Zeit auf diese Ökosysteme Einfluss nimmt.

So erklärte beispielsweise der Wissenschaftler Mike Fay, der Zentralafrika zu Fuß durchquerte (sein »Megatransect«[2] führte in der Folge zur Planung eines zusammenhängenden Netzes von Nationalparks in Gabun), gleich zu Beginn seiner Unternehmung: »Ich habe in Afrika noch nie einen wirklich ›unberührten‹ Wald gesehen. Der Mensch hinterlässt in den Urwäldern schon seit langer Zeit seine Spuren.«

Und tatsächlich haben die Forschungen der Archäologen, Paläobotaniker und Paläontologen ergeben[3], dass der afrikanische Wald heute – damit sind die letzten Jahrhunderte gemeint – seine größte Ausdehnung erreicht hat. Es gibt zahlreiche Zeugnisse für eine menschliche Nutzung des Waldes vor etwa 3000 Jahren. Damals wurden Dörfer und ganze Städte gegründet. Einige Abschnitte des Waldes wurden zur landwirtschaftlichen Nutzung gerodet. Diese Nutzung hörte vor circa

2 »Transektion« steht für »Geländequerschnitt«. Es geht um eine querschnitthafte Datenerhebung in einem bestimmten biologisch-geografischen Raum, die man dann »der Länge nach« wiederholt. Man beobachtet in regelmäßigen Abständen Flora und Fauna, zum Beispiel um verschiedene Bereiche in diesem Ökosystem zu identifizieren.

3 Willis, K. J. et al., »How virgin is a virgin rainforest?«, in: *Science*, Nr. 5669 vom 16. April 2004.

1600 Jahren auf. Der Wald eroberte die gerodeten Flächen allmählich zurück.

Im Kongobecken fand man Werkzeuge, eine ungewöhnlich hohe Dichte an Kokospalmen – möglicherweise die Überreste einer Palmenplantage –, verschiedene Asche- und Kohleschichten, Reste von Keramik sowie Bananen-Phytolithen. Das ist aus Pflanzenresten bestehendes kalkiges oder kieseliges Gestein, das die Zeit überdauert: ein Glücksfall für die Archäologen, die so beweisen konnten, dass die Banane, eine Staude aus dem Osten, vermutlich aus Papua-Neuguinea, nicht erst im ersten Jahrtausend unserer Zeitrechnung nach Afrika gelangte, wie man bis dato angenommen hatte, sondern weitaus früher. Außerdem fand man Spuren von Stahlschmiedearbeiten, die etwa auf die Zeit um 650 v. Chr. zurückdatiert werden konnten. Auch dies spricht für eine Nutzung des Waldes durch den Menschen, denn um Stahl zu schmieden, also Eisenerz zu schmelzen, war große Hitze nötig, die nur mit enormen Mengen Holz erzeugt werden konnte. Aus bislang noch ungeklärten Gründen haben die Menschen den Wald dann wieder verlassen, sodass Fauna und Flora erneut das Regiment übernahmen. So zählt also ein Teil des Regenwaldes im Kongobecken keineswegs zu den Primärwäldern, sondern ist vielmehr ein Sekundärwald auf dem Weg der Regeneration.

Was für Afrika gilt, trifft in noch viel größerem Maße auch auf Asien und Amerika zu. Natürlich denkt man dabei sofort an die Hochkulturen der Inkas und Mayas, doch es gibt noch weitere Beispiele.

Im Naturschutzgebiet von La Selva in Costa Rica, einem Wald, der als vollkommen unberührt gilt, fanden die Forscher David und Deborah Clark in der Erde Fossilien von Maispollen, landwirtschaftliche Werkzeuge und Spuren von Holzkohle.

Dies war das Ende des Mythos vom »vollkommen unberührten« Wald! Wenn man sich vorstellt, dass der Wald dort erst vor etwa 500 Jahren begonnen hat, alle menschlichen Spuren wieder zu verdecken ... Am Oberlauf des Xingu in Brasilien fand man Spuren menschlicher Besiedelung, die etwa in die Zeit um 1250 zurückreichen. Die Siedlungen wurden erst um das Jahr 1600 herum aufgegeben. Besonders interessant ist die Tatsache, dass dieses Gebiet heute zu den ausgedehntesten tropischen Regenwaldgebieten im südlichen Amazonasbecken gehört[4]. An anderer Stelle in Amazonien hat Clark Erickson Überreste uralter Fischfarmen entdeckt. Er legte überzeugend dar, dass die Fische während der großen jährlichen Überschwemmungen gefangen und dann in künstlich angelegten Becken gehalten wurden, wodurch die Bewohner dieser Gegend während der schlechten Jahreszeit Zugriff auf frische Nahrungsmittel hatten. Das Netz der Fischfarmen zog sich über 500 Quadratkilometer hin, bedeckte also nicht gerade eine kleine Fläche. Eine weitere wissenschaftliche Untersuchung belegte, dass die besonders fruchtbare Erde in den Regenwäldern des Amazonasbeckens, die man *terra preta* nennt, aufgrund von Brandfeldbau entstand. Dabei werden regelmäßig kleine Waldstücke brandgerodet, zwei bis drei Jahre lang bestellt und dann wieder der Wildnis überlassen. Auch die solchermaßen behandelte Erde soll in Amazonien eine Fläche von mehr als 50 000 Hektar einnehmen.

Noch schlagender sind die Beweise in Südostasien, vor allem in Papua-Neuguinea, wo archäologische Grabungen zeigten, dass die Inseln schon vor etwa 7000 Jahren landwirtschaftlich genutzt wurden. In Thailand sollen es schon 8000 Jahre sein.

4 Heckenberger, M. J. et al., »Amazonia 1492: pristine forest or cultural parkland?«, in: *Science* Nr. 5640 vom 19. September 2003.

Überall auf der Welt nutzen die Menschen den Wald also schon seit der Urzeit für ihre Zwecke. Menschliche Einflussnahme auf den Wald ist also beileibe nichts Neues. Brandfeldbau und Entwaldung sind für alle Völker und Kulturen, die im und mit dem Regenwald leben, geläufige Überlebenstechniken. Wer nun denkt, die aktuell stattfindende weltweite Vernichtung des Regenwaldes könne also so tragisch nicht sein, da der Wald sich ja scheinbar immer wieder erhole, der muss sich schnell eines Besseren belehren lassen: Allein die Menge abgeholzten Waldes ist einzigartig in der gesamten Menschheitsgeschichte. Heute verschwinden Jahr für Jahr 7 Millionen Hektar Wald vom Angesicht der Erde, eine Zahl, die nicht nur Gänsehaut verursacht, sondern auch die Frage aufwirft, welche Rolle der Mensch im lebenden Organismus der Welt spielt und spielen will ...

Was dieser kurze Streifzug durch die Vergangenheit und die uralte Geschichte der Wälder aber klar und deutlich zeigt, ist die Tatsache, dass das Ökosystem vielleicht nicht so schwach ist, wie man gemeinhin annimmt. Der Wald ist recht widerstandsfähig, wenn man ihm Erholung zugesteht. Wir müssen ihm Zeit und Gelegenheit geben, sich zu regenerieren, denn sonst kommen zum Problem der Entwaldung schnell andere hinzu. Doch wie soll der Wald wieder zu Kräften kommen angesichts von Umweltverschmutzung, einer fortschreitenden Verstädterung sowie einem jährlichen Kahlschlag von Millionen Hektar Waldfläche?

2 | Mensch und Wald: eine uralte Beziehung

Ihre größte Ausdehnung besaßen die Wälder dieses Planeten im Paläozän und Eozän, also vor 60 bis 40 Millionen Jahren. Damals war das Klima heißer und feuchter als in vorausgegangenen oder nachfolgenden Erdzeitaltern. Der Regenwald mit seinem dichten Laubdach bedeckte den größten Teil der Erde und schuf ein grünes Treibhaus von geradezu erstickender Luftfeuchtigkeit, die jedoch der Entwicklung des Lebens insgesamt sehr förderlich war. Zu jener Zeit erlebten Affen und Lemuren, die Gipfelstürmer unter den Waldbewohnern, einen unglaublichen evolutionären Aufschwung. Die Welt der Bäume ist es also, die der Herausbildung verschiedenster Menschenrassen bis hin zum Homo sapiens als Kulisse diente, vor der sich so entscheidende Charakteristika des Menschen wie binokuläres Sehen oder aufrechter Gang entwickeln konnten. Letzterer erst machte es möglich, dass wir unsere Hände zu anderen Zwecken als dem der Fortbewegung einsetzen konnten.

Die Kontinentaldrift war dafür verantwortlich, dass dieser große, zusammenhängende Wald auseinandergerissen wurde. Die einzelnen Kontinentalplatten mit ihren Wäldern wurden zu anderen Breitengraden hin verschoben. In der Mitte des Miozän erfuhr die Erde eine allmähliche Abkühlung, Vorbotin einer der größten Eiszeiten in der Erdgeschichte. In der Folge beschränkte sich der tropische Regenwald auf jene Regionen, die immer noch ein mildes Klima aufwiesen, die Zonen um den Äquator nämlich. Dort hat er bis in unsere Tage überdauert.

Schon zu Beginn seiner Entwicklung nutzte der Mensch die Wälder tropischer und gemäßigter Breitengrade. Er jagte dort und sammelte Früchte, Wurzeln und Knollen. Solange er Holz nur schlug, um damit den heimischen Herd zu befeuern, blieb der menschliche Einfluss auf den Wald vernachlässigbar. Doch schon bald begann der Homo sapiens, den Wald zu kommerziellen Zwecken auszubeuten. Um neu entdeckte und begehrte Rohstoffe zu fördern, drang er immer tiefer in noch unberührte Welten vor. Die Anfänge dieser keineswegs für beide Seiten positiven Beziehung zwischen Mensch und Wald sind schwer zu datieren, sicher ist jedoch, dass die Menschen immer schon Tauschhandel betrieben. Mit dem Tausch von Holz gegen andere Waren begann schon in prähistorischer Zeit der kommerzielle Handel mit Langholz, der stetig an Bedeutung zunahm. In der Antike beispielsweise importierten die Athener Holz aus Mazedonien, Sizilien und von der Schwarzmeerküste, um damit ihre Schiffe zu bauen. Phönizische Zedern waren hochbegehrt, und Alexander der Große führte aus dem Punjab enorme Mengen ostindisches Rosenholz *(Dalbergia sissoo)* für seinen Palast im persischen Susa ein. Historiker wiesen nach, dass vom 10. bis zum 14. Jahrhundert große Holzladungen aus Labrador nach Island gebracht wurden.

Trotzdem blieben die großen tropischen Regenwälder von wirtschaftlicher Nutzung weitgehend verschont, erwiesen sie sich doch als großenteils unzugänglich, sofern sie überhaupt bekannt waren. Viele waren auf Kontinenten gelegen, die noch kein Geograf auf seinen Karten verzeichnet hatte. Jene *terra incognita* aber blieb den Forschern nicht lange verborgen. Als sich im 15. Jahrhundert die großen Entdecker auf die Suche nach neu zu erobernden Landstrichen machten, war das Schicksal jener Wälder besiegelt. Wie hätte die Geschichte ausgesehen, wäre Kolumbus nicht von der Idee besessen gewesen, einen bisher noch unbekannten Seeweg nach Indien zu finden? Hätte es einen Genozid an der indianischen Bevölkerung Nord- und Südamerikas gegeben? Wäre der Raubbau an Natur und Mensch unterblieben? Doch das Rad der Zeit lässt sich nicht zurückdrehen. Und Kolumbus, der auf seiner *Santa Maria* übers Meer segelte, konnte sich vermutlich nicht einmal ansatzweise vorstellen, welche Auswirkungen seine künftige Entdeckung zeitigen würde.

Er war es, der den Eroberern, den Söldnern, den Ausbeutern und Abenteurern, die sich im Namen der spanischen Krone mit dem Schwert große Teile Lateinamerikas aneigneten, den Weg wies. Nur wenige der Neuankömmlinge traten – wie Bartolomé de Las Casas – für die Rechte der dort lebenden Völker ein. Doch zu jener Zeit hatte das Unheil schon seinen schrecklichen Lauf genommen. Zur hemmungslosen Ausbeutung der natürlichen Ressourcen gesellte sich bald noch die Sklaverei.

Als Spanier und Portugiesen Lateinamerika unterwarfen, erkundeten andere europäische Seefahrer und Händler die Küste Afrikas, vom selben Verlangen getrieben, das auch die Konquistadoren bewegte: die Suche nach dem mythischen Eldorado und seinen Goldvorräten.

Fernão Gomez, ein portugiesischer Händler, legte 1472 an der Küste jenes Landstreifens an, der heute die Seegrenze Ghanas bildet. Dort verkauften ihm die Bewohner des nächstgelegenen Dorfes Gold aus den Minen des Königreiches Ashanti, womit ein schrecklicher Tauschhandel seinen Anfang nahm. Im Gegenzug belieferte Gomez die Ashanti mit Sklaven zur Arbeit in den Minen: Angehörige anderer Stämme, auf die er im Innern des Landes Jagd machte. Zehn Jahre später entdeckte Diogo Cão, ein weiterer portugiesischer Seefahrer, die Mündung des Zaireflusses. Er ließ einen Hafen anlegen, von dem aus schon bald jährlich 5000 Sklaven in die Minen der Ashanti verbracht wurden.

Bald ließen die Wälder des Amazonasbeckens die zahlreichen abendländischen Mythen über die »grüne Hölle« greifbare Gestalt annehmen. Und diese Mythen erwiesen sich für unzählige Siedler und »Entdecker« als nur allzu wahr, denn viele von ihnen verloren im Dschungel ihr Leben, sei es durch Krankheiten wie die Malaria oder im Gefolge gewaltsamer Zusammenstöße mit den Einheimischen, die mittlerweile die räuberischen Absichten dieser merkwürdigen Weißen von jenseits des Ozeans zur Genüge kennen gelernt hatten. Auch um die dort lebenden Völker entspann sich bald ein Mythengeflecht. Natürlich waren es zuallererst die Amazonen, welche die europäische Fantasie beflügelten, die schrecklichen Kriegerinnen der griechischen Mythologie, die sich die rechte Brust abschnitten, damit sie beim Bogenschießen nicht behindert wurden. Suchte man ihr Königreich zuerst im Kaukasus, dann im Landesinneren des Skythenreiches, später in Kappadokien und dann in Afrika, so ging man im Laufe der Zeit schließlich dazu über, das Amazonenreich auf einer Insel zu vermuten. Kolumbus war fest davon überzeugt, dass er bei seiner Suche nach dem Weg nach Indien ihre Insel finden würde. Dann aber stahl sich die mythische Insel davon. Sie riss sich aus ihrer Verankerung im Ozean und trieb flussaufwärts in die Tiefen des Regenwaldes, den man aus diesem Grund schon bald Amazonien taufte. Als Francisco de Orellana 1542 an den Ufern des Rio Negro auf ein befestigtes Indianerdorf stieß, gingen Gaspar de Carvajal, dem gelehrten Dominikanermönch in Orellanas Gefolge, in seiner Bordchronik die dichterischen Gäule durch. Nun, so Carvajal, sei man endlich im Herzen des Amazonenreiches angelangt: »Die Amazonen waren nackt, nur ihre Scham war bedeckt. In der Hand hielten sie Pfeile und Bogen, und jede von ihnen schlug sich wie zehn Männer.«[5] Man hatte die schrecklichen Kriegerinnen also endlich gefunden und sogar mit ihnen gekämpft.

Carvajals Behauptung rief am spanischen Hofe zunächst nur Hohnlachen hervor, grub sich jedoch schon bald ins kollektive Gedächtnis ein. Jeder wollte diese unvorstellbare feministische Frauengesellschaft finden und beschreiben. Orellana selbst wollte, dass der Fluss, an dem das von ihm entdeckte Indianerdorf lag, zu Ehren des Wirklichkeit gewordenen Mythos »Amazonenfluss« genannt werde. Trotzdem hieß der Fluss lange Zeit »Orellanafluss«.

Dennoch büßte der Amazonenmythos bald an Attraktivität ein, denn die Konquistadoren, Orellana in vorderster Front, hatten sich nun auf die Fahnen geschrieben, in Amazonien das legendäre Eldorado aufzuspüren. Anstelle der Amazonen geisterte jetzt die Sage von Eldorado, dem mythischen Goldland, in den Köpfen herum. Einige Berichte gaben gar die genaue Position an: Es solle am Ufer eines enorm großen Sees, des Parime in Guyana, liegen. Dort gebe es angeblich eine Stadt, der nichts auf der Welt gleichkomme: Manoa. Ein gewisser Martinez behaup-

5 Gaspar de Carvajal, *Amazonie – ventre de l'Amérique. Relation de la première descente de l'Amazonie*, aus dem Spanischen übersetzt von Laure Técher, Grenoble 1994. Auf Deutsch in Auszügen erschienen in dem Sammelband *Die Eroberung von Peru*, Stuttgart 1996. Hier zitiert nach: Gheerbrant, Alain, *Amazonas, der sterbende Riese*, Ravensburg 1990, S. 27.

tete, dort gelebt zu haben. Aufgrund seiner Erzählungen machte sich Walter Raleigh 1617 auf die Suche nach diesem Traumland.

Nun begannen Mythos und Wirklichkeit sich unentwirrbar zu verflechten. Die Expeditionsberichte wurden immer abenteuerlicher, fantastischer und märchenhafter. Sie waren der Stoff, aus dem sich zahlreiche weitere Mythen speisten, zum Beispiel der Mythos vom »edlen Wilden«. Lag es vielleicht am Dschungelfieber? Oder war es ganz einfach die übersteigerte Einbildungskraft der Europäer, die den Regenwald mit Monstern, unerhörten Kreaturen und sagenhaften Eingeborenenstämmen bevölkerte? Der Regenwald wurde zur Leinwand, auf den das kollektive Unbewusste des Abendlandes all das projizierte, was es je zu träumen oder albträumen gewagt hatte.

Mit dem Mythos von der goldenen Stadt aber kamen auch die Gräueltaten der Europäer. Der Wahnsinn schien sich der Konquistadoren und Abenteurer zu bemächtigen, genährt von der Gier, dem Ruhm und der Macht, die das kostbare Metall zu verleihen vermochte. So tötete der Unteroffizier Lope de Aguirre 1560 seinen General und rief sich selbst zum König von Amazonien aus, bevor er seinerseits getötet wurde. Die Würfel waren gefallen. Von nun an konnte nichts mehr die Ausbeutungswut, den kolonialen Furor der Europäer aufhalten, die sich auf Amazonien und Afrika stürzten, wo der Sklavenhandel längst in vollem Gange war.

Der zerstörerische Einfluss der Konquistadoren zeigte sich auf tragische Weise zuerst in jenen neuen Krankheiten, welche sie einschleppten und welche in den ersten Jahren der Kolonisation durch die spanische Krone Millionen von Indios das Leben kosteten: 1518 die Pocken, 1530 die Masern, 1546 der Typhus, 1558 die Grippe. Im Gegenzug – fast möchte man von ausgleichender Gerechtigkeit sprechen – revanchierten sich die Indios, indem sie die Siedler mit der Syphilis ansteckten, die auf Kolumbus' Karavellen den Weg nach Europa nahm, wo sie zahllose Opfer fand.

Kaum waren die unglaublichen Reichtümer der tropischen Länder entdeckt, begannen die Konquistadoren, die verschiedenen indigenen Völker zu unterwerfen, auszuplündern und auszubeuten.

Bald machte man ein neues Eldorado ausfindig, dieses Mal biologischer Natur: Gewürze wie Zimt, Muskat, Pfeffer oder Nelken begannen, die moderne Welt zu erobern.

Christoph Kolumbus hatte den Weg westwärts nach Indien gesucht, um von dort Zimt einzuführen, der zu jener Zeit ebenso kostbar war wie Gold. Gonzalo Pizarro und Francisco de Orellana machten sich auf, um den mythischen »Zimtwald« zu suchen, der irgendwo im Herzen der tropischen Wälder liegen sollte. Doch sie sollten grandios scheitern: Nach vielen Monaten kräftezehrender Märsche fanden sie nur einige wenige Sträucher, und selbst diese waren keine echten Zimtbäume. Keinesfalls ließ diese Pflanze sich wirtschaftlich nutzen. Vor lauter Zorn ließ Pizarro einige seiner einheimischen Führer lebendig verbrennen. Die anderen warf er seinen hungrigen Hunden zum Fraß vor. Man war also gar nicht in Indien. Und in diesen Wäldern gab es keine Zimtbäume.

Doch die Konquistadoren entdeckten schon bald andere Gewürze bzw. essbare Pflanzen: Vanille beispielsweise, welche die Azteken benutzten, um aus Kakao hergestellte Schokolade zu würzen, sowie Cocasträucher, Erdnüsse und Ananas. Dazu kamen noch die für medizinische Zwecke nutzbaren Pflanzen Chinin und Curare sowie der Kautschuk.

Die Portugiesen kämpften seit 1512 mit den Holländern um die Herrschaft über die im indonesischen Archipel gelegenen Molukkeninseln mit ihren zahlreichen Gewürzen, die zu jener Zeit teurer bezahlt wurden als Gold. Eine neue Spezies von Eroberern machte sich nach Asien, Afrika und Amerika auf: die Naturforscher. Sie kamen, um zu beobachten, zu studieren und die vorgefundenen Wunder zu bestaunen. Ihre Ankunft sorgte für eine Art Atempause bei den Massakern an indigenen Völkern und in der Ausbeutung ihrer Ressourcen.

Alexander von Humboldt war es, der mit dem Mythos von der goldenen Stadt aufräumte und sich ganz auf die Flora und Fauna Amazoniens konzentrierte. Mit Aimé Bonpland, seinem Sekretär und Gefährten, katalogisierte, beschrieb und sammelte er mehr als 20 000 Tier- und Pflanzenarten, darunter den Aal und die Paranuss. Leider erreichte nur ein Teil der Sammlung heil Europa, wo sie zunächst einmal auf das Unverständnis der Engländer stieß. Im ersten Jahr versuchten Humboldt und Bonpland, die Quelle des Orinoko zu finden, und reisten den Amazonas flussaufwärts. Die Expedition war ein voller Erfolg, doch Humboldt war entsetzt, als er in die abendländischen Siedlungen kam und feststellte, dass man dort Sklaven hielt und verkaufte.

Diese erste Forschungsreise nach Amazonien legte den Grundstein für die Faszination, welche das Zeitalter der Aufklärung mit seiner Lust am Wissen der ungeheuren biologischen Vielfalt des Amazonasgebiets entgegenbrachte. Zahlreiche Naturforscher machten sich nun ihrerseits auf, um das grüne Paradies zu untersuchen. Auguste de Saint-Hilaire beispielsweise sammelte Pflanzen in Brasilien, Johann Baptist von Spix und Karl Friedrich Philipp von Martius verbrachten drei Jahre in Brasilien und brachten eine unglaubliche Sammlung von Pflanzen und Tieren mit. Alcide d'Orbigny lebte sieben Jahre lang im bolivianischen, peruanischen und brasilianischen Teil des Amazonasgebietes, und Louis-Antoine de Bougainville bereiste Asien und Ozeanien. Doch dies sind nur die bekanntesten Namen.

In jener Zeit wich das pure Erstaunen angesichts des amazonischen Ressourcenreichtums bald der ersten Phase dessen, was man durchaus als wirtschaftliche Globalisierung bezeichnen könnte. Die botanischen und zoologischen Kuriositäten wurden, wenn auch nur in geringem Ausmaß, zu Handelsgütern umfunktioniert. Bald sammelte man, was immer einigermaßen interessant schien, um es in Massen nach Europa zu schaffen: Blätter, Rinden, Gewürze, Früchte.

So entwickelte sich im 16. Jahrhundert ein Markt, der sich im Laufe der Jahrhunderte immer stärker ausweiten sollte, bis seine gigantischen Tentakel schließlich die biologische Vielfalt zu verschlingen drohten, welche die ersten Forscher so fasziniert hatte. Und mit ihr die Völker, die von diesen Arten lebten. Der königliche botanische Garten in London, Kew Gardens, wurde zum Vorreiter dieses Trends. Sein damaliger Direktor war Joseph Banks, dem wir zahlreiche botanische Entdeckungen in Australien verdanken. Mitte des 19. Jahrhunderts sammelte der Kew Garden die besten Tabaksorten von Manila und Havanna, führte die Ölpalme in Indien, Jamaika und Australien ein, exportierte die Macadamianuss von Australien nach Ostindien, Südafrika und Singapur und sorgte dafür, dass Eukalyptus und Ananas sich über die ganze Welt verbreiteten. So entstanden die ersten Intensivkulturen, denn außerhalb des Ursprungsgebietes der Pflanzen versuchte man, Monokulturen einzurichten, um die Kosten zu senken und möglichst viele Monopole zu schaffen. So wurde aus dem ostindischen Teestrauch, den die Holländer 1606 zum ersten Mal nach Europa brachten, ein kostbares Wirtschaftsgut. 1653 wurde er nämlich von den Engländern entdeckt und avancierte dort schnell zum Modegetränk Nummer eins – und zum Zankapfel zwischen den Niederlanden und der britischen Krone. 1599 rief Königin Elisabeth I. die Ostindien-Kompanie ins Leben, die bis 1834 ein Monopol auf den Handel mit den kostbaren getrockneten Blättern besaß. Die Engländer gaben sich darüber hinaus die größte Mühe, die Teekultur in ihren tropischen und subtropischen Kolonien einzuführen.

Um das Muskatmonopol zu behalten, schränkten die Holländer den Anbau dieses in Europa hochgeschätzten Gewürzes unter Anwendung von Gewalt auf einige wenige Inseln des indonesischen Archipels ein. Die Tauben allerdings durchkreuzten ihre Pläne, indem sie die Samen in der Region verteilten. Ebenfalls aus Monopolgründen zerstörten die Holländer sämtliche – auch wild wachsende – Gewürznelkenplantagen außerhalb der von ihnen kultivierten Flächen auf Ambon, einer kleinen, zu den Molukken gehörigen Insel. Selbst der Anbau für den Eigenbedarf der einheimischen Bevölkerung war verboten.

Wenn es einen Baum gibt, der den Lauf der Geschichte verändert hat, dann gebührt dieser Ehrentitel zweifellos dem Chinarindenbaum *(Cinchona)*, aus dem das Chinin gewonnen wird. Dieses war lange Zeit das einzige Mittel gegen die schrecklichen und häufig tödlichen Malariaanfälle (auch als Sumpffieber bekannt). Es heißt, dass der Baum von den Jesuiten in den Grenzregionen von Peru entdeckt wurde, wo er von der dortigen Bevölkerung zur Krankheitsbekämpfung genutzt wurde. Ohne diese Entdeckung hätte das Leben in den Tropen vermutlich einen anderen Verlauf genommen, denn die Malaria hätte die koloniale Invasion zumindest gebremst oder ihr gar Einhalt geboten. Doch das Schicksal wollte es anders, und so dient Chinin heute noch als Grundlage für sämtliche Malariamedikamente. Welche Anziehungskraft und welche Begehrlichkeiten eine solche Entdeckung wecken würde, ist leicht vorzustellen.

Die erste gesicherte Beschreibung des Chinarindenbaumes und seiner Wirkung wird einem Augustinermönch namens Antonio de la Calancha zugeschrieben. Pater Bartolomé Tafur brachte die Rinde 1643 nach Europa, wo sie vor allem in den von Malaria geplagten Mittelmeerländern schnelle Verbreitung fand. Der daraus bereitete Trank jedoch war häufig schlecht dosiert und konnte selbst zum Tode führen. In den nordischen Ländern bezeichnete man das Gebräu als »Jesuitengift«, was das in das Medikament gesetzte Vertrauen nicht gerade bestärkte. Ein britischer Apotheker scheint die Chinarinde als Erster intensiver genutzt zu haben. Robert Talbot schuf daraus ein Elixier, das er sich von den reichen Briten, die in den sumpfigen Gegenden Englands lebten, mit Gold aufwiegen ließ. Anscheinend verdankt auch ein Sohn Ludwigs XIV., der während eines besonders heftigen Ausbruchs der Malaria gegen Ende des 17. Jahrhunderts erkrankte, dem britischen Apotheker sein Leben. Erst als Talbot tot war, entdeckte man das Geheimrezept seines Elixiers und stellte fest, dass es nahezu dieselben Bestandteile enthielt wie das so gefürchtete »Jesuitengift«.

Damit begann die Verwertung der Chinarinde im großen Stil. Allerdings behielten Jesuiten und Indios 150 Jahre lang für sich, wo der Baum wuchs und wie er hieß, um nicht ihr lukratives Monopol aufs Spiel zu setzen. Die Rinde, die damals in den Handel gelangte, stammte aus der Provinz Loxa (Loja) im Nordwesten Perus und wurde zunächst einmal in den Hafen von Payta verschickt, wo sie dann nach Panama weiterverschifft wurde. Erst von dort aus gelangte sie nach Europa. Diese Form der wirtschaftlichen Nutzung des Waldes besaß bereits Dimensionen, wie wir sie später kennen lernen sollten. Als Alexander von Humboldt 1795 nach Loxa kam, war er überrascht, wie viele Bäume dort Jahr für Jahr abgeholzt wurden: genau 25 000. Auch er äußerte anscheinend Zweifel an der möglichen Nachhaltigkeit dieser Bewirtschaftung. Und doch war dies erst der Anfang!

Im 19. Jahrhundert machten sich immer mehr Europäer in die Tropen auf, und so waren bald 500 Tonnen Chinarinde nötig, um ihre Bedürfnisse zu decken. Bolivien verschrieb sich dem Handel mit Chinarinde, doch auch das konnte den Bedarf nicht decken. Und so sandte die britische Krone »Pflanzenjäger« aus, die die Samen des wundersamen Baumes finden und in andere Gegenden des britischen Kolonialreiches bringen sollten.

Clements Markham soll es gewesen sein, der die Cinchona-Samen raubte. Man siedelte den Chinarindenbaum in Indien an, wo er den britischen Untertanen zwar ausreichend Chinin lieferte, jedoch ohne je die Qualität der auf dem offiziellen Weg importierten Chinarinde aus Peru zu erreichen. War dies der erste Fall von Biopiraterie? Ganz bestimmt, auch wenn die Briten sich damit brüsten, die Cinchona-Samen geraubt zu haben, um das Verschwinden durch übermäßige Nutzung im Ursprungsland zu verhindern ... Löblich, doch wir dürfen bezweifeln, ob dies der wahre Grund für das Vorgehen der Briten war, denn vermutlich war der in Aussicht stehende Gewinn doch ein stärkeres Lockmittel als jede ökologische Überlegung. Doch die Geschichte wiederholt sich. So beging die Leitung von Kew Gardens einen für die wirtschaftliche Zukunft des botanischen Gartens folgenschweren Fehler, als sie das Angebot eines gewissen

Charles Ledger nicht beachtete. Ledger, der mit Alpakawolle sowie mit allen möglichen Arten von Flora und Fauna handelte, lebte in Peru. Da er wusste, dass die britische Krone dem Chinarindenbaum ein enormes Interesse entgegenbrachte, nutzte er seine Chance, zu Reichtum und Ruhm zu gelangen, und machte sich mit einem indianischen Experten, Manuel Incra Mamani, in die Tiefen des Amazonasdschungels auf, um die beste der etwa 30 Cinchona-Arten zu finden. Diese bot er dem botanischen Garten an, der jedoch ablehnte. Also verkaufte Ledger 1865 sein Saatgut für teures Geld an den niederländischen Generalkonsul in London und an einen indischen Plantagenbesitzer, der auf der Suche nach ertragreicheren Arten war. Unglücklicherweise erwies sich das indische Klima auch für die neue Cinchona-Art nicht als förderlich, doch im botanischen Garten von Bogor auf der Insel Java, die zu jener Zeit holländische Kolonie war, gedieh die neue Art ganz ausgezeichnet. Dort kreuzte man sie mit einer bereits vorhandenen und erhielt so *Cinchona ledgeriana*, deren Rinde mehr als zehn Mal so viel Chinin enthielt wie die vorher angebauten Arten. Aus den Andenwäldern wurden jährlich 10 000 Tonnen Chinarinde ausgeführt, doch die Plantagen auf Java beherrschten den Markt bald völlig. Und so entstand aus mangelnder Wachsamkeit das De-facto-Monopol der Holländer, das so lange währte, bis die Chemiker Mitte des 20. Jahrhunderts das Alkaloid der Chinarinde synthetisch herstellen konnten.

Die Geschichte des Chinins gibt einen ersten Einblick in die Probleme der Intensivnutzung und der Biopiraterie, doch wie wir sehen werden, sollte sie nur den Auftakt einer langen Reihe ähnlicher Fälle bilden, ob es nun um Palmöl ging oder um Soja, um Holz, Krabben oder Kautschuk.

Wie würde das Gesicht des Abendlandes wohl ohne Kautschuk aussehen, genauer gesagt: ohne den Autoreifen? Der Gummi veränderte unsere Art der Fortbewegung und schließlich auch unsere Art zu leben. Die tropischen Regenwälder haben uns viel gegeben, von Erdnuss und Vanille über das kostbare Chinin hin zu Zimt und Muskatnuss. Vom Madagaskar-Immergrün *(Catharanthus roseus)* oder dem Malaysia-Calophyllum *(C. lanigerum)* gar nicht zu sprechen, deren Auswirkungen auf das HI-Virus erst jüngst getestet und für vielversprechend befunden wurden.

Was aber haben wir diesen Wäldern und ihren Bewohnern gebracht? Welche Dienste haben wir ihnen erwiesen, die unzählige Geheimnisse hüten? Verzweiflung, Gewalt und Tod. Eine traurige Bilanz für eine Gesellschaft, die sich allzu häufig vom Profit lenken lässt – zum Schaden der Mitmenschen und der Umwelt! Entlockt uns die bittere Niederlage, welche die Holländer den Engländern in puncto Chinin beigebracht haben, noch ein Schmunzeln, so schlagen wir mit der Geschichte des Kautschuks eines der abscheulichsten Kapitel der Wirtschaftshistorie auf, das ein bis dato ungekanntes Ausmaß an Grausamkeiten und Verbrechen enthält. »Die Entdeckung der Kautschukbäume und ihrer Nutzung geht allein auf die Indianer zurück. Dennoch sollte der industrielle Erfolg dieser Entdeckung ihre Zerstörung nach sich ziehen.«[6] Mit diesen klaren Worten beschreibt der Anthropologe Alfred Métraux die Ereignisse jener Zeit.

Die Indios waren es, die herausfanden, wie man Kautschuk aus dem Kautschukbaum *(Hevea brasiliensis)* gewinnt. Die Techniken wurden in Europa weiterentwickelt, um den Erfordernissen des Marktes gerecht zu werden. Zum Dank für das

6 Métraux, Alfred, *Les Indiens d'Amérique du Sud*, Paris 1982; zitiert nach: Gheerbrant, Alain, *Amazonas, der sterbende Riese*, op. cit., S. 77.

Geschenk des Kautschuks trieben die weißen Siedler die Indios zusammen, um auf den Plantagen den immer größer werdenden Hunger der westlichen Welt nach Gummi zu stillen. Die billigen Arbeitskräfte, denen man eine Bezahlung natürlich vorenthielt, wurden in riesige Camps eingepfercht. Die Siedler entpuppten sich bald als grausame Kerkermeister, die nicht zögerten, die Indianer zu misshandeln, zu foltern oder gar zu töten. Man schätzt heute, dass jede Tonne fertigen Kautschuks etwa sieben Menschen, natürlich nur Indios, das Leben kostete.

Die düstere, wenig ruhmreiche Geschichte, welche die Kautschukproduktion in Amerika schrieb, wiederholte sich auf dieselbe Weise in Afrika. Leopold II., König von Belgien, beabsichtigte den Portugiesen die Vorherrschaft über den Kautschukhandel zu nehmen. Seit Goodyear nämlich 1839 den Autoreifen erfunden hatte, Dunlop 1888 mit dem luftgefüllten Reifen nachzog und Michelin 1892 den Reifen zum Wechseln entwickelte, war Gummi zum kostbaren Produkt geworden. Macintosh war es, der 1823 die Gummibeschichtung für Stoff ersann. Ein äußerst begehrtes Erzeugnis also. Und so begann in Belgisch-Kongo eine erschreckende Zeit der Ausbeutung, die das Leben von mehreren Millionen Kongolesen forderte. (Mehr dazu finden Sie im Kapitel »Entwaldung und die Rechte der indigenen Völker«.)

Zu Beginn des 20. Jahrhunderts rodete man große Waldgebiete, um sie in Plantagen umzuwandeln – für Kautschuk, Tee, Zuckerrohr, Bananen, Kakao oder Kaffee. In gerade mal einem Jahrhundert hat der Mensch es geschafft, den Regenwald vom Naturparadies zum Rohstofflieferanten für die fortschreitende Industrialisierung Europas zu degradieren. Was der Regenwald lieferte, wanderte nämlich durchweg nach Europa. Bei der Gewinnung dieser Rohstoffe wurden die Rechte der indigenen Völker systematisch missachtet, die ohnehin als Untermenschen galten, als Arbeitstiere, die man ausbeuten und danach entsorgen konnte.

Daran hat sich auch im letzten Jahrhundert nicht viel geändert. Die Indianervölker Amazoniens kämpfen immer noch um ihre Rechte. Sie wollen dort leben, wo schon ihre Ahnen sich dem Daseinskampf stellten. Mit Entsetzen las ich, was ein ehemaliger Minister Brasiliens verkündete: »Spätestens im Jahr 2000 muss Schluss sein mit den Indios.« Und der Besitzer einer Branntweinbrennerei setzte nach: »Diese Indianer sind doch nichts als Tagediebe. Sie sind die Parias unserer Gesellschaft.«[7] Wer sind wir, dass wir uns jeder anderen Kultur, jedem anderen Volk gegenüber für überlegen halten? Mit welchem Recht dringen wir in diese Wälder ein, die nicht nur eine enorme Artenvielfalt beherbergen, sondern auch zahlreiche Völker, die dort schon seit Jahrhunderten in Harmonie leben?

Kaffee, Tee, Kautschuk und Bananen entwickelten sich in Übersee zu Anfang des 20. Jahrhunderts zu begehrten Handelsgütern. Die Nachfrage der Europäer stieg immer stärker an. Und so fielen weiterhin ganze Waldgebiete der Axt zum Opfer, damit neue Plantagen entstehen konnten. Man machte Tabula rasa, um exotische Güter in den Westen auszuführen, wo sie die Wirtschaft stimulierten. Man ließ die Ursprungsländer zur Ader, die in eine so drückende wirtschaftliche Abhängigkeit und Armut versanken, dass sie sich bis heute nicht davon erholt haben. Die einzigen Wälder, die während dieser Zeit unangetastet blieben,

7 Siehe dazu: *Disinherited – Indians in Brazil*, Survival International 2000.

waren jene im Norden und am Äquator. Diese waren schwer auszubeuten, da die Lebensbedingungen in den einzelnen Regionen eine wirtschaftliche Nutzung unrentabel machten.

Man schätzt heute, dass zu Beginn des 20. Jahrhunderts der weltweite Waldbestand – das heißt die Wälder aller Klimazonen, vor allem aber die tropischen Regenwälder – verglichen mit dem ursprünglichen Bestand zu Beginn der Entwicklung des Menschen um die Hälfte reduziert wurde.

Und das Schlimmste sollte erst noch kommen ...

Die Nachkriegszeit nach 1945 eröffnete ein neues Zeitalter. Die Kriegsanstrengungen und mit ihnen die zahlreichen technologischen Neuerungen der Militärs sorgten dafür, dass die Industrie effizienter arbeitete. Die bessere technische Ausrüstung trieb die Mechanisierung weiter voran. Gerade die Errungenschaften der Kommunikations- und Transporttechnologie bewirkten, dass der Welthandel neue Dimensionen annahm. Kühllaster und -schiffe erlaubten den Transport verderblicher Waren über wesentlich weitere Strecken als bisher.

Von dieser technologischen Revolution begleitet wuchs die Weltbevölkerung in bislang ungekanntem Ausmaß. Plötzlich mussten mehr Menschen als je zuvor ernährt und versorgt werden. Nun wurde es zum Problem, dass die bewirtschaftbare Fläche der Erde sich nicht grenzenlos erweitern ließ. Also begann man, jene Landflächen, die sich unter Umständen für die landwirtschaftliche Bearbeitung eignen würden, systematisch zu erfassen. Je nach Anbaumöglichkeiten teilte man sie in verschiedene Gruppen ein: zunächst einmal die ausreichend bewässerten landwirtschaftlichen Flächen, dann die Flächen in Trockenzonen, schließlich das Weideland und – wenn keinerlei

Art landwirtschaftlicher Nutzung möglich war – die Flächen zur kommerziellen Waldnutzung. Alles, was dann noch übrig blieb, ernannte man zum Naturschutzgebiet.

Produktionssteigerung war die Devise – und zwar um jeden Preis.

Traktoren, Kettensägen und Bulldozer erleichterten die Ausbreitung der Holzindustrie. Die Mechanisierung erlaubte die wirtschaftliche Nutzung der Tropenwälder auf einem ganz neuen Niveau. Zum einen bemächtigte man sich der wertvollen Tropenhölzer, zum anderen rodete man den Wald für immer neue gigantische Monokulturen. Vor allem in Asien, Afrika und Südamerika gingen zahllose Wälder in Rauch auf, um die Bedürfnisse der unersättlichen Industrie in den westlichen Ländern zu decken. Viele Länder im Tropengürtel verloren mehr als die Hälfte ihrer Waldgebiete, vor allem ihre tropischen Primärwälder (Sierra Leone, Nigeria, Liberia, Vietnam und Guatemala, um nur einige Beispiele zu nennen). Den Zahlen der Welternährungsorganisation (FAO) zufolge wurden zwischen den Jahren 2000 und 2005 pro Jahr 13 Millionen Hektar Tropenwald abgeholzt. Davon waren 6,26 Millionen Hektar Primärwald. Das sind Jahr für Jahr 0,85 Millionen Hektar mehr als in den Jahren zwischen 1990 und 2000. Trotz des Einsatzes zahlreicher gemeinnütziger Organisationen stieg die Entwaldungsquote seit 1990 ständig an: um 8,5 Prozent insgesamt und um 25 Prozent, was die Primärwälder angeht ... Soll nun die Gier einer Minderheit das Schicksal der letzten tropischen Regenwälder bestimmen?

An dieser Stelle muss eine Tatsache ganz klar hervorgehoben werden: Die Wälder werden nicht von den Bauern abgeholzt, mit einer Ausnahme vielleicht: Madagaskar. Hier sind es tatsächlich die Rodungsaktionen von Einzelpersonen zur Gewinnung von kostbarer Holzkohle, die auf Dauer zum Verlust ganzer Wälder führten. Madagaskar zählt zu den ärmsten Ländern der Erde, was die Situation besonders schwierig macht. Die Wirtschaft liegt darnieder, ein Umweltbewusstsein existiert quasi nicht, und die Korruption tut ein Übriges. Ein großer Teil des Staatshaushaltes verschwindet in den Taschen bestechlicher Beamter und Politiker. Gelder, die dafür gedacht waren, Alternativlösungen zu schaffen, damit arme Menschen nicht mehr länger den Wald zerstören müssen, wenn sie heizen oder kochen wollen, landeten auf den Konten einiger politisch einflussreicher Familien.

Doch summa summarum lässt sich der schwarze Peter der weltweiten Entwaldung keineswegs der einheimischen Bevölkerung zuschieben. Dadurch verlören wir nur die wahren Verantwortlichen für dieses Verbrechen gegen die Biodiversität aus dem Blickfeld. Ohnehin wurden die meisten Einheimischen ja aus ihren Wäldern vertrieben, von denen sie sich jahrhundertelang ernährten, indem sie winzige Parzellen kultivierten, nicht ohne diese nach der Ernte wieder aufzuforsten. Wälder ohne Menschen aber lassen sich besser kontrollieren und an die internationale Holzindustrie verkaufen, deren Protagonisten meist aus anderen Ländern kommen. (Die Rolle, die früher der Westen einnahm, ist heute zunehmend auf China und Malaysia übergegangen.) Wir sollten uns also immer vor Augen halten, dass es wenig Sinn hat, die lokale Bevölkerung für ein Phänomen verantwortlich zu machen, das sie als Hauptleidtragende sieht. Den Menschen, die in den fraglichen Wäldern leben, wurde das Recht auf ihr Land genommen und damit ihre einzige Überlebensmöglichkeit, was nicht selten dazu führte, dass sie auch ihren Lebenssinn verloren.

3 | Die Lunge der Erde

Als vor etwa drei Millionen Jahren die ersten Hominiden anfingen, die Erde zu bevölkern, waren die Wälder schon seit 377 Millionen Jahren da. »Drei Millionen Jahre gegenüber fast 380 Millionen! Mensch und Baum – ist das nicht so, als setze sich ein gerade geschlüpfter Vogel auf einen Wasserspeier von Nôtre Dame? Oder als läute ein vergessenes Handy auf den Stufen des Kolosseums?«, meint Francis Hallé, Spezialist für die Ökologie des Regenwaldes.

Tatsächlich haben Bäume und Wälder das Leben auf diesem Planeten begleitet und beeinflusst, doch nicht nur das: Die Entwicklung des Menschen und vieler verschiedener Tierarten wurde von diesen Wesen aus Holz, Rinde und Blättern entscheidend mitgeprägt. Die Wälder boten ein ideales »Terrain« für die Herausbildung bestimmter Pflanzengesellschaften und Nahrungsmittelketten sowie für allerlei Verflechtungen und Vernetzungen zwischen Pflanzen und Tieren.

Denn die tropischen Regenwälder – zu Beginn der Entwicklungsgeschichte nahezu die einzige Art Wald auf der Erde – passen sich ihrer Umwelt nicht an, sie schaffen sie! Sie wachen über die Gesundheit der Erde. Daher tragen wir Menschen heute eine enorme Verantwortung. Sollte dieses Ökosystem verschwinden, wären die Folgen nicht auszudenken, da wir immer noch weit davon entfernt sind, die Konsequenzen vollständig erfassen zu können. Die Wissenschaft konnte zwar nachweisen, dass der Verlust großer Waldgebiete zum gegenwärtigen Klimawandel beiträgt, doch die Entwaldung hat auch schwerwiegende Auswirkungen auf die menschliche Gesellschaft und führt zu einem Artenverlust, wie wir ihn von Klimaveränderungen und anderen Naturkatastrophen kennen. Mit dem feinen Unterschied, dass das Massensterben dieses Mal von einer auf der Erde beheimateten Art, nämlich dem Menschen, verursacht wird.

In dieser gewaltigen grünen Kathedrale, wie Edward O. Wilson, seines Zeichens Entomologe und Soziobiologe in Harvard, den Regenwald gerne beschreibt, braucht man zumeist nicht einmal eine Machete, um sich »durchs Unterholz« zu bewegen. Da durch das dichte Laubdach so wenig Licht einfällt, kann sich kein Unterholz bilden. Es ist also vergleichsweise einfach, zwischen den gewaltigen Stämmen hindurchzuspazieren, die wie enorme Stützpfeiler wirken. Das, was wir unter Dschungel verstehen, wird vielmehr von den Menschen gemacht und breitet sich vor allem in zerstörten Wäldern aus, wo die Löcher, welche der Holzeinschlag im Wald hinterlässt, von allen möglichen Sorten von Lianen, Sträuchern und Stauden zugewuchert werden, weil der Schatten der Baumkronen fehlt. Der Regenwald hingegen ist keineswegs das alte und ehrwürdige »Bauwerk«, das wir in ihm sehen wollen. Er wacht nicht unverändert seit Anbeginn der Zeit über die Evolution des Lebens, sondern ist selbst in steter Veränderung begriffen. Im Verhältnis zu unserer geschichtlichen Entwicklung ist er geradezu als vergänglich zu betrachten.

Die Löcher im Laubdach allerdings sind ein wichtiger Schritt zur Regeneration des Waldes, doch keineswegs so, wie man sich das gemeinhin vorstellt. Das »Gesetz des Dschungels« beruht nicht, wie man dies so gerne annimmt, auf dem Recht des Stärkeren, was sich nach brutalem Faustrecht anhört, sondern auf dem Prinzip des Zufalls. Jeder kommt dort zu seinem Recht, wie die Arbeiten von Steve Hubbell von der Universität Georgia zeigen. Seiner Ansicht nach kann man den Wald mit einem Kindergarten vergleichen: Ein Hauch von Artenvielfalt, eine Idee von Wettbewerb sorgen dafür, dass sich ein »liberales« Klima entwickelt, in dem der Grundsatz »Leben und leben lassen« herrscht. Selbst wenn Hubbells Arbeit sehr umstritten ist, da viele das Ökosystem »Regenwald« als Ergebnis eines heftigen Verdrängungswettbewerbs sehen, ist seine Vision, die den großen Wissenschaftler Edward O. Wilson inspiriert hat, doch interessant und scheint der Wahrheit recht nahe zu kommen. Ihm zufolge werden die Löcher im Urwald nicht von den Arten besiedelt, die sich im Wettbewerb als die Stärkeren erweisen, sondern von solchen, die zur richtigen Zeit am richtigen Ort waren.

Wenn wir uns mit der Komplexität des Ökosystems »Regenwald« beschäftigen, welches eine immense Artenvielfalt beherbergt, wenn wir uns mit den wechselseitigen Abhängigkeiten der dort lebenden Arten beschäftigen, dann vor allem deshalb, damit wir das Ausmaß des Schadens sowie die Folgen selbst einer selektiven Entwaldung besser ermessen können. Auch wenn wir dies gerne vergessen: Wir leben in einer Welt, in der auf die eine oder andere Weise alle Arten untereinander verbunden sind. Unser Planet ist aufgebaut wie ein Kartenhaus. Wenn wir uns weiterhin weigern, den Menschen als Teil der Natur zu begreifen, als weitere »Tierart«, welche die naturgeschichtliche Entwicklung hervorgebracht hat, verkennen wir die Tatsachen. Dieses »Schisma« zwischen Mensch und Natur ist vor allem im Westen verbreitet. Wir haben es von den Denkern der Antike geerbt und legen es in allen Jahrhunderten und unter den verschiedensten religiösen

Vorzeichen stets neu auf. Denn die Kosmologie des Alten Griechenland, die bis heute nachwirkt, platziert den Menschen an der Spitze der Artenpyramide: Nur der Mensch hat Zugang zum *logos*, zur Vernunft, von der die Tiere gleich welcher Art ausgenommen sind. Unter dem Einfluss der Stoiker bildet sich eine veritable Hierarchie der Wesen heraus. Sie betrachten den Menschen als Gipfelpunkt der Entwicklung, der den Auftrag hat, über die anderen Wesen zu herrschen. Da die Natur nichts ohne Grund schafft, gehen die Stoiker davon aus, dass Pflanzen und Tiere zum Wohl des Menschen geschaffen würden. Der Mensch ist also ihr eigentlicher Daseinszweck. Eine triste Weltanschauung, in der die Welt nur für eine einzige Art da ist, die sich darüber hinaus noch als räuberisch und zerstörerisch erweist!

Buddhismus, Hinduismus und Shintoismus hingegen propagieren eine andere Sicht der Dinge. Für sie ist der Mensch integraler Bestandteil einer Natur, die vergöttlicht und deshalb in Ehren gehalten wird. Länder wie China haben unglücklicherweise eine lange Periode kommunistischer Geschichte hinter sich, in welcher Umweltverbrechen gang und gäbe waren. Mit dem Aufkommen eines neuen Wirtschaftsliberalismus gerieten die buddhistischen, hinduistischen und shintoistischen Traditionen in Asien vollständig in Vergessenheit, sodass die Wälder von den asiatischen Staaten nichts anderes zu gewärtigen haben als von den westlichen Industrieländern. Wer erhebt heute schon seine Stimme gegen politische und wirtschaftliche Tyrannei, um Wälder und Artenvielfalt zu schützen?

Wenn noch ein Funke Poesie im Menschen lebt, was sieht er wohl, wenn er die Tiefen eines dieser wunderbaren Regenwälder durchstreift? Ein Wunder des Lebens und der Evolution! Ein

Netz von engen Verflechtungen, das selbst die komplizierteste elektronische Schaltung in den Schatten stellt!

Gewaltig wie er ist, birgt der Regenwald noch zahllose unerforschte Geheimnisse. Pflanzen und Tiere – auch der Mensch, denn viele Völker fügen sich ja harmonisch in seinen Lebenszusammenhang ein, statt ihn bedenkenlos auszuplündern – haben dort einen Pakt geschlossen, der ihnen beim Überleben hilft. Diese Art des Zusammenlebens hat sich über lange Zeit fruchtbar entwickelt.

Wo die Gräser der Steppen und Savannen den Wind zur Verteilung ihrer Samen dienstbar machen, wäre es im Regenwald ein Glücksspiel, wollte man diese Aufgabe Äolus überlassen. Der Regenwald ist ein hochkomplexes Mosaik verschiedenster Arten. Ein Windstoß würde vermutlich kaum genügen, damit der Same eine befruchtbare Pflanze derselben Art erreicht. So haben sich zahlreiche Tiere auf die Verteilung des Pollens spezialisiert. Sie tragen ihn von Baum zu Baum und befruchten die Blüten, was im dichten Urwald keine leicht zu bewerkstelligende Obliegenheit darstellt. So können Anpassung und Co-Anpassung ein sehr hohes Maß erreichen, wie dies der Fall der Orchidee mit dem wohlklingenden Namen *Angraecum sesquipedale* zeigt. Sehr zum Leidwesen vieler Insekten verbirgt sie ihren Pollen in einer langen, schmalen Röhrenblüte. Nur ein einziger Nachtfalter, nämlich *Xanthopan morganii praedicta*, auch Morgan-Sphinx, kann mit seinem 30 Zentimeter langen Rüssel den Nektar ernten und ihn zu den Schwesterpflanzen tragen. Als Charles Darwin diese Blüte genauer untersuchte, sagte er vorher, dass es solch ein Insekt geben müsse, da sich die Pflanze ansonsten nicht vermehren hätte können. Seine Zeitgenossen nahmen ihn nicht besonders ernst, und so wurde der Nachtfalter erst Jahrzehnte später entdeckt!

Zahlreiche Blumen werden auch von Fledermäusen befruchtet. Sie kommen in den Tropen besonders häufig vor, viele von ihnen ernähren sich von Pflanzen bzw. Nektar. Einige Bäume aus der Gattung der Wollbaumgewächse, zu denen beispielsweise der Baobab gehört, haben zartgelbe oder weiße Blüten entwickelt, die sich nachts über der Laubdecke öffnen, damit sich die Fledermäuse nicht die Flügel verletzen, wenn sie in das unentwirrbare Dickicht eintauchen müssen. Letzter Leckerbissen, um die geflügelten Königinnen der tropischen Nächte anzulocken, ist ein klebriger Nektar, der einen stark säuerlichen Geruch verströmt und ihnen so signalisiert, dass an genau dieser Stelle die begehrte Speise zu haben ist. Eine andere Form ist die Kauliflorie oder Stängelblütigkeit, bei der Blüte und Frucht unmittelbar über dem Boden auf dem Stamm aufsitzen, damit Vögel und Fledermäuse nicht im Gewirr der Zweige nach Nahrung suchen müssen. Die Blütenform variiert stark. Manche Blüten sind schalenförmig wie beim Durio. Aus diesen können sowohl Vögel als auch Insekten trinken, sodass sie beim Verlassen der Blüte auf Feder- oder Haarkleid den goldenen Pollen mitnehmen. Andere wiederum besitzen eine Art »Rasierpinselblüte«, eine Gruppe eng stehender Staubgefäße, die aus dem ansonsten wenig attraktiven Blütenkelch hervorragen. Dies trifft zum Beispiel auf die Parkia zu, eine Familie aus der Gruppe der Leguminosen. Sie bildet riesige apfelgrüne Schoten aus, welche die Orang-Utans lieben. Wenn nun eine Fledermaus an den Nektar will, reibt sich ihr Bauch unweigerlich an den Staubgefäßen, und sie trägt den Pollen weiter zur nächsten Parkia-Blüte, wo damit ein Stempel befruchtet wird. So entsteht die Leibspeise der Orang-Utans.

Manche Pflanzen wiederum stimmen ihre Blühphasen aufeinander ab. Vier der fünf Heliconia-Arten zum Beispiel, die im

Naturschutzgebiet von La Selva in Costa Rica wachsen, werden von einer einzigen Kolibri-Art befruchtet. Damit die Tierchen nicht eine Sorte links liegen lassen, blühen diese Arten brav nacheinander, damit die Befruchtung sich nicht überschneidet und eine Bestäubung der Nachbarpflanzen verhindert wird. Der Kolibri aber erfreut sich so das ganze Jahr über eines gedeckten Tisches, was seinen Aufwand zur Nahrungsbeschaffung erheblich verringert.

Doch Vögel und Fledermäuse sind keineswegs die einzigen Bestäubungsspezialisten: Auch die Insekten spielen einen wichtigen Part, unter ihnen vor allem die Käfer, die in den Tropen die Rolle von Bienen und Hummeln übernehmen. Um den Bedürfnissen der Käfer möglichst entgegenzukommen, haben die von ihnen bestäubten Pflanzen zahllose Blüten entwickelt, die sich häufig unter dem Laub verbergen – eine Unzahl winziger Schälchen zur gefälligen Bedienung. Dies trifft vor allem für Palmen-, Magnolien- und Annonagewächse zu. Ihre Nektar-Servicestationen öffnen nur tagsüber. Sie entfalten intensiv gefärbte Blütenkelche, die von deutlich sichtbaren ultravioletten Streifen durchzogen sind: regelrechte Landebahnen für Käfer und andere Insekten. Andere nutzen weniger kultivierte Lockmethoden: Sie hüllen sich in Farbe und Geruch verdorbenen Fleisches. Die Fliegen und Käfer aber, die sich hiervon bezirzen lassen, sollten auf der Hut sein, denn diese Pflanzen verlangen häufig von ihren Tafelgästen ein längeres Verweilen. Sobald das Insekt in den Blütenkelch kriecht, schließt sich dieser und hält das Tier so lange gefangen, bis die männlichen und weiblichen Organe sich auffalten und die Bestäubung mit absoluter Sicherheit erfolgt ist.

Auch die Bäume brauchen tierische Hilfe, um ihre Samen zu verteilen und das Überleben der Art zu sichern.

So tragen die Tiere fleißig zur Regeneration ihrer Umwelt bei. Wie gute Gärtner säen und vergraben sie die Früchte der Bäume, vergessen aber dann und wann, wo sie ihre Vorräte angelegt haben, wodurch neue Bäume wachsen. Dies trifft vor allem auf jene Vögel und Säugetiere zu, denen die Natur große, appetitliche, duftende Früchte als Nahrung zugedacht hat. Am auffälligsten ist hier natürlich die Durianfrucht. Jeder Europäer, der den – gelinde gesagt – merkwürdigen (wenn nicht gar exkrementhaften) »Duft« dieser stachligen Frucht schon einmal gerochen hat, fragt sich, weshalb sie in Südostasien Tiger, Orang-Utan und Bär gleichermaßen in Ekstase versetzt. Dabei spielt der Geruch die entscheidende Rolle, wenn es darum geht, die »Kundschaft« anzuziehen. Wer durch den Tropenwald geht, ist von süßlichen, faden, säuerlichen, fauligen, berauschenden, pfeffrigen, intensiven Düften umgeben, welche die Sinne benebeln. Auf Borneo erlebt man häufig, dass Orang-Utans, Gibbons, Bären, Eichhörnchen und Doppelhornvögel im selben Baum weiden, zu dessen Füßen dann vielleicht ein Bartschwein den Boden durchpflügt, um die herabgefallenen Früchte zu fressen.

Nur wenige Menschen wissen, dass zum Teil auch Fische für die Verbreitung von Samen sorgen. In Asien, Afrika und Amazonien gibt es die so genannten »Sumpfwälder«, die regelmäßig überflutet werden – ein wahres Glück für die Fische, deren Territorium sich so auf einen Schlag enorm vergrößert. So wird in Amazonien die Verbreitung der Samen von *Hevea brasiliensis* und *Hevea spruceana*, der beiden Kautschukbäume, von Fischen übernommen. Während der Überschwemmungen fressen sie sich so richtig satt und verteilen in der Folge die Samen an alle Enden ihres Lebensraums. Gut für die Kautschukbäume, die keimen, sobald das Hochwasser wieder zurückgeht. Auf diese Weise können sie sich weit über ihr Ursprungsgebiet hinaus verbreiten und so für die Erhaltung der Art sorgen.

Doch Anpassung und wechselseitiger Nutzen beschränken sich keineswegs nur auf die Bestäubung und Verbreitung von Samen. Viele Pflanzenarten haben einen Pakt mit den in den Tropen so häufig vorkommenden Ameisen geschlossen, der sie vor Eindringlingen, zum Beispiel laubfressenden Raubinsekten, schützt. Die mit zwei ordentlichen Kiefern ausgestatteten Ameisen können ausgesprochen ungemütlich werden. Dies trifft vor allem auf die Riesenameise zu, die im Englischen *bullet ant* genannt wird, weil der Schmerz, den ihr Biss hervorruft, dem einer Schusswunde gleicht. Diese Angriffslust, diese kriegerische Veranlagung machen sich viele Bäume zunutze, unter anderem zum Beispiel die Gattung der Rotangpalmen, die in den asiatischen Regenwäldern sehr verbreitet sind. Die Khortalsia etwa besitzt Hohlräume auf der Höhe jeder Sprossachse, die den Ameisen als Bleibe dienen. Im Gegenzug sorgen die Ameisen dafür, dass kein hungriger Pflanzenfresser über die Palmenart herfällt. Noch ausgeprägter zeigt sich diese Zusammenarbeit bei der Gattung der Macarangas, die häufig eine ganze Kolonie von Ameisen beherbergen. Hier stellt die Pflanze nicht nur das Logis, sondern auch die »Kost«. Sie produziert kleine Stärkekügelchen an den Blattansätzen, die die Ameisen sehr schätzen. Die Ameisen ziehen auf dem Baum auch Schildläuse. Diese wiederum ritzen die Rinde und ernähren sich vom Pflanzensaft, den sie dann, mit ihren süßlichen Ausscheidungen angereichert, an die Ameisen weitergeben. Anders als die meisten Bäume des Regenwaldes werden Macarangas deshalb nur selten von Epiphyten, so genannten Luftpflanzen, besiedelt. Da die Ameisen die Macarangas als ihr Reich betrachten, säubern sie Stamm und Zweige unweigerlich von allem, was sich auf ihnen niederlässt. Doch auch in der Welt der Ameisen gibt es Korruption. Eine winzige Raupe *(Arhopala)* hat es geschafft, die Symbiose zwischen Baum und Ameise zu durchbrechen. Sie kaut fröhlich auf ihren Blättern herum und gibt den Ameisen, wenn diese mal vorbeikommen, ein wenig zuckrige Ausscheidung ab. Für diese Art des Bestechungsgeldes werden die Raupen von den Ameisen in Ruhe gelassen. Die Raupen hingegen erlegen sich Zurückhaltung auf. Sie besiedeln nur zu wenigen die Macarangas und haben ihr Äußeres der Farbe und Beschaffenheit des Baumes angepasst. Auf diese Weise entkommen sie den so zahlreichen Räubern im Laub.

Diese vielfältigen Wechselbeziehungen wecken nicht nur Staunen und Bewunderung angesichts der genialen Anpassungsleistungen, welche die Natur hervorbringt, sie zeigen uns vor allem, dass in einem Ökosystem kein Wesen unabhängig vom Einfluss seiner Nachbarn existieren kann. Wenn einer der Beteiligten verschwindet, stürzt das komplexe System langsam, aber sicher ein wie ein Kartenhaus.

In Brasilien wächst die härteste Nuss der Welt. Die Frucht hat etwa die Größe einer Kokosnuss, und nur das Aguti, ein kleines Nagetier mit nadelspitzen Zähnen, ist in der Lage sie zu öffnen. Das Aguti vergräbt die Reste in einem Umkreis von etwa 500 Metern um den Nussbaum herum. Schließlich weiß man nie, was die Zukunft so bringt, da ist es besser, man hat ein paar Vorräte in der Hinterpfote. Der Paranussbaum gehört zu den Größten des Waldes und kann nur von einer bestimmten Biene bestäubt werden. Sie allein kann die geschlechtliche Vermehrung des Baumes sicherstellen. Die Biene ihrerseits ist zur Zeugung von Nachkommen auf eine Orchidee angewiesen. Die Weibchen verbreiten den Pollen der Bäume, die Männchen hingegen tauchen in die duftenden Orchideen ein und ziehen so die Weibchen an. Bislang konnten von dieser Pflanze keine Plantagen angelegt werden, eben weil Orchidee, Biene, Aguti und Baum ein so komplexes Zusammenspiel gefunden haben. Der Para- oder Butternussbaum hingegen zeigt sich den Mitbewohnern des Waldes gegenüber großzügig. Sobald die Schalen der Frucht geleert sind, dienen sie einem ganzen Hofstaat kleiner Geschöpfe als Schwimmbad – Insekten, Libellen, Moskitos, Fröschen ... Eine Unterart der Pfeilgiftfrösche, winzigen Fröschen in lebhaften Farben, ist beinahe vollständig von diesen Nussschalen abhängig, solange sie sich noch im Kaulquappenstadium befindet. Doch natürlich bleibt auch der Mensch nicht untätig. Das Sammeln der Nüsse bringt den Castañeros, den darauf spezialisierten Landarbeitern, Jahr für Jahr 70 Millionen Dollar ein. Die Ausbeutung dieser Frucht lohnt sich also unmittelbar für Mensch und Tier vor Ort. Und sie schadet auch den Bäumen nicht, denn natürlich wird jeder Paranussbaum entsprechend gepflegt.

Die Entwaldung sorgt dafür, dass zusammenhängende Waldgebiete mehr und mehr auseinandergerissen werden, grüne Inseln inmitten einer leblosen oder nahezu leblosen Wüste. Dies ist mit dem Sungai-Menyala-Wald in Malaysia geschehen. Dieser tropische Regenwald wurde durch die intensivwirtschaftliche Nutzung weitgehend zerstört. Die fleischigen Früchte von *Chrysophyllum roxburghii*, die früher von den Säugetieren im Wald verteilt wurden, bleiben heute auf der Erde liegen und verfaulen. Die Tiere sind längst verschwunden, wurden vertrieben oder ganz ausgerottet: Für den Kahlschlag baute man neue Straßen durch den Wald. Die wenigen überlebenden Tiere mussten sich in immer kleinere Waldgebiete zurückziehen, wo sie letztlich nicht überleben konnten. Von außen betrachtet ist alles in Ordnung. Der Wald steht ja noch. Wenn man nicht genauer hinschaut, wirkt er wie eine paradiesische grüne Insel in einem gewaltigen Ozean von Kautschukbäumen. Doch das Ökosystem wurde seiner Träger beraubt und steht kurz vor dem völligen Zusammenbruch. Da die Samen der Chrysophyllumfrüchte keine Verbreitung mehr finden, sondern achtlos irgendwo hingeworfen verfaulen, werden die großen Chrysophyllum-Arten verschwinden. Und dann gibt es überhaupt keine Jungpflanzen mehr, die sich in den Löchern des Waldes ausbreiten könnten.

Und doch gibt es noch ein paar handtuchgroße Waldstücke, die genügen könnten, um einer stabilen Säugetierpopulation Raum zu bieten. Dazu müsste man nur einfach die Jagd verbieten, die ja so häufig mit dem Holzeinschlag einhergeht. Dann müssten die verbliebenen Waldstücke miteinander verbunden werden, damit Inzucht und genetischem Verfall Einhalt geboten werden könnten. Wissenschaftler versuchen, Korridore zu schaffen, »pflanzliche Lebensadern« für Affen-, Katzen-, Antilopen- und andere Säugetier- sowie Reptilienarten, die den Gewehren vorzugsweise dann zum Opfer fallen, wenn sie die abgeholzten Ebenen oder die Plantagen durchqueren. In Mata Atlantica, einem Regenwaldgebiet an der Ostküste von Brasilien, gelang es, das Löwenseidenäffchen wieder in den verbliebenen Waldstücken anzusiedeln, was das Tier vor dem Aussterben bewahrte. Dort scheint das Netz, das zwischen den Waldstücken geschaffen wurde, bislang zu funktionieren. Für die Biologen ist es daher von entscheidender Bedeutung, das Zusammenspiel solch isolierter Waldflächen zu verstehen, die als Ökosysteme neu sind, und ihnen durch klug angelegte Korridore neues Leben einzuhauchen. Denn wenn der Kahlschlag in den Regenwäldern so weitergeht wie bisher, wird dies bald alles sein, was von den ausgedehnten Waldflächen noch übrig ist. Und doch vermag bis heute niemand zu sagen, ob auf diese Weise der tropische Regenwald als ganzes Ökosystem sozusagen »im Vakuum« erhalten werden kann, ob seine Biodiversität bestehen bleibt und er seine Rolle als Klimaschützer weiter übernehmen kann.

Auch für die Menschen, die mitunter in vollkommener Symbiose in und von den Wäldern leben, ist der Wald von entscheidender Bedeutung. In Zentralafrika gibt es einen Baum, der wie kein anderer für das funktionierende Zusammenspiel von Mensch und Natur steht: der Moabi, botanisch gesprochen *Baillonella taxisperma*. Er wächst nur zwischen Nigeria und der Demokratischen Republik Kongo. Der Moabi gehört zu den Baumriesen und misst, wenn er voll ausgewachsen ist, etwa 60 Meter. Er kann über 600 Jahre alt werden. Seine Früchte werden von Elefanten und Gorillas verzehrt, welche die Samen bei ihren Wanderungen in der Region verteilen, was für neue Moabibäume sorgt. Auch die Bevölkerung der Region schätzt sie sehr. Aus den Samen gewinnt man ein an Palmsäure reiches Öl, aus dem Medikamente hergestellt werden (bislang sind mehr als 50 Rezepturen bekannt) und ein Kosmetikum, das der Karitébutter ähnelt. Für die Pygmäen stellt dieser Baum den Geist des Waldes dar. Bevor sie zur Jagd gehen, reiben die Männer sich mit einem Puder ein, der aus der Moabirinde gemacht wird. Er soll die Jäger unsichtbar machen.

Leider ist der Moabi, von denen etwa einer auf 20 Hektar Wald kommt, auch bei jenen beliebt, die den Wald einer maximalen wirtschaftlichen Nutzung zuführen wollen und sich um die traditionelle wirtschaftliche und soziale Bedeutung des Baumes nicht scheren. Der Verlust eines Moabi nämlich zieht für das ihm benachbarte Dorf tragische Konsequenzen nach sich. Da ist zunächst einmal der wirtschaftliche Verlust, ernährt ein Moabi durch die Möglichkeit des Ölverkaufs doch leicht eine ganze Familie. Darüber hinaus kann mit dem Gewinn auch die Ausbildung der Kinder finanziert werden. Aber der Verlust des Baumes hat auch symbolische Folgen: Die Dorfbewohner empfinden es nicht selten so, als hätte man ihnen einen Teil ihres Körpers entfernt, wenn der Lebensbaum vor ihrer Haustür gefällt wird[8]. Doch genau das geschieht momentan, vor allem in Kamerun. Dort fällt die Société Pallisco, eine Tochtergesellschaft des französischen Möbelherstellers Pasquet, breitflächig Moabibäume und fertigt daraus Möbel für die Luxusbedürfnisse der westlichen Welt. Der öffentlichen Kritik begegnete Pasquet mit dem Hinweis auf die Baumschulen, die in der Region für »Nachwuchs« sorgen. Nun werden aber 90 Prozent der fruchttragenden Moabibäume gefällt, und es dauert mehr als 100 Jahre, bis ein frisch angepflanzter Moabi Frucht trägt. Was aber fängt die heimische Bevölkerung in der Zwischenzeit an? Laut Laurent Debroux, der eine Forschungsarbeit über den Moabi verfasst hat[9] und heute als Sachverständiger für die Weltbank tätig ist, zerstört die Aus-

8 »Moabi – arbre de vie ou arbre de profit?«, Kampagne der Friends of the Earth im Jahr 2005.

9 Debroux, Laurent, *L'Aménagement des forêts tropicales fondé sur la gestion des populations d'arbres: l'exemple du moabi (Baillonella taxisperma Pierre) dans la forêt du Dja (Cameroun)*, Abschlussarbeit des dritten Universitätsjahres an der Fakultät für Agrarwissenschaft in Gembloux (Belgien) 1998.

beutung des Waldes in Zentralafrika, vor allem in Kamerun, 75 Prozent der fruchttragenden, also fortpflanzungsfähigen Bäume und gefährdet damit das Fortbestehen der Art.

Die Efe- und Mbuti-Pygmäen im Wald von Ituri in der Demokratischen Republik Kongo leben in vollkommenem Einklang mit ihrer Umwelt. Der Wald und alles, was er bietet, sind für das wirtschaftliche und spirituelle Überleben der beiden Ethnien von entscheidender Bedeutung. Die Mbuti beispielsweise jagen mit einem Netz, das sie aus den Fasern eines Wolfsmilchgewächses fertigen. Ihre Beute tauschen sie in den umliegenden Dörfern gegen Maniok, Bananen, Reis, Yamswurzeln oder Erdnüsse ein. Gleichzeitig greifen sie für ihre Ernährung auf 55 verschiedene Baum- und Pflanzenarten sowie 23 Pilzarten zurück. Andere Pflanzenarten werden zum Flechten von Matten verwenden, auf denen die Pygmäen schlafen. Sie liefern das Rohmaterial für Körbe oder Seile, mit Hilfe derer die Mbuti wilden Honig aus hohen Bäumen holen ... Dieses Volk lebt im und vom Wald. Seine Flora schenkt ihnen Unterkunft, Nahrung und ein Jagdgebiet. Aus seinen Pflanzen machen sie Kleidung, Kosmetika, Musikinstrumente, Kinderspielzeug und Arzneimittel. Und der Wald ist ihr Partner bei zahllosen magischen und mystischen Riten. Wenn sie sich auf die Jagd vorbereiten, bemalen die Männer sich mit Holzkohle aus dem Holz eines bestimmten Baums. Durch Räuchern mit diesem Holz segnen sie ihre Netze, auf dass sich darin große Beutetiere fangen mögen. Man hängt die Früchte der *Rothmannia urcelliformis* ans Netz, um diesem noch mehr magische Macht zu verleihen. Dann reibt man es an den Schnauzen der Hunde, damit es deren tierischen Geruch annimmt. Etwa 80 Prozent der Gegenstände in einem Pygmäenlager sind aus Pflanzenmaterial gefertigt. Für die Pygmäen ist die Welt ein riesiger Garten, den sie pflegen und bewahren.

Der tropische Regenwald in Südostasien liefert etwa 450 Produkte von ökonomischem Wert, neben Holz und Früchten auch Fasern, Arzneipflanzen oder Farbstoffe ... All diese Produkte stammen von Pflanzen, die zur Bestäubung bzw. zur Verbreitung der Samen auf Fledermäuse oder andere Säugetiere angewiesen sind. Wenn wir uns dies einmal deutlich vor Augen führen, wird sofort klar, weshalb die Tiere, die den Pflanzen helfen, ihren Lebenszyklus zu vollenden, auch für den Menschen nützlich und wichtig sind. Sie zu schützen und zu hüten heißt, eine bestimmte Art des Wirtschaftens, ja eine Lebensform zu bewahren.

Als vor etwa 380 Millionen Jahren die ersten Bäume und Wälder auf der Erde wuchsen, schlug sich dies sofort in veränderten klimatischen Bedingungen nieder. Bald sanken die Temperaturen sowie der Gehalt an Kohlendioxid (CO_2) in der Atmosphäre. Die Regenmenge hingegen nahm schnell zu. Die Bäume sind nicht nur Wächter des Klimas, sie entsorgen auch eine große Menge Kohlendioxid aus der Atmosphäre. Die klimatischen Veränderungen auf der Erde, welche die Wälder bewirkten, bereiteten das Terrain für die Entstehung neuer Arten, zum Beispiel größerer Säugetiere. Zahlreiche Paläoanthropologen sind der Überzeugung, dass wir Menschen uns ohne den Wald nicht hätten entwickeln können. Die Wälder bildeten also die Grundvoraussetzung für das Entstehen der Welt, wie wir sie heute kennen.

Wenn man Luftaufnahmen einer beliebigen Landschaft betrachtet, fällt sofort auf, dass sämtliche Waldregionen darauf besonders dunkel wirken. Das liegt einfach daran, dass sie –

mehr als jede andere Form der Vegetation – einen großen Teil des Sonnenlichts absorbieren.

Wenn diese Wälder geschädigt oder abgeholzt werden, steigt die Albedo. (Die Albedo bezeichnet das Verhältnis der Sonnenenergie, die von einer Fläche zurückgestrahlt wird, zu der Menge der eingestrahlten Energie.) Die Zahlen hören sich nicht besonders spektakulär an, sind aber trotzdem auffällig. So steigt bei der Umwandlung eines intakten Waldes in eine Monokultur die Albedo von 0,12 auf 0,16 bis 0,2 an. Bei Prärieflächen liegt sie bei 0,2, während sie bei nackter Erde auf 0,35 klettert. Je mehr Wald also von der Erdoberfläche verschwindet, desto stärker heizt sich diese auf. Aber damit noch nicht genug: Je mehr Wärme die Vegetation aufnimmt, desto mehr steht für die Abgabe von Feuchtigkeit (Evapotranspiration) über die Blätter zur Verfügung. Im Klartext: Es kehrt mehr Wasser in die Atmosphäre zurück. Dies wiederum hat zur Folge, dass sich die Luftströmungen verstärken und zwar umso mehr, je mehr Unebenheiten die Oberfläche aufweist, über der sich die Luftmassen befinden. Im speziellen Fall geht es um das Laubdach des Waldes, das alles andere als glatt ist, sondern eher ein Gewirr von buckligen Erhebungen, aus denen da und dort ein Baumriese hervorsticht. Die Luftströmungen über dem Laubdach sind also vergleichsweise stark. Diese Turbulenzen lassen die Evapotranspiration weiter steigen, was wiederum den Wasserkreislauf beeinflusst. Der Wald »schwitzt« sozusagen. Er gibt einen großen Teil des Wassers als Wasserdampf wieder an die Atmosphäre ab. Der Wasserdampf kondensiert zu dichten Wolken, aus denen es bald wieder regnet. Dieser Kreislauf ist für das Klima und damit für das Leben auf der Erde das A und O. Der Amazonasregenwald ist dafür ein gutes Beispiel. Diese riesigen Waldgebiete werden von den Regenwolken des Atlantik versorgt, die der Nordostwind herantreibt. Ein Großteil dieses Wassers wird über die Evapotranspiration wieder an die Atmosphäre abgegeben. Die so entstehenden Wolken werden durch die Luftströmungen Richtung Anden getrieben, wo sie an das Bergmassiv stoßen. Sie regnen sich also am westlichsten Teil des Amazonas-Regenwaldes wieder ab. Wissenschaftler haben nun die Sauerstoff- und Deuterium-Isotope gemessen, um genauer bestimmen zu können, wie der Wasserkreislauf tatsächlich verläuft. Man stellte fest, dass mehr als die Hälfte des Wassers im Amazonaswald aus diesem Recyclingmodell stammt.

Würden nun große Waldflächen von der Erde verschwinden, was im Moment geschieht, fiele das Wasser direkt auf die nackte Erde und flösse ohne weitere Verzögerung ins Meer zurück. Ergebnis: Der Wassergehalt der Atmosphäre wäre deutlich reduziert. Es käme zur Wüstenbildung. Und genau das passiert in bestimmten Regionen Amazoniens.

2005 hat der Amazonas, dieser gewaltige, mythische Fluss, den niedrigsten je gemessenen Pegelstand seit Beginn der Aufzeichnungen 1902 erreicht. Die Trockenheit hat in Bolivien und Peru zu verheerenden Bränden geführt. In vielen Gebieten konnte die Bevölkerung nicht mehr, wie es ihrer Gewohnheit entsprach, flussaufwärts ziehen, weil der Wasserstand zu niedrig war. Plötzlich waren zahlreiche Stämme von der Welt abgeschnitten und ihrer Ressourcen beraubt. Verantwortlich ist die massive Abholzung des Waldes in dieser Gegend, die den Wasserkreislauf in Mitleidenschaft zog. Dazu kommen noch die vielen Brandrodungen durch die Plantagenbesitzer, die für die Entwaldung so wenig bezahlen wollen wie nur irgend möglich.

Doch der Kahlschlag stört nicht nur den lebenswichtigen lokalen Wasserkreislauf, er trägt auch zur globalen Klimaerwärmung bei. Noch nie in den letzten 20 Millionen Jahren war die Konzentration von Kohlendioxid in unserer Atmosphäre so hoch. Eine schlimme Feststellung, die unsere Wissenschaftler da bei der Untersuchung der in Fossilien eingeschlossenen Luftbläschen in Grönland und der Antarktis machten. Und was noch schlimmer ist: Der Kohlendioxidgehalt der Atmosphäre hat sich sprunghaft erhöht, als das Industriezeitalter begann. Eine Tatsache, die Anlass zu berechtigter Sorge gibt, umso mehr, als die sich ankündigenden dramatischen Konsequenzen noch nicht in ihrer ganzen Tragweite zu erfassen sind: Schmelzen der Gletscher, Anstieg des Meeresspiegels, zunehmende Wirbelsturmaktivität, starke atmosphärische Störungen. Das bekannte Wetterphänomen El Niño beispielsweise wird an Stärke und Dauer zunehmen. Wir werden noch nie dagewesene Überschwemmungen erleben, Hitzewellen und damit massive Trockenperioden. Die klassischen Tropenkrankheiten werden auch in gemäßigten Breiten auftreten ... Die Liste der Auswirkungen des Klimawandels ist schier unendlich.

Die Regenwälder sind für uns also lebenswichtig: Entweder sie überleben und spielen weiterhin ihre so entscheidende Pufferrolle. Oder sie verschwinden, und der Klimawandel geht schneller denn je vonstatten. Der Regenwald bindet etwa 40-mal mehr Kohlenstoff, als wir Menschen regelmäßig produzieren. Daher bezeichnet man ihn auch als »Kohlenstoff-Pool«. (Mehr zu diesem Thema im Kapitel »Emissionsrechtehandel – pure Heuchelei?«) Der Boden der Sumpfwälder auf Borneo beispielsweise bildete sich durch die Ansammlung von pflanzlichen Abfällen, die sich im stehenden Wasser nicht zersetzen konnten. Daraus wurden im Laufe der Jahre Torfschichten, die mittlerweile viele Dutzend Meter dick sind. Hier ist also ein echter »Kohlenstoff-Pool« im Entstehen! Susan Page von der Universität Leicester und ihren Mitarbeitern zufolge[10] enthalten diese Wälder mehr Kohlenstoff als alle Autoabgase, die wir Menschen weltweit innerhalb von vier Jahren in die Luft blasen. Würden nur fünf Zentimeter der Torfschicht dieser Wälder verbrannt, entwichen in die Atmosphäre mehr als 100 Millionen Tonnen Kohlenstoff. Die Entstehung dieser Wälder band so viel Kohlenstoff aus der Atmosphäre, dass – wie manche Wissenschaftler annehmen – sie für mehrere Eiszeiten verantwortlich sein könnten. Während der schrecklichen Brände im Jahr 1998, auf die wir im Kapitel »Wer durchlöchert den Wald?« noch weiter eingehen werden, wurde ein Teil dieses gebundenen Kohlenstoffs langsam, aber sicher an die Atmosphäre abgegeben, was eine erhebliche Luftverschmutzung zur Folge hatte. Susan Page und ihre Mitarbeiter gehen davon aus, dass zwischen 0,81 und 2,57 Millionen Tonnen Kohlendioxid freigesetzt wurden, was zwischen 13 und 40 Prozent des gesamten Kohlenstoffausstoßes durch die Verwendung fossiler Brennstoffe entspricht. Und man weiß mittlerweile, dass 75 Prozent der Brände, die man El Niño zuschreibt, tatsächlich bewusst gelegt wurden – von Plantagenbesitzern, die billig roden wollten.

Doch die Wälder sind nicht nur gigantische Kohlenstoffspeicher, sie binden auch ständig neuen Kohlenstoff, vor allem während ihrer Wachstumsphase. Im Wachstum gibt der Baum weniger Kohlenstoff ab, als er aus der Atmosphäre aufnimmt. Darüber hinaus werden Sauerstoff- und Ozonmoleküle sowie

10 Page, Susan E. et al., »The amount of carbon released from peat and forest fires in Indonesia during 1997«, in: *Nature* vom 7. November 2002.

Hydroxylgruppen abgegeben, welche zahlreiche Giftstoffe in der Atmosphäre binden können. Es liegt daher auf der Hand, dass das Verschwinden der tropischen wie der gemäßigten Regenwälder auf die Klimaerwärmung einen enormen Einfluss hat. Hier lässt sich von einem Dominoeffekt sprechen, denn auch wenn einige Wälder stehen blieben, so hätten diese den katastrophalen Auswirkungen der globalen Erwärmung nichts entgegenzusetzen. Die einsetzende Trockenheit würde dafür sorgen, dass das Ökosystem langsam stirbt. Dabei aber würde der bis dato in Bäumen und Humus gebundene Kohlenstoff frei. Der Wald könnte kein Kohlendioxid mehr aufnehmen, und der Treibhauseffekt würde sich weiter verstärken.

Und schließlich schützen die Wälder dieser Erde, vor allem die Mangrovenwälder, die Küsten in den tropischen, subtropischen und äquatorialen Regionen, die regelmäßig schweren Orkanen ausgesetzt sind, vor der Erosion. Es ist wohl kein Zufall, dass während des großen Tsunami, den wir Ende 2004 in Südostasien erlebt haben, gerade jene Regionen weniger litten, in denen es intakte Mangrovenwälder gibt.

Dieses Katastrophenszenario hört sich an, als habe man es direkt einem Umweltthriller entnommen, doch wenn wir uns die Naturkatastrophen der letzten Jahre genauer ansehen, müssen wir feststellen, dass uns die Ereignisse wohl schon längst überrollt haben: Die Katastrophe ist längst Wirklichkeit geworden und wird, wenn sich nichts ändert, die pessimistischsten Vorhersagen übertreffen.

Sommer 1998: Bangladesh leidet unter den schlimmsten Überschwemmungen, die das Land je erfahren hat. Mehr als 800

Menschen werden getötet. 3,5 Millionen Menschen erkranken in der Folge. Eine Million Haushalte werden zerstört. 31 Millionen Menschen sind obdachlos, und 1,4 Millionen Hektar landwirtschaftliche Fläche ist zerstört.

Dezember 1999: Sintflutartige Regenfälle in Venezuela lassen alles bisher Gesehene hinter sich und lösen gewaltige Erdrutsche aus. Zwischen 30 000 und 50 000 Tote.

Winter 1999/2000: Gewaltige Überschwemmungen in Mosambik. 1,2 Millionen Obdachlose.

Dezember 2003: Sintflutartige Regenfälle in Mindanao auf den Philippinen. Mehr als 200 Vermisste bei Erdrutschen, die niemals hätten stattfinden dürfen. Doch der Berg, den massiver Holzeinschlag seiner Wälder beraubte, kann die normalen saisonalen Regenfälle der Tropen nicht mehr aufnehmen und ableiten. Und so werden zahlreiche Dörfer im Süden der Insel unter Schlammmassen begraben.

2005: schwere Trockenzeit in Amazonien ...

Wie sieht die Zukunft dieses Planeten aus, der einer zunehmenden Entwaldung und Verunreinigung unterworfen wird, ohne dass konkrete länderübergreifende Maßnahmen getroffen würden, um diesem Treiben zum Schutze der Welt Einhalt zu gebieten? Nur wenige Regierungen scheint dieses Thema überhaupt zu kümmern. Und die Hauptverantwortlichen für diese Katastrophe – die Industrieländer, allen voran die Vereinigten Staaten – tragen in dieser Frage eine geradezu sträfliche Gleichgültigkeit zur Schau.

Der Mensch ist trotz all seiner technischen Großtaten, deren er sich so gerne rühmt, auch zu Beginn des 3. Jahrtausends immer noch nicht in der Lage, einen großen Baum zu schaffen. Nebenbei bemerkt: auch keinen kleinen. Alles, was er bis jetzt zustande gebracht hat, ist, Bäume zu fällen. Und das tut er ja nun wirklich zur Genüge.

Francis Hallé, *Plädoyer für den Baum*

TEIL II

Ausverkauf im Regenwald

Einführung

Heute Morgen konnte man in den Zeitungen folgende Schlagzeilen lesen: »Amazonas-Regenwald: Schluss mit dem Raubbau«. Und: »Hunger der Franzosen nach illegalem Tropenholz nicht versiegt«[11]. Schlagzeilen, die unsere Besorgnis erregen sollten, da sie sich allmählich mehren. Medien, verschiedene internationale Hilfsorganisationen und Öko-Aktivisten schlagen Alarm – offenkundig vergeblich. So hieß es erst vor kurzem in den Tageszeitungen: »Panamakanal von Entwaldung bedroht«. Oder: »Birma: Abholzung im Stillen«. Und: »Entwaldung in Borneo bedroht Arzneipflanzen«. Sowie: »Keine Moabifrüchte mehr im Osten Kameruns«[12]. Mit Papier, der »Leibesfrucht« der Bäume, wird versucht, Öffentlichkeit und regierende Häupter auf das Schicksal der Bäume aufmerksam zu machen. Der Schwanengesang des Waldes.

Die zahlreichen Reisen im Zusammenhang mit meiner Forschungsarbeit zur Rettung der Orang-Utans auf Borneo brachten es mit sich, dass ich ein starkes Interesse am Schicksal jener Wälder entwickelte, die für die roten Menschenaffen so wichtig sind. Ich war schockiert, als mir bewusst wurde, wie weit das Massaker auf der indonesischen Insel bereits fortgeschritten ist. Bei jedem Besuch musste ich weiter fahren, um endlich in den Schatten des

11 *Courrier international* Nr. 805 vom April 2006.

12 Zu lesen in: *Courrier international* Nr. 777 vom 22. September 2005; *Libération* vom 19. November 2005; *Le Monde* vom 27. April 2006 und *Libération* vom 6. Mai 2006.

Waldes eintauchen zu können, in den die Orang-Utans sich zu retten suchen. In diesem Teil Kalimantans, wie man den Südteil Borneos nennt, war die Verödung der abgeholzten Gebiete mit ihrer ziegelroten Erde besonders deutlich zu erkennen. Der ultimative Schlag aber kam, als ich das Gebiet im Hubschrauber überflog. Ich arbeitete damals für die Organisation BOS (Borneo Orangutan Survival Foundation) an einem Programm zur Auswilderung von Orang-Utans, da diese im Zuge der galoppierenden Entwaldung und des dadurch vorangetriebenen Schwarzhandels mit Wildtieren immer seltener geworden waren.

An diesem Tag erkletterte ich das gigantische Metallinsekt, begierig darauf, den Zauber des Regenwaldes einmal aus anderer Perspektive zu erleben. Das Laubwerk, das sich als dichtes Dach, bucklig wie Brokkoli, über die grüne Welt wölbte, zeichnete sich unter uns immer klarer ab, während wir in den bläulichen Himmel aufstiegen. Da und dort erhoben sich gewaltige Bäume, Feigen und andere Regenwaldriesen, feierlich wie Wachtposten aus der grünen Masse. Auf einem dieser Giganten sah ich, als ich die Augen zusammenkniff, für einen winzigen Augenblick einen gewaltigen Doppelhornvogel auf seinem Weg durch das Laubmeer von Ast zu Ast hüpfen. Plötzlich aber riss der Wald auf. Eine klaffende Wunde von blutroter Farbe wurde sichtbar. Nackte Erde. Das smaragdfarbene Königreich wich dort einer streng geometrisch bepflanzten Lichtung, einem Schachbrett in Ocker und Grün. Aus war es mit dem Überschwang, aus mit der Fantasie. Kilometer um Kilometer erstreckte sich unter uns dieselbe, eintönig triste Landschaft: eine Palmen-Monokultur. In der Ferne waren die Überreste des Regenwaldes zu sehen: verkohlte Baumskelette, abgeknickte Stämme und ausgerissene Wurzelballen.

Dieser Flug war ein Schockerlebnis. Solange ich auf der Erde geblieben war, hatte ich das Ausmaß der Schäden nicht einmal annähernd ermessen können, hatte nicht gewusst, wie weit das Verbrechen gegen die Natur bereits gediehen war. Nun wollte ich wissen, wie es so weit hatte kommen können. Und warum.

Den Untersuchungen des World Rainforest Movements zufolge wurde bereits die Hälfte aller Wälder, die einst die Erde bedeckten, abgeholzt – durch menschliche Hand. Und jedes Jahr kommen 16 Millionen Hektar dazu (13 Millionen laut Welternährungsorganisation, FAO), die den Äxten, Bulldozern, Motorsägen und absichtlichen Brandrodungen zum Opfer fallen.

Was die Erde betrifft, so stehen wir Menschen jetzt am Scheideweg. Die Zukunft des Planeten steht auf dem Spiel und damit natürlich auch die unsere. Der Schlüssel dafür liegt in den Regenwäldern tropischer und gemäßigter Breiten. »Es muss schnell etwas geschehen. In den nächsten Jahren entscheiden Bürger, Politiker und Industrielle über das Schicksal der letzten Primärwälder der Erde. Wie wir uns jetzt entscheiden, wird unsere Zukunft bestimmen. Wir stehen vor einem Fenster, das sich vielleicht nie mehr öffnen wird, wenn wir es jetzt schließen.«[13]

Die wirtschaftliche Nutzung des Waldes geht auf das 19. Jahrhundert zurück. Damals wurde mit Chinin und Kautschuk der Anfang gemacht. In den letzten 50 Jahren aber wurde dieser Vorgang industrialisiert, was umso erschreckender ist, als gleichzeitig der Welthandel einen ungeheuren Aufschwung genommen hat. Wo früher Männer mit Äxten unterwegs waren,

13 World Ressource Institute, 2005.

fressen sich heute Bulldozer durch den Wald. Der technische Fortschritt hat die Zerstörung der letzten Regenwälder noch beschleunigt.

Angelockt vom kurzfristigen Profit plündert der Mensch die großen Waldgebiete der Erde im Namen der Holz- und Papierindustrie, des kommerziellen Landbaus, des Bergbaus und der Ölförderung.

Hier einige Zahlen: In Asien sind nur noch 28 Prozent des einstigen Waldbestandes, unter ihnen nur noch 6 Prozent der ursprünglichen, intakten Wälder, erhalten. Die Motorsägen haben 94 Prozent des Primärwaldes abgeholzt ... In Afrika finden sich noch 34 Prozent des ursprünglichen Waldbestandes. In dieser Summe enthalten sind 8 Prozent des Primärwaldes. Amerika hingegen besitzt noch 70 Prozent seines Waldbestandes, wenn auch einige Regionen schon viel von ihrem einstigen Bestand verloren haben. Vom ursprünglichen Primärwald, der noch nicht durch menschliche Eingriffe gelitten hat, sind noch 46 Prozent erhalten.

Dazu muss man wissen, dass 77 Prozent der letzten Primärwälder in Afrika bedroht sind, 60 Prozent in Asien, 87 Prozent in Zentralamerika und 54 Prozent in Südamerika. Wer immer angesichts dieser Zahlen behauptet, dann bliebe ja immer noch genug Wald übrig, der verkennt, dass der Primärwald ein Hort der Artenvielfalt ist. Wo der Mensch jedoch begonnen hat, den Wald in mehr oder weniger starkem Maß abzuholzen, ist auch diese kostbare Gabe in Gefahr. In den noch intakten Primärwäldern ist die Artenvielfalt am höchsten. Dort gibt es Arten, von deren Existenz wir noch nichts ahnen. Bedauerlicherweise laufen wir Gefahr, dieses unschätzbare Erbe zu verlieren, noch bevor wir begonnen haben, es zu erforschen.

Selbst wenn man diese biologischen Grundsatzüberlegungen beiseitelässt, berauben wir immer noch Millionen von Menschen kostbarer Ressourcen. Eine der unmittelbaren Folgen der Entwaldung ist ja die Tatsache, dass die Menschen, die im Wald bzw. in seiner unmittelbaren Umgebung leben, ihr Überleben nicht mehr ohne weiteres sichern können, wenn diese gewöhnlich recht fruchtbaren Ökosysteme verschwinden. Was zur Folge hat, dass die Armut in den südlichen Ländern stetig ansteigt. Auch die Verunreinigung durch die wirtschaftliche Intensivnutzung bedroht das Überleben jener Völker.

Seit der Kolonialzeit werden die natürlichen Rohstoffe der Tropen ausgebeutet und in die Industrieländer exportiert, um deren stetig wachsende Bedürfnisse zu stillen. Seine Kolonien hat der Westen mittlerweile aufgegeben, doch er hat es verstanden, sie in wirtschaftliche Abhängigkeit zu zwingen, sodass der Export kostbarer Rohstoffe zu niedrigen Preisen immer noch gesichert ist. Heute leben die armen Länder unter der Knute der Industriestaaten und der internationalen Finanzinstitutionen wie IWF, Weltbank und der Kreditagenturen der Welthandelsorganisation (WTO).

Die seit der Entkolonialisierung politisch häufig instabilen Länder befinden sich in einer Zwangssituation: einerseits die Weltwirtschaft, der sie sich öffnen müssen, damit sie nicht völlig an den Rand gedrängt werden, und der gnadenlose internationale Markt, dessen einzige Regel mittlerweile der Profit um jeden Preis zu sein scheint. Andererseits ein Investitionssystem, das sie akzeptieren müssen, wenn sie nicht ihre Kreditwürdigkeit und damit ihre wirtschaftliche Entwicklung aufs Spiel setzen wollen. Es ist wohl erlaubt, laut die Frage zu stellen, ob dieses System nicht den Zweck hat, den Rohstofffluss zu günstigen Preisen in die reichen Länder des Nordens sicherzustellen. Das ist ein Teufelskreis, denn die nicht oder wenig entwickelten Länder brauchen die Unternehmen der Industriestaaten, die ihnen Halbfertigwaren zur Verarbeitung schicken, auf die sie angewiesen sind. Auf diese Weise steigen die Schulden der armen Länder. Bezahlt wird mit Rohstoffen, deren Preis vom Norden festgelegt wird. Alternativ muss die Einrichtung neuer Unternehmensstandorte in den armen Ländern akzeptiert werden. Die Profite dieser Standorte jedoch werden außer Landes geschafft. Auf diesen Altären opfern viele angeblich arme Länder ihre Biodiversität und ihre Bewohner.

Heuchelei pur also. Die Industrieländer unterzeichnen wohlklingende Abkommen über die Artenvielfalt oder schön formulierte Protokolle zum Umweltschutz (auch wenn sich einige Industrieländer selbst dieser Pflichtübung entziehen). Gleichzeitig aber arbeiten unsere Politiker Verträge und Investitionsabkommen aus, welche Investoren und Privatunternehmen den Zugang zu den Rohstoffen der armen Länder erleichtern.

Die Unternehmen sind es, die heute die Welt regieren. Eine Feststellung, die nachdenklich stimmt und einen bitteren Nachgeschmack hinterlässt.

Einst gab es viele heilige Wälder, Land, das allen gehörte. Heute haben sich die Regierungen dieser Ländereien bemächtigt, ohne die Bewohner überhaupt zu fragen. Man verkaufte sie an die internationale Holzindustrie, nutzte sie touristisch oder beutete sie landwirtschaftlich aus.

Mittlerweile wird sogar die Natur privatisiert!

Hinter dem weltweiten Phänomen der Entwaldung können regional ganz unterschiedliche Gründe stehen. Doch das globale

Resultat verändert sich dadurch nicht: Jahr für Jahr verschwinden Tausende, ja Millionen Hektar Regenwald aus dem Tropengürtel. Das Profitgeschwür hat sich bereits tief in die Lunge des Planeten gefressen.

So trägt in Asien meist die Umwandlung der Ländereien in Plantagen Schuld an der Abholzung des Urwalds, während in Afrika die holzwirtschaftliche Nutzung und die Fragmentierung der Waldstücke verantwortlich sind. In Lateinamerika hingegen kommt es immer wieder zur Umwidmung der Waldflächen in Rinderfarmen und neue Standorte für Wasserkraftwerke. Auch der Druck durch die lokale Bevölkerung spielt eine große Rolle, sowohl in Asien als auch in Afrika. In Asien und Lateinamerika finanzieren die Regierungen immer wieder große Umsiedlungsprojekte, um damit übervölkerte Regionen zu entlasten. Man schickt die Menschen in »unbewohnte« Gebiete, meist im Regenwald. Dort wird dem Wald dann ein Stück um das andere abgezwackt, damit neue Dörfer und Städte errichtet werden können. In Indonesien hat diese Politik bereits dramatische Folgen: Die Dayak, die im Süden Borneos leben, waren schließlich der Siedler müde, die ihren Wald ausbeuteten, die Geschäfte an sich rissen und – nicht selten im Auftrag der Regierung in Jakarta – in ihren Lebensraum eindrangen. Sie griffen zur Machete und besannen sich ihrer Vergangenheit als Kopfjäger und Kannibalen, um ihren Zorn über die Entscheidungen dieser Regierung auszudrücken, die es nicht einmal für nötig hielt, sich mit ihnen darüber zu beraten.

Werden die tropischen Regenwälder wirklich bald nur noch Erinnerung, Opfer unseres eitlen Wunsches, im Garten auf Teakholzstühlen zu sitzen und einen Krabbencocktail mit Palmöldressing zu verzehren?

1 | Tropenholzfieber

Das Wohnzimmer im Freien

Es ist jedes Jahr dasselbe. In Supermärkten, Baumärkten, Deko-Zeitschriften und unzähligen Anzeigen werden Gartenmöbel aus Teakholz angeboten, Pooleinfassungen aus Lapacho- oder Möbel aus Bangkiraiholz.

Auf den Preisschildern, mit denen sich Parkettböden, Fenster- und Türstöcke sowie Möbel schmücken, findet sich nahezu jede vom Aussterben bekannte Tropenholzart. Moabi-, Bangkirai- (auch Meranti genannt), Merbau- oder Teakholz aus Borneo, Lapacho, Palisander, Sapelli, Mahagoni – je exotischer die Holzart klingt, desto mehr Interesse scheinen die Käufer zu entwickeln.

Teakholz machte vor einigen Jahren mit riesigen Plakaten von drei mal vier Metern auf sich aufmerksam, als es in Europa, vor allem in den französischen Städten und Dörfern, auf dem Markt eingeführt wurde. War es vorher so kostspielig, dass es nur für die Ausstattung von Luxusyachten genutzt wurde, so wurde es später, sehr zum Schaden der Wälder, gleichsam »demokratisiert«. Heute stürzen sich alle auf die Stühle und Tische aus Teakholz, meist ohne zu wissen, dass der Großteil des Holzes von höchst zweifelhafter Herkunft ist. Denn es ist sehr schwierig, den Weg der Tropenhölzer von ihrem Ursprung bis in die Regale der Märkte nachzuzeichnen.

Nehmen wir nur einmal das mittlerweile so bekannte Teakholz. Die Gartenmöbel, die heute zu so günstigen Preisen in den Baumärkten angeboten werden, stammen größtenteils aus Plantagenproduktion, was heute als ökologisches Gütesiegel gilt. Doch ist dem wirklich so? Die Antwort ist Nein. Zunächst einmal ist billiges Teakholz meist von schlechter Qualität, weil die Bäume jung geschlagen werden, noch bevor sie ausreifen können. Schließlich sollen die Plantagen ja kurzfristig Profit abwerfen. Daher ist das Holz gewöhnlich weniger widerstandsfähig gegen Witterungseinflüsse. Gerade diese Eigenschaft des Teakholzes wird jedoch von den Konsumenten hochgeschätzt. Darüber hinaus mag auf dem Preisschild zwar stehen, dass das Holz aus Asien kommt, doch es kann gut auch in Afrika angebaut worden sein. Dort zieht man es in Regionen, die sich ob ihrer Bodenqualität häufig nicht zum Pflanzen von Bäumen eignen. Dann verschifft man das geschlagene Holz nach Südostasien, wo angeblich das beste Teakholz herkommt. Zum Dritten erhält man statt Teakholz nicht selten Afromosia, das durch Deklarationstricks für Teak ausgegeben wird. Das afrikanische Holz ähnelt dem Teakholz, ist aber viel billiger und außerdem genauso bedroht. Schließlich finanziert man durch den Kauf birmanischen Teakholzes, das auch unter dem Handelsnamen »Tectona« bekannt ist, die Diktatur in Myanmar (Birma). Dieses angeblich birmanische Teakholz stammt nicht selten aus indonesischen Plantagen, deren Anbaubedingungen unbekannt sind.

Es ist also recht schwierig, sich mit all den Auszeichnungen und Namen zurechtzufinden, die alle nur zur Verwirrung der Käufer ersonnen wurden.

An einer Feststellung allerdings gibt es nichts zu rütteln: Die Entwaldung zum Zwecke des Tropenholzverkaufs stellt die größte Gefahr für die letzten intakten Regenwälder dar.

Die heimtückischsten Praktiken der Holzindustrie lassen sich allerdings nicht auf den ersten Blick erkennen, vor allem, wenn die Unternehmen den Holzeinschlag selektiv betreiben und nur die kostbarsten Arten schlagen, was scheinbar den Rest des Waldes intakt lässt. Doch die Straßen, die man durch den Wald bahnt, um das Holz abzutransportieren, sind wie Blutegel, mit Hilfe derer der Wald langsam zu Tode geschröpft wird. So dienen die neuen Verkehrswege dazu, weiter als bisher in den Wald einzudringen und seine Ressourcen auszubeuten. Auch die Ölindustrie macht davon gerne Gebrauch, um Probebohrungen vorzunehmen. Die Aktivitäten der Holzindustrie, vor allem der Unternehmen, die vor Kahlschlägen nicht zurückschrecken, haben noch weitere, folgenschwere Konsequenzen: Gerade auf dem solchermaßen »gesäuberten« Gelände werden häufig Plantagen, meist kostenarme Monokulturen, errichtet.

Doch natürlich folgt auch das Phänomen der Entwaldung der Nachfrage, welche die Käufer vorgeben. So gesehen spielt Frankreich eine Vorreiterrolle. Weltweit betrachtet muss es beim Import von Tropenholz zwar hinter China zurückstehen, in Europa aber steht es – neben Großbritannien – an der Spitze, wenn es um den Verbrauch von Tropenhölzern geht.

Besonders tragisch ist, dass der Verbraucher in Frankreich, der sich unter dem werbetechnischen Sperrfeuer der Fabrikanten dem Tropenholzfieber ergeben hat, von der öffentlichen Hand in seinem Tun noch bestätigt wird ...

Oder muss man noch an die immensen Mengen Tropenholz aus Amazonien und Afrika erinnern, die der Bau der Nationalbibliothek von Paris verschlungen hat? Die Bibliothek sieht aus wie ein Tropenwald: Okoume für die Fensterläden, Lapache für die Esplanade, Padouk für den Lesesaal und Doussie für die

Möblierung. Insgesamt wurden 6000 Kubikmeter Tropenholz verarbeitet, was etwa 600 Bäumen entspricht. Auch die SNCF, die französische Bahn, lässt sich nicht lumpen, wenn es um Tropenholz geht. So sind die Bahnsteige in Aix, Avignon und Valence aus Lapacho-, Iroko- und Jatobaholz. Zahllose Schwellen im Schienensystem sind aus afrikanischem Holz – natürlich nicht zertifiziert. (Von den 450 000 Schwellen des französischen Schienensystems sind 100 000 aus afrikanischem Azobeholz, eines der seltensten Hölzer, wenn es aus Wildernte stammt.)

Damals enthielten die Ausschreibungsvorschriften für die Arbeiten der öffentlichen Hand noch keine Vorschriften bezüglich der Zertifizierung von importiertem Tropenholz. Am 7. April 2005 schuf nun ein Rundschreiben, das durch die Ministerien ging, Abhilfe und legte erste Maßnahmen fest, mit Hilfe derer die nachhaltige Bewirtschaftung der Regenwälder tropischer und gemäßigter Breiten sichergestellt werden soll. Der Maßnahmenkatalog, der den vor einem Jahr beschlossenen Aktionsplan der Regierung zum Schutz des Regenwaldes umsetzt, sieht vor, dass die öffentliche Hand – spätestens ab 2010 – nur noch Tropenholz verwenden darf, das aus nachhaltiger Bewirtschaftung stammt und nachweisbar nicht illegal geschlagen wurde. Auch die SNCF hat die Verwendung von Tropenholz massiv reduziert. Schon im Jahr 2003 hat sie ihren Verbrauch halbiert, doch Medienkampagnen und gesetzliche Vorschriften sorgen dafür, dass die Menge verwendeten Tropenholzes weiter sinken wird.

Doch damit ist zwar eine Schlacht geschlagen, der Krieg aber noch lange nicht gewonnen: Ein aktueller Bericht des World Wildlife Fund (WWF) zeigt[14], dass immer noch 39 Prozent des in

14 WWF UK, *Failing the Forests: Europe's Illegal Timber Trade*, 2005.

Frankreich importierten Tropenholzes aus illegalem Einschlag stammt. Selbst wenn die Regierung mittlerweile mit dem Kampf gegen illegal geschlagenes Rohholz ernst macht, so drückt sie doch noch immer beide Augen zu, wenn es um fertige Produkte zweifelhafter Herkunft geht.

Der Holzhandel aber stellt, in welcher Form auch immer, die größte Bedrohung für den tropischen Regenwald dar. Da er sich meist illegal abspielt, lässt er sich nicht kontrollieren und verursacht enorme Schäden, sowohl im Hinblick auf die Umwelt wie auch auf die Indianerstämme, die im Wald leben. 47 Prozent des in Brasilien geschlagenen Holzes wird illegal gewonnen. Für Indonesien liegt diese Zahl gar bei 73, für Kamerun bei 50 Prozent ... Es gibt kein Tropenholz produzierendes Land, das hier eine Ausnahme von der Regel darstellen würde.

In den stark bewaldeten Ländern wird der Regenwald den kurzfristigen Profitinteressen geopfert, um die verschiedenen Interessengruppen zufriedenzustellen. Politiker und Beamte füllen sich auf ihre Weise die Taschen. Die Korruption der Regierungsbeamten, der Industriellen und anderer Beteiligter verschlimmert die Situation noch zusätzlich. Die Holzbarone Indonesiens stiegen unter Präsident Suharto zu Macht und Ansehen auf. Heute kontrollieren sie einen Großteil der indonesischen Wälder, auch in den Nationalparks. Ob illegal oder nicht, sie holzen mit brutalsten Methoden den Wald ab, immer auf der Jagd nach den kostbarsten Hölzern. Unter tätiger Mithilfe seiner Familie verschleuderte Suharto die wertvollsten Wälder seines Landes, wobei er die Rechte der dort lebenden Indonesier systematisch missachtete, nur um einige wenige Günstlinge zu fördern, die im Gegenzug seine Schweizer Bankkonten füllten.

Die Familie Suharto hielt die Hand auf und nahm von der Öl-, der Holz- und der Bergbauindustrie sagenhafte 73 Milliarden Dollar ein. Die Weltbank schätzt, dass während der letzten zwei Jahrzehnte Jahr für Jahr 30 Prozent des indonesischen Entwicklungshilfeetats im Netz der Korruption versickert sind, in das die höchsten Entscheidungsträger des indonesischen Staates verstrickt sind – zum Schaden des indonesischen Volkes. Das Vermögen der Familie Suharto schrumpfte während der Wirtschaftskrise in Indonesien brutal zusammen, belief sich jedoch im Jahr 1998, als Suharto abdanken musste, immer noch auf 15 Milliarden Dollar, die vom Schweizer Bankkonto schnell auf ein österreichisches transferiert wurden, das mehr Sicherheit bot. Natürlich leugnet der Präsident heute noch, dass er ein solches Vermögen besitzt. Dass er während seiner 32-jährigen Regierungszeit sein Volk und sein Land bestohlen hat, wurde ihm nie zur Last gelegt.

In Surinam wurden malaiische und indonesische Holzkonzerne wie Berjaya oder NV Mitra Usaha Sejati Abadi (MUSA) beschuldigt, auf Regierungsbeamte Druck ausgeübt und sie mit großzügigen Zahlungen geschmiert zu haben, um 1995 die Konzession zum Holzeinschlag in für die Holzwirtschaft nicht immer freigegebenen Gebieten zu einem guten Preis zu erhalten. Beispiele wie diese sind leider kein Einzelfall.

Holz mag ein nützlicher und im Alltag wichtiger Rohstoff sein, den viele Menschen nötig haben, doch seine Produktion muss lokal wie global trotzdem auf eine Weise erfolgen, welche die Rechte der im Wald ansässigen Völker wahrt und sich an den Regeln nachhaltigen Wirtschaftens sowie am Umweltschutz orientiert.

Die industrielle Ausbeutung des Regenwaldes, wie sie im Moment praktiziert wird, bringt die ganze Erde in Gefahr, ein unhaltbarer Zustand, den wir so schnell als möglich beenden müssen. Wir können nicht außer Acht lassen, welche ökologischen Folgen unser Dasein als Menschen auf diesem Planeten mit sich bringt. Schließlich gehört uns die Erde nicht, wir haben sie nur »gepachtet«.

Mit den Straßen fängt alles an …

Stellen wir uns eine Straße vor, deren Bau im Rahmen eines so genannten »Entwicklungsprogramms« von der Weltbank oder von einer anderen kreditgebenden Institution finanziert wird. Wer würde bezweifeln, dass diese Straße einige Dörfer aus ihrer Abgeschiedenheit erlöst und einigen Gemeinden eine neue wirtschaftliche Entwicklung erlaubt?

Doch die Geschichte, die sich hier so einfach, ja geradezu idyllisch anhört, weist einige Schattenseiten auf. Denn über diese Straßen gelangen die Bulldozer ins Land, die Löffelbagger und … die Holzfäller. Denn um die Straße zu bauen, müssen Bäume gefällt werden! Dazu kommt ein Detail, das nicht ohne Folgen bleibt: Die Trasse der Straße verläuft mitten durch ein bislang noch unberührtes Regenwaldgebiet. Die Dörfer der Umgebung? O ja, ein paar sind schon da, doch deren Bewohner leben seit einer Ewigkeit autark von dem, was der Wald ihnen bietet. Die Straße? Braucht keiner der Dorfbewohner, denn diese gehen zu Fuß durchs Unterholz oder befahren mit ihren Einbäumen den Fluss, wenn sie zum Nachbardorf wollen, um dort Tauschhandel zu treiben. Der Wald ist ihr Supermarkt, ihre Apotheke, ihre Stammkneipe. Warum sollten sie woanders hin wollen? Doch die Herren und Damen, die dieses Projekt geplant haben, haben anders entschieden. All diese Argumente stören sie nicht, sind sie doch bereit, Menschen, die ihre Pläne stören, im Notfall umzusiedeln.

Nun kommt ein Vertreter des Holzkonzerns ins Dorf und verkündet seinen Bewohnern, dass das Land, auf dem sie leben, ihnen nicht gehöre. Schließlich hätten sie noch nicht einmal ein Papier, das ihren Besitzstand sichern würde. Er hat natürlich eines. Und zwar von der Regierung, die es dem Konzern, wie es sich wohl von selbst versteht, für ein schönes Sümmchen überlassen hat. Der Regierung eines Staates, der noch gar nicht existierte, als die Ahnen der Dorfbewohner anfingen, den Wald zu besiedeln. Wie aber geht die Geschichte nun aus? Die Dorfbewohner werden vertrieben, meist auf recht rüde Art, und der Wald, in dem sie einst lebten, fällt den Sägen zum Opfer.

Wenn dann die große Trasse für die Straße erst einmal gezogen ist, dann sagt sich der Holzkonzern, dass es doch wirklich schade wäre, wenn man die schönen, großen Bäume, die ein paar Kilometer weiter im Wald stehen, nicht schlagen und verkaufen würde, jetzt wo man schon die schöne Straße gebaut hat. Und so wird das Loch im Wald größer und immer größer ... Genauer gesagt handelt es sich nicht einmal um eine richtige Straße, sondern vielmehr um eine unbefestigte Piste, auf der die Lastwagen problemlos bis zur nächsten Flussmündung gelangen können, um die Stämme zu verschiffen.

Dieser Holzunternehmer hat sich für den selektiven Einschlag entschieden. Das bedeutet, dass nur Bäume einer bestimmten Art und Größe gefällt werden. Verglichen mit der Wüstenlandschaft, die ein echter Kahlschlag hinterlässt, scheint dies auf den ersten Blick das kleinere Übel, doch dieser Blick trügt. Auch der selektive Einschlag hat gravierende Auswirkungen auf das Ökosystem. Die Welternährungsorganisation (FAO) schätzt, dass die Kollateralschäden beim Sturz des selektiv gefällten Baumes, der viele andere Bäume mitreißt, mit denen er durch ein Gewirr von Lianen verbunden ist, etwa 30 bis 40 Prozent des Waldgebietes in Mitleidenschaft ziehen. Bei intensiver und achtloser Waldbewirtschaftung steigt diese Zahl mitunter auf 70 Prozent an. Die Maschinen, welche die Stämme zu den Lastwagen schaffen, verdichten das Erdreich, das in den Tropen häufig sehr locker ist. Dies aber hat katastrophale Konsequenzen. Die Erde kann die ungeheuren Regenmengen vor Ort nicht mehr aufnehmen. Der Regen fließt oberflächlich ab und nimmt kostbaren Humus mit. Die jungen Pflänzchen schaffen es nicht mehr, die harte Kruste an der Erdoberfläche zu durchdringen. Damit aber wird der regenerative Zyklus des Regenwaldes verlangsamt oder kommt gar zum Stillstand. Darüber hinaus gelang in wissenschaftlichen Untersuchungen der Nachweis, dass die Entwaldung bei der Entstehung verheerender Waldbrände eine entscheidende Rolle spielt. Rinde und abgeschlagene Äste, die nach dem Einfall der Holzfäller im Wald liegen bleiben, aber auch die Sämlinge der Pionierpflanzen, die schnell jede Lichtung überwuchern, stellen für jeden Brand die ideale Nahrung dar. Feuer breitet sich also mit bis dato ungekannter Geschwindigkeit aus.

Hat das Holzunternehmen also seine Konzession zur Genüge genutzt, sodass das Gebiet entwaldet und von »störenden« Bewohnern befreit ist, folgen andere Unternehmen, welche die solcherart genutzte Landschaft neuen Zwecken zuführen. Man errichtet Monokulturen für Soja oder Palmöl oder ausgedehnte Weideflächen für immense Viehherden, deren Fleisch am Ende zwischen den Hälften eines Milchbrötchens landet.

Dieses verfehlte Straßenbauprojekt brachte der lokalen Bevölkerung also gar nichts. Und tatsächlich sind die Einheimischen auch die großen Verlierer des Raubbaus am Regenwald.

Wie dies bei wirtschaftlichen Operationen dieses Typs häufig der Fall ist, gewinnen nur die transnationalen Konzerne, die großen Holz-, Soja- oder Palmölproduzenten, meist Tochtergesellschaften der in den Industrieländern angesiedelten Unternehmen. Natürlich machen auch einige Politiker ihren Reibach. Und die internationalen Finanzinstitutionen wie der IWF, die Exportkreditagenturen sowie die Investment- und Entwicklungsbanken. Am Ende der Holzproduktionskette steht der Verbraucher, der ebenfalls glaubt, zu den Gewinnern zu gehören, weil er endlich billiges Tropenholz erhält oder einen Hamburger mit Palmöl-Sauce für weniger als einen Euro bekommt …

Ein Viertel der Bevölkerung verbraucht drei Viertel des weltweit geschlagenen Holzes … Solange die Vereinigten Staaten, Europa und Japan möglichst viel Tropenholz zu einem möglichst geringen Preis verlangen – Konkurrenz verpflichtet schließlich –, wird der Raubbau an den Wäldern weitergehen – mit katastrophalen Folgen für den Planeten und seine Bewohner. Dass mittlerweile auch China mit von der Partie ist, ein Land, dessen Einwohnerzahl ebenso explodiert wie sein Wirtschaftswachstum, weckt nicht gerade neue Hoffnung, eher das Gegenteil. Das aufstrebende Land erlebt gerade eine echte industrielle Revolution. Dementsprechend groß ist sein Hunger nach Rohstoffen. Während die Regierung zu Anfang noch die eigenen Wälder abholzte, hat sie mittlerweile den Raubbau an den heimischen Hölzern verboten. Grund: In China gab es eine Menge Umweltkatastrophen, die direkt auf die fortschreitende Entwaldung zurückgingen, zum Beispiel zahlreiche Erdrutsche. Lösung des

Problems: Dann entwaldet man eben anderswo, vorzugsweise dort, wo bereits dezimierte ethnische Minderheiten die Wälder bewohnen. Resultat: Der Import von Tropenholz nach China stieg sprunghaft an.

Im Jahr 2003 führte China 7,6 Millionen Kubikmeter tropischer Hölzer ein (von insgesamt 27 Millionen Kubikmetern Holz, deren größter Teil Nadelhölzer aus Russland waren). Das Tropenholz kam in der Hauptsache aus Malaysia, Gabun, Papua-Neuguinea, Liberia und Myanmar (früher Birma). Diese 7,6 Millionen Kubikmeter entsprechen der Hälfte der Importe, welche von den 59 Mitgliedsländern der Internationalen Tropenholzorganisation vorgenommen wurden. Diese 59 Länder machen etwa 90 Prozent des Welthandels mit Tropenholz unter sich aus. Inzwischen ist China der wichtigste Importeur von Industrieholz und der zweitwichtigste, was den Handel mit Holzprodukten betrifft. Darüber hinaus nimmt, wie die Welternährungsorganisation (FAO) festgestellt hat, der Import von Tropenhölzern weiterhin zu. Die wichtigsten Importprodukte sind: Langholz, Schnittholz und Sperrholz, aber auch Holzfaser- und Spanplatten sowie eine nicht geringe Menge Papierbrei. Der Handel mit diesen Produkten übersteigt mittlerweile den mit Rohholz.

Die chinesischen Unternehmen entwickeln sich mittlerweile zu den Hauptakteuren der Regenwaldzerstörung, zum einen, um den eigenen Bedarf zu decken, zum anderen, um den Export mit Halbfertigprodukten aus Holz, vor allem nach Europa, sicherzustellen.

Die Entwaldung in Indonesien: vor allem ein politisches Problem

Im Jahr 1966 nahm der indonesische Regenwald 75 Prozent der Landesfläche ein, umgerechnet also 144 Millionen Hektar. Damit musste sich Indonesien, was die Größe der Regenwaldgebiete angeht, nur Brasilien geschlagen geben. Das Land umfasste zu jener Zeit 10 Prozent der weltweiten tropischen Regenwälder. 1999 stellte man mit Hilfe von Satellitenaufnahmen und Geländeuntersuchungen fest, dass Indonesien bereits 72 Prozent seiner Waldfläche verloren hatte. 1988 schätzte die Weltbank die Größe der jährlich zerstörten Waldgebiete allein auf der Insel Borneo auf 7000 Quadratkilometer. 1990 stieg diese Zahl auf 9000, 1994 auf 13 000. Einige Nicht-Regierungsorganisationen schätzen die Anzahl der Quadratkilometer Regenwald, die in Indonesien seit 1986 jährlich verloren gehen, ohnehin auf insgesamt 24 000. Das macht allein seit dem Jahr 2000 circa 2 Millionen Hektar.

Das Schicksal des indonesischen Waldes wurde 1966 besiegelt. In diesem Jahr wurde Sukarno, der erste Präsident der Republik Indonesien, durch Suharto entmachtet, der bis 1998 an der Macht bleiben sollte. Außerdem trat Indonesien 1966 dem Weltwährungsfonds bei, der dem Land sogleich einen ersten Kredit gewährte. Um aus den internationalen Verträgen Nutzen zu ziehen, verabschiedete die indonesische Regierung 1967 ein Gesetz zur Zulassung ausländischer Direktinvestitionen und das so genannte Basic Forestry Law. Nicht-Regierungsorganisationen wie das World Rainforest Movement (WRM)[15] und EIA/

15 World Rainforest Movement, *Underlying Causes of Deforestation and Forest Degradation*, Indonesian Case Study, 1998.

Telapak[16] sind der Auffassung, dass dieses Waldnutzungsgesetz nur den einen Zweck hatte, die kommerzielle Nutzung der Regenwälder zu sichern und eine Industrie zur Verwertung von Tropenholz einzurichten. (Schließlich war damals schon bekannt, dass es auf Borneo und Sumatra eine große Anzahl von Dipterocarpaceen, so genannten Baumriesen, gab, die den dortigen Waldgebieten einen besonders hohen, weltweit einzigartigen wirtschaftlichen Wert verlichen.) Artikel 5 dieses Gesetzes legt fest, dass alle Waldgebiete innerhalb der indonesischen Republik (und auch alle darin wachsenden Rohstoffe) Eigentum des Staates sind. Der Staat kann also vor dem Gesetz mit dem Wald machen, was er will. Er kann den Einwohnern, häufig indigene Stämme, die von diesem Ökosystem abhängig sind und es nachhaltig nutzen, die Kontrolle über diese Gebiete entziehen.

Seit 1967 also ist die Holzindustrie Indonesiens offen für Investitionen aus dem Ausland. Damit erst begann die Abholzung in großem Stile, da Indonesien hoffte, mit den Erlösen aus der wirtschaftlichen Nutzung seiner Wälder seine internationalen Schulden zu bezahlen. Dazu kam der große Wirtschaftsaufschwung der Siebzigerjahre, während derer Indonesien zum größten Exporteur von Rohholz aufstieg. Der immer weiter wachsende Bedarf Japans und Koreas heizte den Boom weiter an. Im Jahr 1983 genehmigte die indonesische Regierung insgesamt 560 Konzessionen für insgesamt 65,4 Millionen Hektar Wald. Allein diese Fläche war bereits größer als das, was im

16 Environmental Investigation Agency & Telapak, *Above the Law: Corruption. Collusion, Nepotism and the Fate of Indonesia's Forest*, 2002. Die EIA, eine international operierende Organisation, wurde 1984 in Großbritannien gegründet, um Umweltverbrechen aufzudecken. Telapak hingegen ist eine indonesische Organisation, die sich dem Kampf gegen illegalen Holzeinschlag und Umwelt-Verbrechen in Indonesien verschrieben hat.

Basic Forestry Law als »Produktionswald«[17] festgelegt wurde. Ein zweites Gesetz, das Basic Mining Law, das 1970 verabschiedet wurde, erlaubt jede Art von Bergbau, auch in Regenwaldgebieten, völlig unabhängig davon, welchen Status dieser Wald hat, ob er beispielsweise zu einem Reservat gehört oder zu einem Schutzgebiet.

Bis 1980 die hohe Nachfrage nach Sperrholz und die dadurch erzielbaren hohen Preise die indonesische Regierung dazu bringen, ihre Politik zu ändern: Nun wird der Export von Rohholz verboten, um die neue Sperrholzindustrie zu fördern. Ende der Achtzigerjahre ist Indonesien zum größten Sperrholzproduzenten weltweit aufgestiegen und deckt 75 Prozent des globalen Bedarfs. In der Zwischenzeit führten schlechte Bewirtschaftung, Überschätzung der vorhandenen Ressourcen und Gesetzesübertretungen (von der Korruption gar nicht zu sprechen) zur vollkommenen Überwirtschaftung der Primärwälder. Programme zur Wiederaufforstung gab es nicht. Die Monokulturen für Kautschuk und Palmöl, aber auch für Kaffee, Kakao und Pfeffer taten ein Übriges. Der weltweite Papierbedarf war enorm angestiegen und mit ihm der Holzhunger der Papierindustrie. Die indonesische Regierung aber hatte nichts Eiligeres zu tun, als schnellstens in den Handel mit Papierbrei einzusteigen, um noch ein paar Dollar mehr aus den Wäldern herauszuholen.

Diese ohnehin schon dramatische Situation verschlimmerte sich seit den Neunzigerjahren zusehends. Die illegale Abholzung begann. Immer mehr Unternehmen arbeiteten ohne Konzession. Da die kostbaren Bäume in den freigegebenen Gebie-

17 Das Gesetz teilt den Wald in vier Kategorien ein: Produktionswald (64,3 Millionen Hektar), geschützter Wald (etwa 30,7 Millionen Hektar), Reservate und ähnliche Schutzgebiete (18,8 Millionen Hektar) sowie umwandelbarer Wald (26,6 Millionen Hektar).

ten mittlerweile abgeholzt waren, entstand ein schwunghafter Schwarzhandel mit Hölzern aus den Nationalparks.

Der illegale Holzeinschlag begann unter der Regierung Suharto, ließ aber nach dem Machtwechsel von 1998 keineswegs nach. Noch ist der politische Wille, dieser ökologischen Katastrophe ein Ende zu setzen, schlichtweg nicht vorhanden. Die aktuelle Praxis wird früher oder später in eine Sackgasse führen, dann nämlich, wenn alle Wälder zerstört sind. Mittlerweile wird über eine Gesetzesvorlage zum Schutz des Regenwaldes beraten, doch die Einwohner, die ohne jede Entschädigung aus ihren angestammten Gebieten verjagt wurden, haben immer noch keinerlei Einfluss. Wie zu Zeiten Suhartos begünstigt das Gesetz die Vertreter der Holzwirtschaft und die Politiker.

Die Holzwirtschaft ist von Korruption zerfressen und arbeitet meist mit illegalen Methoden. Ein Bericht des Tropical Forest Management Program gibt an, dass im Laufe der Neunzigerjahre jährlich 32 Millionen Kubikmeter Tropenholz aus illegalem Holzeinschlag auf den Markt kamen, während die offizielle Produktion zur selben Zeit bei 29,5 Millionen Kubikmeter jährlich lag. Also stammen 52 Prozent der gesamten Handelsware aus illegalem Einschlag, was einem Gebiet von 800 000 Hektar pro Jahr entspricht. Woher aber kommt dieses Holz? Die Antwort ist einfach: aus den Nationalparks. Nur dort wachsen noch kostbare Hölzer wie Ramin *(Gonystylus spp.)*[18] und andere Baumrie-

18 Man kennt 27 Raminarten, die auf Borneo, Sumatra oder der malaiischen Halbinsel wachsen. Mittlerweile ist das Überleben aller Arten bedroht. 1994 wurde ihr Fortbestand zum Diskussionsgegenstand der CITES (Convention of International Trade in Endangered Species of Wild Fauna and Flora), doch es konnte kein Beschluss gefasst werden, weil Malaysia sich dem vehement widersetzte. Ramin wird zum Möbelbau verwendet, für Sperrholz, Futonmatten, Dübel, Spielzeug, Jalousien und Billardstöcke. Die wichtigsten Importstaaten sind Taiwan, Japan, Singapur, Hongkong, USA, Italien und Großbritannien.

sen wie der Meranti *(Shorea sp.)*. Mitte der Neunzigerjahre verstießen 84 Prozent der Holzförderprojekte gegen das Gesetz.

Was Indonesien sich von diesem Handel erhofft, lässt sich erst nachvollziehen, wenn wir ins Jahr 1997 zurückgehen. Damals erlebte Asien eine Wirtschaftskrise, wie sie noch nie da gewesen war. Indonesien war eines der ersten Länder, die sich davon betroffen sahen. Um die Wirtschaft wieder anzukurbeln, gewährte der IWF dem Land einen Kredit von 43 Milliarden Dollar. Unter der drückenden Schuldenlast hob das Parlament das 1998 von Suharto ausgesprochene Verbot des Exports von Rohholz auf, obwohl dieses zahlreiche Arbeitsplätze in der neu entstehenden holzverarbeitenden Industrie geschaffen hatte. Dem IWF zufolge sollte der wieder einsetzende Handel mit Tropenholz Auslandsinvestitionen anlocken und so für gesteigertes Wirtschaftswachstum sorgen. Doch während die Nachfrage nach Rohholz tatsächlich ansteigt, wird allmählich der Vorrat knapp. Das Holz muss aus anderen Quellen kommen. Auf diese Weise trug der IWF indirekt zur Verschärfung des illegalen Holzeinschlags in den indonesischen Wäldern bei.

Mit 400 000 Hektar Fläche repräsentiert der Nationalpark von Tanjung Puting im Süden Kalimantans das größte Sumpfregenwaldgebiet in Südostasien. Der Park wurde bereits in den Dreißigerjahren zum Wildlife-Schutzgebiet, um die dort lebenden Orang-Utans zu schützen. Die UNESCO sprach dem Park 1977 den Status eines Biosphärenschutzgebietes zu, 1984 wurde es zum Nationalpark erklärt. In diesem Park leben etwa 2000 Orang-Utans. Er ist das einzige Schutzgebiet für Orang-Utans auf Borneo. Heute ist dieses Waldgebiet von der Palmölmonokultur ebenso bedroht wie von zahlreichen Waldbränden. Die

Verunreinigung mit Quecksilber durch die dort operierenden Minengesellschaften (Goldförderung) setzt ihm ebenso zu wie der illegale Holzeinschlag, der dort seit einigen Jahren exzessiv betrieben wird. Die EIA[19] berichtet, dass man dem Park schon 1999 nur eine Galgenfrist von fünf Jahren bis zu seiner völligen Zerstörung einräumte. Doch seit 1999 ist nichts geschehen. Die Beamten vor Ort schließen beide Augen, da sie entweder bemerkenswerte Schmiergelder erhalten oder selbst an der illegalen Nutzung des Waldes beteiligt sind, wie dies bei den mit der Überwachung betrauten Parkwächtern, Polizisten oder Soldaten der Fall ist. Am meisten Schuld aber trifft wohl den Besitzer der Sägewerke in Kumai, den Holzbaron Abdul Rashid.

Angefangen hat Abdul Rashid mit illegalem Holzeinschlag im Nationalpark Tanjung Puting. Heute gehören ihm mehrere Sägewerke, Schreinerwerkstätten, Sperrholzfabriken, Ölpalmenplantagen, Last- und Schleppkähne sowie Frachtschiffe. Von den vier Sägewerken, in denen Ramin verarbeitet wird, besitzt nur eines eine Konzession. Da es in dieser Gegend praktisch kein legal schlagbares Raminholz mehr gibt, stammt das Rohmaterial für die Sägewerke wohl aus dem Nationalpark. Doch wie viele andere seiner »Kollegen« kann auch Rashid sich in den Deckmantel der Legalität hüllen. Er kauft nämlich das wild geschlagene Holz von den Behörden, die es konfisziert haben. So geschah es im Juni 1999, dass ein Lastkahn am Ausgang des Nationalparks abgefangen wurde. Man fand 1500 Raminstämme (die einen Marktwert von 500 000 Dollar haben). Diese Ladung kommt zwei Wochen später bei einer Auktion zur Versteigerung. Einer der beiden Käufer ist Direktor in einem von Rashids

19 Environmental Investigation Agency und Telapak, 1999, 2000.

Sägewerken, der andere in einem illegalen Betrieb gleicher Profession.

Der Großteil des Holzes wird sodann über ein fein strukturiertes Netzwerk auf den internationalen Markt gebracht. Die wichtigsten Handelsplätze sind Pontianak und Kuching (Malaysia).

Im Innern des Parks aber bietet sich ein desolater Anblick: Ein Netz von Sträßchen und Holzwegen durchzieht den Wald, um das Holz zu den Flüssen und aus dem Park hinausschaffen zu können. Bei einer Kontrolle durch die beiden Nicht-Regierungsorganisationen EIA und Telapak wurden innerhalb von nur zwei Stunden sage und schreibe 800 Raminstämme gezählt, die über die Flüsse abtransportiert wurden. Da es mittlerweile auch im Nationalpark keine Raminbäume mehr gibt, stürzt die Holzwirtschaft sich auf Merantis und Bangkirais. Mittlerweile hat die kommerzielle Ausbeutung des Nationalparks die zweite Stufe erreicht, die sich als weit gefährlicher erweist als die erste, weil sie mehr Baumarten betrifft, die alle für den Orang-Utan von extremer Bedeutung sind.

Die Situation in Sumatra ist nicht besser, doch die Gründe, die dort zur Zerstörung des Nationalparks geführt haben, sind andere als in Tanjung Puting. Der Nationalpark von Gunung Leuser ist mit seinen 890 000 Hektar eines der größten Schutzgebiete in Indonesien. Der Wald bedeckt die Hügel im Norden Sumatras. Ein Teil davon liegt in der Provinz Aceh. Der Nationalpark ist ein wichtiger Grundwasserspeicher und schützt die Felder in den Tälern vor Überschwemmungen. Darüber hinaus ist er ein einzigartiges Refugium für Fauna und Flora. Er weist viele endemische Arten auf, das heißt, dass sie nur dort und sonst nirgends vorkommen. Dort gibt es Sumatra-Tiger, Orang-Utans, Elefanten, Nashörner, Doppelhornvögel, schwarze Panther und Rafflesien, die Gunung Leuser in ein wahres Paradies verwandeln. In dieser Region leben zahlreiche verschiedene Ethnien wie die Gayo, Batak, Pakpak, Karo und Singkil. Sie alle, etwa vier Millionen Menschen, sind auf die Versorgung mit Wasser angewiesen, das aus der Leuser-Region kommt. Damit ist nicht nur der Nationalpark gemeint, sondern auch das ihn umgebende Gebiet, das offiziell ebenfalls Waldschutzgebiet ist. Insgesamt geht es hier um 2,6 Millionen Hektar Wald.

Suharto ließ für diese Gegend einen Entwicklungs- und Erhaltungsplan beschließen. Das Projekt sollte zunächst einmal sieben Jahre lang von der indonesischen Regierung überwacht werden, um dann in die Hände einer Nicht-Regierungsorganisation überzugehen, der Leuser Management Unit (LMU), die sich aus europäischen und indonesischen Quellen finanziert. Das zu entwickelnde Gebiet umfasste 2,5 Millionen Hektar. Der Plan sah vor, den Park zu vergrößern, Pufferzonen zum Umfeld herzustellen und für die unmittelbare Umgebung Projekte für eine waldverträgliche Entwicklung zu schaffen. Als Suharto 1998 entmachtet wurde, setzte die neue Regierung alle »Suharto«-Projekte mit einem Federstrich außer Kraft. Damit war das Projekt »Leuser« gestoppt. Die umliegenden Gemeinden wandten sich bald gegen die LMU, und die zuständige Abteilung im Forstministerium versucht seitdem, den Wald für kurzfristige Profite nutzbar zu machen, während die LMU an einer nachhaltigen Entwicklung arbeitete. Hinzu kamen noch die politische Instabilität in der Provinz Aceh und die Tatsache, dass die Europäische Union 1998 die Gelder für die LMU einfror. Da die indonesische Regierung ihren Zahlungsverpflichtungen bei diesem Projekt nicht nachkam, konnte kein einziges Versprechen, das den lokalen Behörden gegeben wurde, eingehalten werden. Dies wiederum hat deren Widerwillen gegen die LMU und den Nationalpark Leuser noch verstärkt.

Heute besitzt niemand mehr die Macht, der illegalen Entwaldung im Nationalpark Einhalt zu gebieten. Die Behörden vor Ort beteiligen sich entweder direkt daran oder kassieren Schmiergelder und lassen die Holzindustrie einfach machen. Die Holzbarone verleiten die Einheimischen dazu, das Gesetz zu brechen. Sie liefern ihnen Kettensägen und geben ihnen Kredite für Nahrung und Zigaretten. Mit diesen Krediten begeben die Menschen sich freiwillig in die Zinsknechtschaft, denn sie stehen ständig bei ihrem Arbeitgeber in der Kreide. Dies bedeutet, dass sie erneut Holz schlagen müssen. Doch wie viel Holz sie auch immer fällen, es reicht immer gerade, um die Schulden zu zahlen. Liefert ein Dorfvorsteher mit seinen Leuten eine Tonne Holz ab, das illegal im Park geschlagen wurde, so erhält er dafür 60 000 indonesische Rupien, also etwa 7 Dollar. Der Besitzer des Sägewerkes hingegen erzielt damit schon einen Preis von 350 000 bis 400 000 Rupien, was circa 38 bis 43 Dollar entspricht.

Eine der am stärksten von dieser Art der Abholzung betroffenen Regionen sind die Sümpfe von Kluet. Dort lag eine der wichtigsten Stationen für die Erforschung des Lebens von Orang-Utans. 1999, bevor die illegale Ausbeutung des Nationalparks begann, waren nur noch 49 Prozent des Ökosystems erhalten. Die Orang-Utan-Population war auf etwa 52 Prozent zusammengeschrumpft. Mittlerweile ist die Station selbst bedroht. In der Gegend wurden zwischen 50 und 66 Prozent der Neesiabäume und zwischen 25 und 33 Prozent des Bestandes von *San-*

doricum beccarianum zerstört. Dies sind die beiden wichtigsten Nahrungsquellen für den Orang-Utan. Mit den Menschenaffen aber wird ein Großteil anderer Arten verschwinden, bevor das Ökosystem völlig zusammenbricht.

Die Auswirkungen dieser massiven Entwaldung lassen sich im Ökosystem bereits feststellen. Im November 2003 verwüsteten Überschwemmungen das Gebiet um Bohorok. Sie forderten mehr als 300 Tote. In Aceh Tenggara kam es 2005 zu schlimmen Erdrutschen, welche die Gegend am Fuß des Leuser-Berges zerstörten. Die Landwirte der Gegend haben neuerdings Probleme mit der Bewässerung. Sechs Dorfvorsteher, die von den Überschwemmungen 2003 betroffen waren, richteten 2004 einen Brandbrief an den Gouverneur Abdullah Puteh und forderten ihn auf, der illegalen Entwaldung im Leuser-Schutzgebiet einen Riegel vorzuschieben. Der Appell verhallte ungehört, und so änderte sich an der Situation nichts. Und die Aktivitäten des in dieser Region tätigen Holzkonzerns PT Medan Remaja Timber (PTMRT) beschränken sich längst nicht mehr auf den Wald: So baute man jüngst eine Straße durch die Felder der Anwohner, ohne sie um Erlaubnis zu fragen, wie es gesetzlich vorgeschrieben ist. Dies hat zur Folge, dass sich mittlerweile immer mehr Menschen in der Region gegen PTMRT wenden. Ein Hoffnungsschimmer für die Sümpfe von Kluet? Bedauerlicherweise gibt es, obwohl das Leuser-Gebiet ebenfalls in den Rang der zu schützenden Biosphären aufgestiegen ist, keinerlei internationalen Protest gegen die Verwüstung der dortigen Wälder.

Im Jahr 2001 wurden die Waldarbeiten in der Provinz offiziell eingestellt – die illegale Abholzung ging weiter. Im September 2004 verkündete Gouverneur Abdullah Puteh dann, dass das Moratorium aufgehoben werde. Und noch vor der Veröffentlichung dieser Nachricht, bereits im Januar 2004, gab die Provinzregierung neue Konzessionen aus! Dieses Mal allerdings leitete die Staatsregierung eine Untersuchung über die merkwürdigen Vorfälle ein. Gouverneur Puteh sitzt jetzt wegen Korruption hinter Gittern.

Doch auch die Verhaftung des Gouverneurs konnte dem Treiben im Leuser-Gebiet keinen Riegel vorschieben. 2004 zählte man 47 Unternehmen, die eine Lizenz zum Abholzen des Waldes in dieser Region von Aceh besitzen. Das bedeutet eine Jahresproduktion von 116 204 Kubikmeter Holz oder 46 000 Bäume. Gesetzlich erlaubt aber sind nur 47 500 Kubikmeter. Darüber hinaus weiß die Regierung die politische Instabilität dieser Gegend geschickt zur Verdunkelung der wahren Gegebenheiten in den nördlichen Regenwäldern Sumatras zu nutzen. Die zuständigen Beamten in Jakarta behaupten stets, in dieser Region gebe es keine illegale Waldnutzung mehr. Die Regierung wolle das Gebiet in eine »grüne Provinz« verwandeln, ein Paradebeispiel für den Umweltschutz, das dem Land als Modell dienen und auch die internationalen Beobachter zufriedenstellen soll. Von den 47 Konzessionen, die für dieses Gebiet ausgegeben wurden, sind auch tatsächlich 22 abgelaufen. Dummerweise fahren die betroffenen Unternehmen mit dem Holzeinschlag fort. Der schwelende Unabhängigkeitskonflikt in der Provinz Aceh bietet der Regierung nämlich einen idealen Vorwand, Journalisten und ausländischen Beobachtern den Zutritt zu verweigern. Und so können die schönsten Wälder des Landes weiter abgeholzt werden – ohne Zeugen.

Auch der Tsunami, der Südostasien im Dezember 2004 getroffen und dabei unter anderem auch die Region Aceh besonders verwüstet hat, liefert ein neues Argument, um die Zerstörung des Regenwaldes weiter voranzutreiben: für den Wiederaufbau Acehs. Auf den mit Rohholz beladenen Lastwagen war eine Zeit lang die Aufschrift: »Für den Wiederaufbau Acehs« zu lesen. Doch waren die Merbau-, Meranti-, Semaram- und Kruingbäume, die auf dem internationalen Markt einen enormen Wert haben (etwa 1800 Dollar pro Kubikmeter), wirklich zum Wiederaufbau der Dörfer und Städte bestimmt? Natürlich nicht. Das Holz wurde mit falschen Papieren und Zertifikaten in einen der großen Häfen des Tropenholzhandels auf Singapur, Malaysia oder Java gebracht. Noch tiefer blicken lässt allerdings folgende Tatsache: Nach dem Tsunami wurden zahlreiche von der mörderischen Welle umgeknickte Stämme aus dem Wald herausgeschafft und rund um die zerstörten Dörfer aufgestapelt. Die lokalen Behörden sandten Sachverständige, um das beste Holz auszuwählen, und einen Wachtrupp – damit die Dörfler sich nicht an den Stämmen vergriffen, was unter Strafe gestellt wurde. Elf Einwohner des Dorfes Lawe Gerger wanderten ins Gefängnis, weil sie gewagt hatten, das Holz für den Wiederaufbau ihrer Häuser zu verwenden.

Obwohl die Regierung sich also offiziell gegen die illegale Abholzung einsetzt und das Leuser-Gebiet zur »grünen Provinz« machen will, sprechen die Fakten eine andere Sprache: Man kann nicht umhin zu glauben, dass die öffentlichen Verlautbarungen nur dazu gedacht sind, die internationalen Beobachter, vor allem in den Nicht-Regierungsorganisationen, ruhigzustellen. Kratzt man ein wenig am Lack, so springt er schnell ab, und man entdeckt viele Details, welche die offiziell eingenommene Haltung Lügen strafen. Außerdem muss man sich nur einmal wirklich vor Ort begeben, wo man schnell feststellt, dass die Entwaldung keineswegs aufgehört hat. Viele Unternehmen machen unter den Augen der Behörden (deren Vertreter mit Sicherheit bestochen wurden) illegal weiter. Auch nationale Projekte, welche das Ökosystem um den Leuser herum nachgewiesenermaßen negativ beeinflussen, wurden keineswegs gestoppt, ganz im Gegenteil.

Ein schönes Beispiel für diese Praktiken ist die Ladia Galaska, eine Fernstraße, die sich 505 Kilometer durchs Land ziehen soll. Dabei durchschneidet sie auf einer Strecke von 90 Kilometern den geschützten Wald von Leuser. Sie soll Aceh an der Westküste mit der Ostküste von Sumatra verbinden und gehört zu den umstrittensten Projekten überhaupt. Es gab keinerlei Studien über den ökologischen Einfluss auf die Umgebung, ehe die erste Finanzierungsrate – die hauptsächlich von den Japanern getragen wurde – eintraf. Das hinderte die Regierung allerdings nicht daran, das Projekt unverzüglich zu genehmigen. Für den Bau dieser Straße, die in ihrem jetzigen Verlauf keineswegs lebenswichtig ist, wurden sofort beinahe 1,2 Millionen Dollar in Form von Krediten bereitgestellt. Nun zieht sich eine lang gezogene, offene Wunde durch einen der letzten Primärwälder Südostasiens. Trotz der zahlreichen Überschwemmungen und Erdrutsche versuchte die Regierung nicht, das fragliche Projekt zu stoppen. Mittlerweile liegen Pläne für eine Umleitung der Straße vor. Aber werden die Nicht-Regierungsorganisationen sich gegen die geballte Finanzkraft der Japaner und ihrer Co-Financiers durchsetzen?

Die Plünderung von Papua-Neuguinea durch China

In Südostasien ist die weltweite Entwaldung am schlimmsten. Das letzte wahre Schmuckstück des smaragdgrünen Reiches ist der indonesische Archipel, vor allem Irian Jaya, eine indonesische Provinz in Neuguinea. Dort befindet sich die größte zusammenhängende Primärwaldfläche der Welt.

Neuguinea ist die größte tropische Insel der Welt. Sie besitzt noch 70 Prozent ihrer Wälder. Nach Amazonien und dem Kongobecken verfügt sie damit über das drittgrößte zusammenhängende Waldgebiet der Erde. Hier leben 110 000 Pflanzenarten, darunter die größte Gruppe verschiedener Orchideenarten. Dazu kommen 56 Säugetierarten, 76 Vogelarten (darunter 40 Paradiesvogelarten, die nirgendwo sonst vorkommen) und fast 400 Arten von Fischen, Reptilien und Amphibien. Noch zu Beginn des Jahres 2006 schickte die amerikanische Organisation Conservation International eine Forschungsexpedition dorthin. Die Wissenschaftler entdeckten dort mehrere völlig neue Arten und sprachen von einem »grünen Paradies«.

Wie lange das wohl so bleiben wird?

Denn nachdem Borneo und Sumatra jetzt leergeplündert sind, suchen die Holzbarone nach neuen »Aufgabengebieten« und richten ihr Augenmerk verstärkt auf die letzten intakten Wälder auf dem indo-malaiischen Archipel: Papua-Neuguinea. Hinzu kommt, dass sich die indonesische Regierung, die über den Westen Neuguineas (West-Papua) herrscht, den Papua und ihren Unabhängigkeitsbestrebungen gegenüber noch nie sonderlich geneigt zeigte. Selbst ohne bösen Willen könnte sich so mancher Beobachter verleitet fühlen, angesichts des Ausverkaufs dieser Wälder zum Schaden der Papua, die davon leben, an einen Versuch zur letztendlichen Destabilisierung dieser indigenen Kultur zu glauben. Genau dasselbe Muster also, das wir bereits aus anderen Zusammenhängen kennen: Denken wir nur an die gewaltige Bisonschlächterei in Nordamerika, die zum Ziel hatte, die Indianer ihrer Lebensgrundlage zu berauben. Dabei hat die indonesische Regierung im aufsteigenden China mit seinem ewigen Hunger nach Tropenholz einen idealen Partner gefunden.

Im Zentrum dieser Tragödie steht der Merbau oder – in Papua – Kwila mit den bekanntesten Arten: *Intsia bijuga, Intsia retusa* und *Intsia palembanica.* Die ersten beiden gibt es nur noch in den Wäldern Papua-Neuguineas, während die dritte bislang nur in Malaysia überlebte. Das Holz des Merbau ist von tiefroter Farbe und besonders widerstandsfähig. Dies macht ihn zu einem der begehrtesten Bäume auf dem Weltmarkt. Er wird zu Parkett, Gartenmöbeln und Yachtausstattungen verarbeitet. Natürlich ließ die Nachfrage den Export in Neuguinea erheblich ansteigen. Führte man 1998 noch 50 000 Kubikmeter aus, waren es 2001 schon 660 000. 2001 aber verbot die indonesische Regierung dann die Ausfuhr der beiden Merbau-Arten, weil sie auf der Roten Liste der Weltnaturschutzunion (IUCN) als »gefährdet« eingestuft wurden. Seitdem hat der illegale Holzeinschlag, in dem Indonesien ja schon recht versiert ist, enorm zugenommen. Und so verlassen jeden Monat 300 000 Kubikmeter Merbau die Insel.

Einmal mehr kann die Ausbeutung der Wälder nur deshalb vor sich gehen, weil die Rechte der einheimischen Bevölkerung vollständig missachtet werden. Im politischen Chaos, das die Ablösung des Diktators Suharto und die versuchte Einführung einer echten Demokratie mit sich brachte, geriet auch die politische Rollenverteilung unter den einzelnen indonesischen Provinzen aus dem Gleichgewicht, was jeder Art von illegalem Handel, vor allem mit Holz, nur förderlich sein konnte. Doch die Gesetze der Papua über ihren Besitz *(adat)* wurden 2001 von der indonesischen Regierung anerkannt, indem man einen Volksrat *(Majelis Rakyat Papua)* einrichtete. Die Papua waren also offiziell Besitzer ihres Landes, und ein von der indonesischen Regierung verabschiedetes Gesetz garantierte ihnen eine ganz bestimmte Aufteilung der Gewinne: 80 Prozent der Gewinne aus Bergbau, Wald- und Fischwirtschaft sowie 70 Prozent dessen, was durch Erdgas und -öl erwirtschaftet wurde, standen den Papua zu. Ein lobenswertes Gesetz also, das – wie sich in der Folge erwies – jedoch auf extrem chaotische Weise umgesetzt werden sollte. Der Volksrat wurde bis heute noch nicht ins Leben gerufen, und die Zentralregierung in Jakarta hat 2003 ein Gesetz von 1999 hervorgezaubert, das Irian Jaya in drei verschiedene Provinzen unterteilt. Teile und herrsche, lautet die Devise ... Das Verfassungsgericht hat dieses Gesetz, das dem von 2001 voranging, allerdings für ungültig erklärt. Da jedoch die westliche Provinz bereits vom Rest von Irian Jaya abgetrennt war, beschloss man, den Status quo unverändert zu lassen. Die Hauptbetroffenen, die Papua nämlich, fanden sich also plötzlich geteilt wieder und sind in ihrem Kampf gegen die indonesische Zentralregierung, was die Ausbeutung ihres Landes und ihrer Rohstoffe angeht, geschwächt.

Parallel dazu beschloss die Regierung in Jakarta 1999 die Vergabe von kleineren Konzessionen für jeweils circa 100 Hektar Gemeindeland. Dies ist das System der Kopermas *(Koperasi Peran Serta Masyarakat)*. Da dieses sehr schnell umgangen wurde, schaffte man es wieder ab. Doch obwohl das Gesetz mittlerweile nicht mehr gültig ist, interpretiert jeder es weiterhin nach seiner Fasson und seinen Bedürfnissen: Mittlerweile gibt es mehr als 300 Kopermas in Neuguinea. Stellen Sie sich nun noch den eher zweifelhaften Einfluss der Militärs, der Polizei und der Waldhüter vor, eine Reihe von bis ins Mark korrumpierten Gewerkschaftsfunktionären sowie der quasi inexistente Kampf gegen den Handel mit Tropenholz – und schon haben Sie die aktuelle Situation vor Augen. Das Land der Papua wurde heimlich Schritt für Schritt in Privatbesitz überführt. Hauptverantwortlich war hier die Djajanti-Gruppe, ein indonesischer Konzern, der mittlerweile über 2 Millionen Hektar Wald kontrolliert. Die Konzessionen hätten eigentlich erst nach eingehenden Verhandlungen der Lokalregierung, des Waldministeriums, der Vereinigung der Grundbesitzer und der Konzerne vergeben werden dürfen. Die Papua wären also durch die Vereinigung der Grundbesitzer repräsentiert worden. Diese hätten ihre Rechte schützen und die sagenhaften 80 Prozent des Gewinns einfordern sollen, die ihnen zustanden. Als 2002 die Konzessionen abliefen, verlängerte man sie um zehn Jahre. Die Papua-Klans wurden vor vollendete Tatsachen gestellt. Um den grünen Tisch, an dem über dieses Faktum verhandelt wurde, saßen nur Politiker und Industrielle. Auf diese Weise beraubte man die Papua auf einen Schlag ihres Landes. Heute haben sie dort keinerlei Rechte mehr.

Die Verfahrensweise vor Ort ist recht simpel. Ein Vermittler mit der schönfärberischen Bezeichnung »Adoptivvater« wird beauftragt, mit den Mitgliedern einer Gemeinde in Kontakt zu treten, auf deren Gebiet Merbaubäume zu finden sind. Meist ist es ein Militärangehöriger oder ein anderer Staatsbeamter. Er überzeugt den Dorfvorsteher, eine Vereinbarung zu unterzeichnen, in der der Preis für das geschlagene Holz und ein Tauschgegenstand festgelegt werden. Dieser hat meist die Form eines »Geschenks« für die Gemeinschaft: eine Kirche, ein Motorboot und so weiter. Sobald das Stück Papier unterzeichnet ist, setzen sich die Bulldozer und Motorsägen in Marsch. Die Bäume werden geschlagen und in den nächstgelegenen Hafen geschafft. Zwischen den Papua und den Holzfällern kommt es häufig zu Konflikten, kommen die Holzfäller doch meist aus Java, wo die Papua als »Untermenschen« betrachtet werden. Doch da der Tauschhandel nun einmal vereinbart wurde, wagt niemand etwas einzuwenden.

Hält der Vermittler nun seine Versprechungen? Was denken Sie? Nun, in den meisten Fällen wird der vereinbarte Preis mit einem Mal nach unten korrigiert. Eine Gemeinde in der Gegend von Sorong beispielsweise hat statt der schwarz auf weiß vereinbarten 10920 Dollar für 3000 Kubikmeter Merbauholz nur 2750 Dollar erhalten. Der Unterschied wurde nicht einmal, wie so häufig üblich, in Reis und Nudeln beglichen. Wenn das kein Betrug ist, dann kommt dieses Vorgehen dem zumindest gefährlich nahe. Ein anderes Beispiel: Die Verantwortlichen einer Gemeinde auf der Insel Salawi unterzeichneten eine Vereinbarung, die ihnen 3,50 Dollar pro Kubikmeter Merbauholz zugestand. Die Regierung hatte ihnen 100 Kopermas genehmigt, deren holzwirtschaftlichen Ertrag sie verkaufen konnten, um eine Kirche zu bauen. Das Unternehmen PT Wahana Papua schlug insgesamt 14000 Kubikmeter Holz, wobei die Holzfäller sich nicht immer an die vereinbarten Grenzen der Kopermas hielten. Doch als es Zeit war zu bezahlen, kamen statt der 49000 Dollar nur 6500 Dollar, zwei Motorboote und eine kleine Kirche an – mit 15500 Dollar im Übrigen die billigste, die es im Fertighaus-Katalog gab. Man hatte dem Dorf also nur etwa die Hälfte des fälligen Betrages ausbezahlt. Dabei würden die 14 000 Kubikmeter Holz dem Unternehmen auf dem Weltmarkt mehr als 3 Millionen Dollar eintragen ... Auch die versprochene Erste-Hilfe-Station wurde nie gebaut. Die bereits vorhandene kann nämlich nur von den Angestellten des Unternehmens genutzt werden.

Seit 1998 wächst in den G8-Ländern das Bewusstsein dafür, wie dramatisch die Situation im Hinblick auf die weltweite Entwaldung schon ist. Mittlerweile wurden voller Optimismus einige Maßnahmen zum Schutz der Regenwälder getroffen. Im September 2001 unterzeichneten die Staaten Ostasiens eine Erklärung zur praktischen Umsetzung der bestehenden Waldschutzgesetze (FLEG). Seit damals ... ist nichts mehr passiert. Der Prozess ist zum Stillstand gekommen. Keine der im Rahmen der FLEG vorgesehenen Zusammenkünfte hat je stattgefunden, und die 2003 beschlossene Bestandsaufnahme wurde ständig aufgeschoben. Doch das gestiegene Problembewusstsein hat auch Länder wie Großbritannien, China, Japan oder Norwegen dazu gebracht, eine Vereinbarung mit Indonesien zu treffen, welche der illegalen Ausbeutung des Waldes ein Ende setzen soll. Schön und gut. Leider blieb auch diese Vereinbarung nur Schall und Rauch, denn ihr folgten weder Untersuchungen im Hinblick auf die Methoden der Holzbarone in Indonesien noch konkrete Maßnahmen diesen gegenüber. Was konkrete Schritte angeht, gebührt die Siegespalme ohnehin der Europäischen Union. Diese vereinbarte 2003 einen Aktionsplan, doch es wird noch Jahre dauern, bis er an den Grenzen tatsächlich umgesetzt wird. Doch einige Erfolge wurden erzielt: Gerade illegal geschlagenes Ramin *(Gonystylus spp.)*, das seit 2004 in Anhang 3 von CITES[20] aufgenommen wurde, konnte des Öfteren beschlagnahmt werden. Damit reduzierte sich die illegale Ausfuhr aus Sumatra erheblich.

Doch indem man die Praktiken in Indonesien und Sumatra sozusagen ins Scheinwerferlicht der Weltöffentlichkeit lenkte, verlagerte sich das Problem nur. Denn die Holzbarone strecken ihre gierigen Finger längst nach den Wäldern auf Papua-Neuguinea aus, einer unbekannten Region, die ein ideales Operationsgebiet für weitere illegale Abholzungen zu sein scheint.

Aber kommen wir auf China zurück, jenes Land, welches das Unglück über Neuguinea brachte.

Im November 2001, unmittelbar nach Unterzeichung der FLEG, wurden drei Schiffe gestoppt. Sie waren bis zum Rand voll mit illegal geschlagenem Merbauholz, das von der indonesischen Marine beschlagnahmt wurde. Ziel: China. Hinter dieser Operation steckte der indonesische Holzbaron Abdul Rashid mit seinem Familienunternehmen Tanjung Lingga, das auch im Nationalpark von Tanjung Puting auf Borneo tätig ist. Obwohl die indonesischen Behörden China informierten, rührten die Chinesen keinen Finger – was einen diplomatischen Zwischenfall heraufbeschwor. Schließlich hatten die beiden Länder eine Vereinbarung zur Unterbindung des illegalen Holzhandels unterzeichnet. Der Zwischenfall blieb allerdings ohne Folgen, denn immer noch wird illegal geschlagenes Holz aus den Wäldern Indonesiens nach China ausgeführt.

Wie das zugeht, wollen Sie wissen? Darüber geben verschie-

20 CITES (Convention of International Trade in Endangered Species of Wild Fauna and Flora) wird auch das Washingtoner Artenschutzabkommen genannt. Je nachdem, wie viel Schutz eine Art tatsächlich braucht, wird sie in einen der Anhänge aufgenommen, in denen strikte Regeln zum Handel mit dieser Art festgelegt sind. Nicht bedrohte Arten gelangen erst gar nicht in eine der Listen.

dene Untersuchungen Aufschluss, die 2005 zu einem Bericht zusammengefasst wurden[21]. Dieser Bericht zeigt klar und deutlich, wie komplex die Verflechtungen zwischen diesen beiden Ländern mittlerweile sind.

Bei der Abfahrt von den verschiedenen kleinen Häfen der Provinz Irian Jaya werden Schiffe gechartert und mit illegal geschlagenem Holz beladen. Man schmiert die Behörden, damit diese sie aufs Meer hinauslassen, die Militärs sind ebenfalls mit von der Partie. Doch da es dabei um fette Gewinne geht, greift man zur zweiten List: Man hisst eine falsche indonesische Flagge, denn seit dem Exportverbot von 2003 darf kein ausländisches Schiff mehr Tropenholz durch indonesische Gewässer tragen.

Im Dezember 2003 stoppt die indonesische Marine solch ein Schiff in der Nähe der Insel Daram, an der Westküste von Neuguinea. An Bord: 17 000 Kubikmeter Merbau. Der Kapitän der *Bravery Flacon*, die unter mongolischer Flagge segelt, sagt aus, dass das Boot von E-Maritime gechartert wurde, einem Unternehmen aus Singapur. Es sollte direkt nach Daram fahren. Das Holz war für China bestimmt, doch sollte der Zielhafen erst bekannt gegeben werden, wenn er alles Holz an Bord habe. Einige Meilen vor Daram sei ein indonesischer Vertreter des Unternehmens an Bord gekommen. In der darauffolgenden Woche brachten acht Kähne ihre Last auf die *Bravery Falcon*, die von diesem Moment an – auf Anweisung von E-Maritime und des indonesischen Firmenvertreters – unter indonesischer Flagge fuhr. Der Firmenvertreter verschwindet, während das Schiff sich in Marinebegleitung dem Hafen von Jakarta nähert, wo es zur

21 EIA-Telapak, *The Last Frontier: Illegal Logging in Papua and China Massive Timber Theft*, 2005.

genaueren Untersuchung des Vorfalls kommen wird. Der Kapitän wurde zwar zu zwei Jahren Gefängnis verurteilt, doch die wahren Verantwortlichen des illegalen Holzhandels befinden sich immer noch in Freiheit. Außerdem scheint es, als habe die indonesische Marine auf den Hinweis eines anderen Holzbarons reagiert, der sich auf diese Weise eines missliebigen Konkurrenten entledigte ...

Das Handelsnetz zwischen China und Indonesien ist weit gespannt. Es umfasst zahllose Akteure. Der Holzeinschlag beispielsweise wird im Allgemeinen von Jakarta oder Surabaya aus gelenkt, zwei großen Häfen und Warenumschlagsplätzen. Dort sind Makler mit guten Kontakten zu Offizieren und anderen Beamten tätig, die ihnen Papiere verschaffen können, welche den Schmugglerschiffen eine geruhsame Fahrt sichern. Auch das benachbarte Malaysia ist beteiligt, dessen Holzkonzerne (wie PT Marindo Utama Jaya, der sich bereits beim illegalen Holzeinschlag in Kalimantan unrühmlich hervortat) über das nötige technische Knowhow für das Abholzen großer Bäume sowie den entsprechenden Maschinenpark verfügen. Die Konzerne sorgen für eine einwandfreie Logistik.

Dann kommt Singapur ins Spiel, der Dreh- und Angelpunkt des Umschlagnetzes. In diesem unendlich reichen Stadtstaat treffen sich Händler und Charterer sowie Bankiers, die das Merbau-Geld waschen. Der Großteil der Holzbarone verfügt, wie Abdul Rashid, über verschiedene Unternehmen und Bankkonten in Singapur. Der Bericht von EIA-Telapak nennt im Besonderen drei Firmen, die am Handel mit Merbauholz beteiligt sind: E-Maritime, das uns ja schon bei dem Zwischenfall mit der indonesischen Marine aufgefallen ist und das fast ausschließlich mit China Handel treibt, sowie Wajilam Exports und Fa Lin, die sich auf den Export von Merbau nach Indien spezialisiert haben.

Die Unterhändler aus Hongkong wiederum stellen sicher, dass die indonesischen Lieferanten und die chinesischen Käufer zusammenfinden. So setzt allein Howei Marketing im Monat 10 000 Kubikmeter Merbau um. Das Holz geht in den meisten Fällen nach China, mitunter auch nach Indien, das ja ebenfalls einen außergewöhnlichen Wirtschaftsaufschwung erlebt. Nach China kommt das Holz über Zhangjiagang und Shenzhen, die sich innerhalb weniger Jahre zu großen Holzhäfen entwickelt haben. In den Häfen beider Städte wurden im Jahr 2004 mehr als 950 000 Kubikmeter Merbau entladen – mit falschen Papieren, welche die wahre Herkunft des Holzes verschleiern. Denn nur Malaysia beutet offiziell seine Merbau-Vorkommen aus. Das Land hat für 2003 einen Holzeinschlag von 26 400 Kubikmeter deklariert. Diese Menge dürfte sich im Jahr darauf wohl kaum nennenswert erhöht haben. Stellt sich die Frage, woher die restlichen 923 600 Kubikmeter kommen!

Der Großteil des Holzes landet schließlich in der Stadt Nanxun im Süden von Zhangjiagang, das in nur wenigen Jahren zum Zentrum der internationalen Parkettfertigung aufgestiegen ist! In den letzten fünf Jahren wurden hier mehr als 500 Parkettfabriken gegründet. Hier werden 70 Prozent des angelieferten Merbauholzes verarbeitet. Das Parkett wird zum Teil in China verkauft, zum Teil auch nach Nordamerika, Europa und Japan exportiert und endet am Ende ... unter unseren Füßen.

Denn nach den Holzbaronen und den Zwischenhändlern in Singapur, Hongkong und Jakarta sind es die europäischen Großhändler, die Merbau-Parkett verkaufen, das aus illegalem Einschlag kommt, und damit Riesensummen verdienen:

Summe, die den Papua pro Kubikmeter bezahlt wird.	11 Dollar
Preis für einen Kubikmeter Langholz beim Export in Neuguinea	120 Dollar
Preis für einen Kubikmeter Langholz bei der Ankunft in China.	240 Dollar
Preis für 26 Quadratmeter Parkett (aus 1 Kubikmeter Holz) in China	468 Dollar
Verkaufspreis für 26 Quadratmeter Parkett in den Vereinigten Staaten	2288 Dollar

Wenn ich Ihnen hier also zunächst die Situation in Indonesien und die Beteiligung Chinas daran geschildert habe, so liegt dies einfach daran, dass die Weltöffentlichkeit dem Regenwald in Indonesien wesentlich weniger Aufmerksamkeit widmet als den tropischen Wäldern Amazoniens, obwohl der Regenwald Südostasiens vermutlich als Erster von der Landkarte verschwindet, wenn es nicht zu einem weltweiten Aufschrei kommt. Doch der Aufschrei genügt natürlich nicht. Es müssen endlich konkrete Maßnahmen erfolgen, welche diesem Raubbau an den Wäldern Einhalt gebieten. Einem Raubbau, für den wir Konsumenten in den reichen Ländern mit unserer Lebensart und unseren Gewohnheiten verantwortlich sind.

Kongobecken: Arbeitsplätze für Konzessionen

Doch natürlich sind auch die immer stärker zerstückelten Regenwälder Amazoniens und der Regenwald in Afrika bedroht. Gerade Letzteren beuten wir Europäer vorzugsweise aus, weil wir immer noch enge Verbindungen zu unseren ehemaligen Kolonien unterhalten.

In Westafrika sind nur noch 22,8 Prozent des ursprünglichen Regenwaldes vorhanden. Im Kongobecken erscheinen die Wälder zwar über weite Strecken hinweg unangetastet, in anderen Regionen aber sind längst europäische und asiatische Unternehmen tätig. Allmählich wird so der größte Regenwald Afrikas zerteilt. Heute hängen noch etwa 68 Prozent des Regenwaldes im Kongobecken zusammen, ohne dass sich Straßentrassen hindurchfressen. Doch mehr als 40 Prozent dieser Fläche wurden erst kürzlich für die wirtschaftliche Holznutzung freigegeben.

Natürlich lässt sich die Situation nicht mit der in Asien vergleichen. Das hat einen ganz einfachen Grund: Hier gibt es nur wenige kostbare Hölzer (Moabi, Sapelli, Iroko oder Wengé). Im Allgemeinen sind es pro Hektar nur drei bis fünf Bäume, deren Abholzung lohnt. Dies ist vor allem in der Demokratischen Republik Kongo der Fall, wo auch schon drei der wichtigsten Holzkonzerne eine Niederlassung gegründet haben. Einige erschlossene Waldgebiete wurden gar wieder aufgegeben, weil die wertvollen Bäume so weit verstreut stehen, dass die Transportkosten, gerade in einem Land mit fehlender Infrastruktur, einfach zu hoch sind.

Für die anderen Länder im Kongobecken gilt dies allerdings nicht. Dort ist die Ausbeutung der Wälder logistisch gesehen einfacher und rentabler, da es auch mehr Edelhölzer pro Hektar gibt ... In Ländern wie Kamerun oder Kongo-Brazzaville kommt es gar schon zu einer Überwirtschaftung bestimmter Hölzer wie Moabi, Wengé oder Okoumé. Die dort tätigen europäischen Holzkonzerne wie Rougier et Leroy (in Gabun), CIB (in Kongo-Brazzaville) oder Pallisco (in Kamerun) bemühen sich um eine nachhaltige Bewirtschaftung der Wälder, doch dies ist schwer zu bewerkstelligen, und die Maßnahmen greifen nicht immer gleich oder sind ohnehin ungeeignet. Pallisco beispielsweise, ein Ableger des französischen Konzerns Pasquet, hat Baumschulen gegründet, mit Hilfe derer die von dem Unternehmen geschlagenen Moabis wieder aufgeforstet werden sollen. Doch es dauert 90 bis 100 Jahre, bis der Moabi Frucht trägt. Bis also die Bäume aus den Baumschulen reif sind, werden alle alten Moabis aus der Region verschwunden sein – ein Opfer der Motorsägen. Außerdem werden trotz alledem nur wenige Wälder zumindest ansatzweise nachhaltig bewirtschaftet, die meisten gehen unter dem übermäßigen Holzeinschlag schlicht zugrunde. Seit die chinesischen und malaiischen Holzunternehmen im Kongobecken angekommen sind, scheint das Schicksal des Waldes besiegelt. Im Hafen von Kinshasa gibt es zwei verschiedene Anlegestellen. An der einen liegt das Holz, das von den großen ausländischen Unternehmen mit Konzession verladen wird: nur Stämme einer bestimmten Größe und ordentlich etikettiert. Am anderen liegt das illegal geschlagene Holz: Stämme unterschiedlichster Größe, ohne jeden Hinweis auf ihre Herkunft, die kreuz und quer auf große so genannte »Walfänger«[22] und andere Lastkähne geworfen und den Kongo hinabtransportiert werden. Diejenigen, welche die Wälder ohne Konzession ausbeuten, be-

22 Riesige Boote mit flachem Fond, die den Kongo befahren.

weisen meist auch wenig Sachverstand, was den Holzeinschlag angeht. Sie nehmen jeden Baum mit, der ihnen auch nur einigermaßen groß erscheint, und achten auch nicht auf die Schäden, die sie beim Fällen des Baumes anrichten. Auf diese Weise zerstören sie unnötigerweise einen Großteil des Waldes, was für das Überleben der Regenwälder ein großes Problem darstellt.

In Gabun haben sich mittlerweile chinesische und malaiische Unternehmen angesiedelt, um den afrikanischen Wald zur Ader zu lassen. Diese Firmen haben kein Interesse am selektiven Einschlag. Sie machen Profite nur, wenn sie Kahlschlag betreiben. Alles wird verwendet, sogar die kleinsten Bäume, aus denen man entweder Rundholz macht, um die großen Bäume zu den Sammelplätzen zu transportieren, oder Streichhölzer bzw. Essstäbchen! Die Bilanz ist erschütternd, wenn man das Gelände überfliegt. An manchen Orten hat der Wald riesigen Lichtungen Platz gemacht, die von Kräutern und Sträuchern überwuchert sind. Dasselbe Bild bietet sich in Kongo-Brazzaville. Chinesische Unternehmen haben sich dort niedergelassen und zunächst ein Krankenhaus gebaut. Dafür hat die Regierung ihnen eine Konzession zur Waldnutzung überlassen. Als sich zeigte, mit welchen Methoden die Chinesen den Wald »bewirtschaften«, versuchte die Regierung, deren Treiben Einhalt zu gebieten. Der massive Protest gab den Chinesen zu denken. Sie bauten den gesamten Flughafen von Pointe-Noire auf ihre Kosten und baten dann die Regierung um eine neue Konzession ohne jede Einschränkung, die sie auch problemlos erhielten.

Wir wollen allerdings nicht verschweigen, dass die ausländischen Holzkonzerne in den Ländern des Kongobeckens, die aufgrund politischer Instabilität immer wieder heftige ökonomische Krisen erleben, auch Arbeitsplätze geschaffen und eine gewisse wirtschaftliche Entwicklung angestoßen haben. Natürlich rechtfertigt dies den illegalen Holzeinschlag und die Kahlschlagpraktiken nicht, die einige dieser Firmen betreiben. Aber wäre es unter diesem Gesichtspunkt nicht besser, die Konzerne zu unterstützen und ihnen unter strengen Regeln eine bestimmte, begrenzte Anzahl von Konzessionen zu gewähren? Schließlich sind einige von ihnen dort schon seit Jahrzehnten tätig, schaffen direkt und indirekt Arbeitsplätze und bemühen sich mittlerweile ja auch um nachhaltige Bewirtschaftungsmethoden. Denn wir brauchen uns diesbezüglich keinen Sand in die Augen zu streuen: Wirtschaftliche Waldnutzung wird es in diesen Ländern immer geben, zumindest solange genügend Waldgebiete vorhanden sind. Die Welternährungsorganisation (FAO) meint allerdings, dass 70 Prozent des Regenwaldes im Kongobecken bis zum Jahr 2040 verschwunden sein werden. Doch wenn die europäischen Unternehmen das Feld räumen, werden chinesische und malaiische sie ersetzen. Und diese haben bislang – mit wenigen Ausnahmen – kaum Neigung gezeigt, die Umwelt zu schützen. Ihre Art der Bewirtschaftung zeugt von einer sehr kurzfristigen Sicht der Dinge: Sie streben nach maximalem Profit im minimalen Zeitrahmen. Um die Folgen scheren sie sich nicht.

In jedem Fall aber müsste die holzwirtschaftliche Nutzung der Wälder auf den Prüfstand gestellt werden. Bislang nämlich werden Konzessionen vergeben, ohne jede Rücksprache mit den Menschen, die in und von den Wäldern leben. Gerade die Menschen vor Ort sehen von den immensen Profiten, die ihr Land abwirft, keinen Cent. Das Geld landet unweigerlich in den Taschen der Unternehmer und der Regierungsbeamten. Und so zeigten sich die Nicht-Regierungsorganisationen, die über die Rechte der Waldbewohner wachen, welche ansonsten keine Fürsprecher haben, keineswegs beruhigt, als man 2004 in Brazzaville eine Konferenz zur Nutzung der Wälder im Kongobecken abhielt. Wenn ausländische Unternehmen die Wälder plündern, so tun sie es nämlich meist mit Genehmigung der Volksvertreter, die so zu Komplizen werden – zum Schaden des Volkes, das sie eigentlich repräsentieren.

Amazonien: Die Legalisierung des Illegalen

Das Schicksal der Bäume in Amazonien ist allerdings kaum beneidenswerter als das ihrer Brüder in den anderen Teilen der Welt. Natürlich ist der Regenwald hier noch ausgedehnter, doch der Prozess der Entwaldung ist derselbe wie in Afrika oder Südostasien. Das »grüne Gold« Amazoniens ist das Mahagoniholz, das für Luxusmöbel verwendet wird und daher viel Geld einbringt. In Brasilien teilen sich die beiden »Mahagonikönige« Osmar Alves Ferreira und Moisés Carvalho Pereira den Markt. Auch hier wird häufig illegal gearbeitet: falsche Papiere, Abholzung in nicht-genehmigten Gebieten, Schmiergelder, gelegentlich ein Mord ... Jedes Mittel ist recht, um die fünf größten Abnehmer regelmäßig mit Mahagoni zu versorgen: die Vereinigten Staaten, Großbritannien, die Niederlande, Deutschland und die Dominikanische Republik. Brasilien versuchte, dem illegalen Export von Mahagoni Einhalt zu gebieten, was dazu führte, dass das Holz als legal gilt, sobald es die brasilianische Grenze hinter sich gelassen hat. Das 1996 verhängte Ausfuhrmoratorium wurde 2001 verlängert, konnte aber die beherrschende Stellung der Holzbarone nicht unterminieren. Tatsächlich scheinen diese heute mächtiger denn je.

60 bis 80 Prozent des Holzes aus dem brasilianischen Teil Amazoniens sind illegalen Ursprungs. In Peru, wo es ebenfalls noch Mahagoni gibt, haben die Holzkonzerne bereits die Erlaubnis zur holzwirtschaftlichen Nutzung der Pufferzonen rund um die Nationalparks und Schutzgebiete erhalten. Dass die Unternehmen auch in den Schutzgebieten entwalden, versteht sich in diesem Zusammenhang fast von selbst. Man bringt das Langholz heimlich in die Pufferzone und tut so, als sei es dort geschlagen worden. Dann lässt es sich ganz legal auf dem Markt verkaufen.

Die Legalisierung des Illegalen scheint hier ohnehin gängige Praxis zu sein, denn die Camps der Holzfäller, die Stämme, Lastwagen und lauten Maschinen sind ja für alle deutlich sichtbar. Die Männer, die in den Camps arbeiten, werden natürlich entsprechend schlecht bezahlt. Häufig handelt es sich um Angehörige ethnischer Minderheiten, die nur in Naturalien bezahlt werden, um ihre Abhängigkeit noch zu verstärken. Eine Art moderner Sklaverei, bei der man als Gegenleistung für harte Arbeit eine Seife, ein wenig Salz, eine Stange Zigaretten oder ein Hemd erhält.

In Kolumbien, das etwa 63 Millionen Hektar tropischen Regenwald umfasst, wurde unter dem Einfluss von USAID (amerikanische Gesellschaft für internationale Entwicklungshilfe) ein neues Programm ins Leben gerufen, das für die kolumbianischen Wälder und ihre Bewohner das Schlimmste befürchten lässt: Colombia Forestal. Das Programm zielt darauf ab, das unschätzbare biologische Erbe des Regenwaldes zur Handelsware zu machen, auf die ausländische, vor allem amerikanische, Kapitalgeber ein Auge geworfen haben. Man verabschiedete ein Waldnutzungsgesetz, bei dem keine der dort lebenden Bevölkerungsgruppen, also weder die Bauern noch die Indios vor Ort, gehört wurden. Den internationalen Holzkonzernen aber wird der Zugang zu den Konzessionen erleichtert. Wie die bisherige Praxis zeigte, führt dieses Vorgehen immer dazu, dass die Rechte der einheimischen Bevölkerung verletzt werden. Eine nachhaltige Nutzung wird gewöhnlich nicht angestrebt. Interessanterweise wurde das Waldnutzungsgesetz in Kolumbien in aller Hast durch den Kongress gepeitscht, als die USA gerade ein Freihandelsabkommen mit dem Land unterzeichneten. Am 13. Dezember 2005 wurde das Waldnutzungsgesetz dem Präsidenten zur Unterschrift vorgelegt. Álvaro Uribe drückte seine Zweifel an zwölf Artikeln des Gesetzes aus und gab es an den Kongress zurück. Doch zu einer echten Diskussion kam es auch danach nicht. Das Gesetz wurde in einer durch und durch chaotischen Sitzung verabschiedet, wobei die Abgeordneten eine recht merkwürdige Eile an den Tag legten. Man verschleuderte die Wälder an die internationalen Holzkonzerne, ohne sich um die Folgen zu kümmern.

Die Liste der Skandale ist lang, wenn es um die holzwirtschaftliche Nutzung der Regenwälder geht. Sie betrifft alle Länder, die noch über Primärwälder verfügen, gleichermaßen. Die Schäden, welche die Holzkonzerne verursachen, sind – wie wir gesehen haben – gravierend genug, doch sie verdoppeln und verdreifachen sich, wenn wir noch andere »Bewirtschaftungsformen« der Regenwaldgebiete mit einbeziehen: die Sperrholzindustrie, die Papierindustrie und die immensen Plantagen oder Weidegebiete. Ihre Auswirkungen haben apokalyptische Ausmaße angenommen.

2 | Wer durchlöchert den Wald?

Palmöl = Feuer im Regenwald

Schokolade, Margarine, Tiefkühlkost, Lippenstift, Haarshampoo – was sich nicht alles in unseren Schränken stapelt! Was wir nicht alles Tag für Tag in Gebrauch haben! Und alle eben aufgezählten Produkte enthalten Palmöl, das am zweithäufigsten verwendete Öl weltweit. Mit 21 Prozent Marktanteil hält Palmöl den zweiten Platz gleich hinter dem Sojaöl. Die Ölpalme *(Elaeis guineensis)* stammt ursprünglich aus Westafrika. Nach Malaysia kam sie 1870 als Schmuckpflanze. Doch schon bald sollte ihr wirtschaftlicher Nutzen entdeckt werden. Seit 1917 wird die Ölpalme auf Plantagen gezogen, die sich – vor allem in den Sechzigerjahren – explosionsartig ausbreiteten. Heute nimmt allein der Ölpalmenanbau in Malaysia 2 Millionen Hektar in Anspruch, also mehr als ein Drittel der landwirtschaftlich genutzten Fläche. Malaysia ist weltweit der größte Anbieter von Palmöl, gefolgt von Indonesien, das sich erst in den Achtzigerjahren dem Palmölanbau zugewandt hat. Zwischen 1985 und 2000 gingen 87 Prozent der Entwaldung in Malaysia auf das Konto der Palmölplantagen, die sich in den Tropen immer stärker ausbreiten. Kongo, Kenia, Nigeria, Liberia, Brasilien, Kolumbien und Mexiko gehören mittlerweile zu den Anbauländern.

Die Ölpalme wird in riesigen Monokulturen von Hunderten, ja Tausenden Hektar Größe gezogen. Hierbei ist der Einsatz großer Mengen von Dünger und Pestiziden nötig, die Erde und

Wasser belasten. Indonesien, das bereits im Jahr 2002 über eine Anbaufläche von 2,4 Millionen Hektar verfügte, beschloss einen Fünfjahresplan, in dessen Rahmen zusätzlich 6,8 Millionen Hektar Wald in Palmenplantagen umgewandelt werden sollen, und zwar im indonesischen Teil von Neuguinea, genauer gesagt in der Provinz Irian Jaya. Weltweit wurden 16,5 Millionen Hektar Land in Plantagen umgewandelt, um den ständig steigenden Bedarf decken zu können.

Zwei Sorten Öl werden aus der Ölpalme gewonnen: eine aus dem Fruchtfleisch, die andere aus den Samen. Beide Öle sowie die durch Raffination daraus gewonnenen Stearine (feste Bestandteile) und Oleine (flüssige Bestandteile) sind in zahlreichen Produkten des täglichen Gebrauchs, in Nahrungsmitteln[23] und Kosmetika enthalten. Dies ist der Grund, weshalb der Bedarf an Palmöl in den letzten Jahren ständig anstieg. Anbau und Handel werden von der Weltbank und dem IWF gefördert, die beispielsweise Indonesien drängen, Malaysia als Nummer eins auf dem Weltmarkt abzulösen. Für die noch vorhandenen Regenwälder bedeutet dies schlicht eine Katastrophe.

Denn die Plantagenbesitzer zögern nicht, den Wald durch Brandrodung »abzuholzen«, weil diese so viel billiger kommt als eine normale Rodung. Für die absichtlich gelegten Brände werden irgendwelche meteorologischen Phänomene verantwortlich gemacht. Wir erinnern uns vermutlich alle noch an die gewaltigen Waldbrände in den Jahren 1997 und 1998, für die man El Niño verantwortlich machte. In Wirklichkeit aber stehen

23 Palmöl gehört zu den gesättigten Fettsäuren. Viele wissenschaftliche Untersuchungen haben bislang bewiesen, dass ein Übermaß an gesättigten Fettsäuren in der Nahrung zu Übergewicht, ja zu Fettleibigkeit, führt. Man bringt sie auch mit der Entstehung verschiedener Krebsarten, zum Beispiel des Darms, der Lunge, der Prostata und der Gebärmutterschleimhaut in Verbindung.

zwischen 50 und 80 Prozent der Brände mit der Ausdehnung der Plantagen in Zusammenhang. So wurden im Jahr 2002 mehr als 75 Prozent der Brände in Kalimantan vorsätzlich von Plantagenbesitzern gelegt, um den Wald zu roden. Satellitenbilder erbrachten den Beweis, dass sich 176 Holzunternehmen bzw. Plantagenbesitzer absichtlich als Brandstifter betätigt hatten. Von diesen wurde bis heute nicht einer verurteilt, obwohl die ökologischen und menschlichen Konsequenzen dieser Brände schwerwiegend waren: Mehr als 40 000 Menschen mussten wegen Atemwegsproblemen ins Krankenhaus. Ganze Gemeinden mussten umgesiedelt werden, meist ohne jede Entschädigung. Das von Suharto ins Leben gerufene und von der Regierung hochgelobte Umsiedlungsprogramm garantiert, dass die Holzunternehmen und Palmölproduzenten stets genügend billige Arbeitskräfte zur Verfügung haben. So lässt sich die Einwohnerdichte auf der übervölkerten Insel Java reduzieren. Doch um die Umsiedler unterzubringen, nimmt man der einheimischen Bevölkerung in den ländlichen Regionen Land weg, das häufig Gemeindeland ist. Dies führte bereits zu gravierenden Konflikten zwischen einzelnen Volksstämmen, zum Beispiel auf Borneo (zwischen Maduresen und Dayak) und auf Sumatra, wo es zwischen 1998 und 2001 zu heftigen Zusammenstößen kam.

Ein Ende dieser Entwicklung ist nicht abzusehen, weil der Weltbedarf an Palmöl immer weiter steigt. Heute werden bereits 22,5 Millionen Tonnen pro Jahr verbraucht. Und man rechnet mit 40 Millionen im Jahr 2020. Die wichtigsten Palmölimporteure sind China, die Niederlande und Deutschland, wo multinationale Konzerne wie Unilever, Procter & Gamble und Henkel ihren Sitz haben. Unterstützt werden sie von international operierenden Banken und Finanzinstitutionen (mit Niederlassungen in Malaysia, auf den Jungferninseln, in Belgien, Hongkong, Singapur und so weiter), die nicht selten enge Kontakte zur Familie des Ex-Diktators Suharto pflegen.

Hinter diesem auf den ersten Blick so begrüßenswerten wirtschaftlichen Aufschwung in Indonesien, das in einer schweren Krise steckt, verbirgt sich allerdings eine ökologische Katastrophe, die durch soziale Probleme noch verschärft wird. Um das Ausmaß dieses Dramas zu begreifen, müssen wir noch einmal auf das klimatische Phänomen El Niño[24] zurückkommen. Der Reproduktionszyklus im indonesischen Regenwald ist mit dieser Erscheinung eng verknüpft. Wenn El Niño sich alle fünf bis sieben Jahre einstellt, grünt und blüht dort alles. Dieser Überfluss an Nahrung wird sowohl im Tierreich als auch in den Dörfern regelrecht erwartet. Wissenschaftliche Studien aber haben mittlerweile bewiesen, dass die intensive Entwaldung im Nationalpark von Gunung Palung einen starken Einbruch bei der Samen- und Fruchtproduktion zur Folge hat. Wurden 1991 noch 196 Kilo pro Hektar gezählt, so konnte man im Jahr 1998 nur noch mit 18,5 Kilo rechnen.

Unternehmen, die an der Palmölproduktion beteiligt sind, führen bei Kritik stets das Argument im Mund, dass der Anbau von Ölpalmen die wirtschaftliche Entwicklung einer Region fördere und dass die Landgemeinden so an Devisen kämen, die gewöhnlich rar sind. Doch diese Argumentation verschweigt, dass – wie wir bereits gesehen haben – gerade die einheimische Bevölkerung von den immensen Profiten nur sehr wenig sieht.

24 El Niño ist ein klimatisches Phänomen, das zyklisch auftritt. Dabei erwärmt sich der Pazifik vor der peruanischen Küste, was zum Ausbleiben der Fischschwärme und zu Wetterunregelmäßigkeiten in den an den Pazifik angrenzenden Ländern führt.

Obwohl die Wirtschaftskrise Ende der Neunzigerjahre den Umwandlungsprozess in Indonesien stark gebremst hat, steht die Palmölproduktion auf der politischen Agenda immer noch an erster Stelle. Zwischen 1995 und 2003 wuchs die in Ölpalmenplantagen umgewandelte Fläche um 118 Prozent. Die Regierung Malaysias, das ohnehin kaum mehr jungfräuliches Land besitzt (in einigen Bundesstaaten wie zum Beispiel Sabah ist die Ölpalme allgegenwärtig), ließ die Regierung erst Anfang 2006 verlautbaren, sie wolle den Palmölanbau weiter fördern, um den Markt für Biokraftstoffe zu beliefern. Tatsächlich ist Palmöl der billigste Biokraftstoff auf dem Markt. In ökologischer Hinsicht leider auch der schädlichste. Trotzdem werden neue Raffinerien gebaut und weiter Landflächen für den Palmölanbau bereitgestellt: 6 Millionen Hektar zusätzlich sollen es bald sein. Die Nachfrage stammt vor allem aus den Ländern der Europäischen Union und hängt mit dem starken Anstieg des Erdölpreises in den Jahren 2005 und 2006 zusammen. Malaysia will seine Sumpfwälder trockenlegen und umwandeln. Dies macht den torfhaltigen Untergrund anfällig für Brände, die dann eine Unmenge von Kohlendioxid freisetzen, das vorher im Humus und im Untergrund gebunden war. Mittlerweile errichtet Malaysia auch außerhalb des eigenen Landes Plantagen und Raffinerien, zum Beispiel in Nigeria und Guyana.

Biokraftstoffe sind für den Verbraucher vor allem unter Umweltschutzgesichtspunkten interessant. Nicht selten allerdings erweist sich ihre Produktion als umweltschädlicher als die Erdölförderung mit ihrer Verschmutzung und der Klimaerwärmung in ihrem Gefolge. Doch bislang hat noch keine europäische Regierung auf diese neuen Erkenntnisse reagiert, selbst wenn man sich in Großbritannien über das Palmölproblem »besorgt«

zeigt. Ein Importverbot wurde zwar diskutiert, doch die Idee verschwand schnell wieder in der Versenkung. Palmöl wird als Lösung für die durch Autoabgase verursachte Luftverschmutzung präsentiert. Der Verbraucher soll das Gefühl haben, etwas für die Umwelt und den Planeten im Allgemeinen zu tun. Und das ist doch allemal die Abholzung der Regenwälder Südostasiens wert! Der Fahrzeugbesitzer, der seinen Tank mit Palmöl füllt, weiß ja nicht, woher sein Biokraftstoff stammt und welche ökologischen Nebenkosten er verursacht. Und so kann er guten Gewissens über die Landstraße rollen. In Frankreich war das Problem keiner Erwähnung wert, in Deutschland will das Umweltministerium Kraftstoffe aus Palmöl nicht mehr fördern[25].

Nichtsdestotrotz wird der Palmölanbau weiter vorangetrieben, was zu neuen Bedrohungen für die Umwelt führt. M. Chandran, Vorsitzender der Malaiischen Palmölgesellschaft, erklärte 2001, der nächste Schritt sei nun, genveränderte Palmen zu züchten, um die Qualität des Öls zu verbessern und die Ausbeute zu steigern. Und kleinwüchsig sollen sie sein, damit sich die Früchte leichter ernten lassen. Es wurden bereits diesbezügliche Studien in Auftrag gegeben. Forscher und Industrielle wurden befragt, wie ein Produkt aussehen müsste, das den Anforderungen der Industrie rundum entgegenkäme. Niemand kann heute sagen, welche Auswirkungen solch ein Gewächs auf die Umwelt und unsere Gesundheit hätte. Von der höheren Wirtschaftlichkeit, die den Funktionären als wichtigstes Kriterium gilt, hat der Verbraucher allerdings nichts: Die automatisierte Ernte kommt nur den Produzenten zugute.

25 Siehe: »Der Baum des Anstoßes«, in: *Süddeutsche Zeitung* vom 04. 04. 2007. A. d. Ü.

Die »Hamburger-Connection«

»Rindfleisch, Soja, Mahagoni – die tödliche Gleichung« Amazoniens, wie erst kürzlich eine Zeitschrift[26] titelte. Was die Ölpalme für die Regenwälder Südostasiens ist, das sind – neben der Ausbeutung kostbarer Tropenhölzer – Rindfleisch und Soja für Amazonien. Allein in Brasilien kommen 164 Millionen Stück Vieh auf 20 Millionen Einwohner, also mehr als 8 Tiere pro Person! In nur wenigen Jahren hat sich das Land zum Hauptexporteur für Rindfleisch entwickelt. Als Europa von der Angst vor dem Rinderwahn ergriffen wurde, profitierte in erster Linie Brasilien, das neben Rindfleisch auch Sojafutter für die Tiere anbieten konnte, mussten die europäischen Lieferanten ihr Tiermehl doch vernichten. Das Phänomen der Massentierhaltung ist nicht neu, doch noch nie zuvor hat es solche Dimensionen erreicht. In den Achtzigerjahren beschrieb der Wirtschaftswissenschaftler Norman Myers zum ersten Mal die so genannte »Hamburger-Connection«, doch damals trat das flache Hacksteak zwischen zwei runden Milchbrötchen gerade erst seinen Siegeszug um die Erde an, und so stieß seine Kritik allenthalben auf taube Ohren. In Deutschland fand Myers mehr Gehör. Man rief immer wieder zum Boykott amerikanischer Fastfood-Ketten wie McDonalds auf. Doch nichts half. Immer noch gilt, was David Kaimovitz, Leiter des Centre international de recherche sur les forêts (CIFOR) erst kürzlich kritisierte: »Die Rinderzüchter machen aus dem Regenwald Hackfleisch.«[27] Denn der Hamburger-Effekt hat sich seit den Achtzigerjahren potenziert. Mittlerweile ist es

26 *Forêts magazine* Nr. 17, Januar/Februar 2005.
27 Réseau d'Information et de Solidarité avec l'Amérique Latine (RISAL) et ADITAL, auf: http://risal.collectifs.net, 15. April 2004.

Brasilien, das seine Wälder zu Weideland macht, um am Profit teilhaben zu können. Der brasilianische Markt ist in den letzten Jahren regelrecht explodiert. Im Jahr 2005 setzte das Land mit Fleisch 1500 Millionen Dollar um, dreimal mehr als noch vor zehn Jahren. Dieser immense Anstieg erklärt sich aus der Abwertung des brasilianischen Real, die dazu führte, dass die in Dollar bezahlten Exporte den brasilianischen Rinderzüchtern plötzlich viel mehr einbrachten. BSE und Vogelgrippe steigerten die Nachfrage nach brasilianischem Fleisch, da die Tiere dort größtenteils mit Soja gefüttert werden. Die Verbesserung der Infrastruktur und die zunehmenden Investitionen aus dem Ausland trugen das ihre zum Rinderboom in Brasilien bei.

Wenn auch der Großteil der Rinder auf den Fazendas herangezogen wird – den Rinderfarmen, die so groß sind wie ganze Bundesländer –, so tragen doch auch die Kleinfarmer zur steten Vernichtung des Regenwaldes bei. Eine kleine Rinderherde ist wie ein Bankkonto auf Beinen: Wenn der Besitzer Geld braucht, verkauft er ein Tier. Doch um sie zu ernähren, braucht er Weideland. Er rodet also ein kleines Stück Land. Dies allein hätte keine schwerwiegenden Auswirkungen auf die Umwelt – würde sich dieser Prozess nicht tausendfach im ganzen Land wiederholen. Der Boden, gleichsam die »Haut« der Erde, ist ein komplexes Gebilde aus organischer Materie und Steinen. Die Bodenstruktur ist sehr empfindlich und, einmal zerstört, kaum wieder zu regenerieren. (Je nach geografischer Lage braucht die Natur zwischen 50 und 2000 Jahren, um eine Humusschicht von einem Zentimeter Dicke zu bilden.) Sobald der Wald abgeholzt ist, gehen die Regenfälle auf den ungeschützten Boden nieder und schwemmen Humus und Mineralsalze weg. Zurück bleibt die nackte Erde, auf der höchstens noch Gräser wachsen können. Wenn die ausgelaugte Erde nicht mehr genug Gras für die Tiere hervorbringt, zieht der Viehhalter weiter. Er sucht sich das nächste Stück Wald und rodet. Die wertvolleren Bäume verkauft er an einen *grileiro*, einen Holzarbeiter ohne Lizenz. Mittlerweile hat das Land durch die kleinräumige Tierhaltung 20 Prozent seines Regenwaldes eingebüßt.

Seit einigen Jahren aber verschiebt sich die Umweltproblematik in Amazonien durch den zunehmenden Sojaanbau in eine andere Richtung. Brasilien ist mittlerweile Weltmarktzweiter, was den Export von Soja betrifft, und schickt sich an, den Ersten, die USA, zu entthronen. Dementsprechend größer wurden die Anbauflächen, die sich seit dem Jahr 2000 verdoppelt haben. Mittlerweile vereinnahmt die Sojakultur in Brasilien ein Areal von 21 Millionen Hektar. Wurde Soja zunächst nur im Süden kultiviert, dehnen sich jetzt die Anbauflächen über die Cerrado genannten Baumsavannen mitten ins Herz Amazoniens aus. Die ölhaltige Bohne bedroht den Fortbestand der Cerrados, wobei die am stärksten betroffenen Staaten im Süden und im Westen liegen: Mato Grosso, Pará und Rondônia.

Hinter dem Sojaboom steht letztlich ebenfalls die Rinderwirtschaft: Schließlich hat das Land 164 Millionen Tiere zu versorgen, die alle fressen wollen. Das ist kein Pappenstiel! Dazu kommt noch die Nachfrage von Seiten der Europäer und der Vereinigten Staaten. (2003 machte der Sojaexport 6 Prozent des brasilianischen Bruttoinlandsproduktes aus.) Dies sind die Ingredienzen, aus denen der Giftbecher für die Umwelt Brasiliens gemixt wird.

Blairo Maggi führt den Beinamen »der Sojakönig«. Der Vorstandsvorsitzende der Amaggi-Gruppe ist seit 2002 Gouverneur des Staates Mato Grosso. So kann er mit leichter Hand auf die Gesetzgebung Einfluss nehmen, um den Sojaanbau und seine persönlichen Interessen weiter zu fördern. Da nimmt es nicht wunder, dass 48 Prozent der zwischen 2003 und 2004 verschwundenen brasilianischen Wälder allein im Bundesstaat Mato Grosso zerstört wurden. Der wiederum 26 Prozent aller brasilianischen Sojabohnen produziert ...

Die Umwandlung von Ländereien in Sojaplantagen und Weideland geht in einem allgemeinen Klima der Gewalt und Korruption vonstatten. Immer wieder werden Gegner der Großgrundbesitzer ermordet. 2005 zum Beispiel Schwester Dorothy Stang, die sich leidenschaftlich für die Rechte der landlosen Bauern einsetzte. Aber auch Bauern, die sich weigern, ihr Land an die Rinder- und Sojabarone zu verkaufen, bezahlen ihren Widerstand mit dem Leben. Zudem gibt es in Brasilien schon seit Jahren keine verlässlichen Grundbuchaufzeichnungen mehr. In der Folge entstand eine juristische Grauzone, die sich für die wirtschaftliche Intensivnutzung des Waldes als wahrer Glücksfall erwiesen hat. Von der Situation profitieren speziell die *grileiros*, die sich einzelne Parzellen aneignen und sich hinterher falsche Besitztitel ausstellen lassen. Wer entsprechend gute Beziehungen hat, kann jederzeit große Ländereien in Amazonien durch einen Eintrag ins Grundbuch zu seinem Eigentum erklären lassen!

Die International Finance Corporation (IFC), ein Ableger der Weltbank, trägt trotz ihres Auftrages zum Schutz der Wälder aktiv zur weiteren Ausdehnung des Sojaanbaus und der Rinderzucht bei. Trotz der bekannten und erwiesenermaßen negativen Folgen, die beide Wirtschaftszweige für den Regenwald haben, vergab sie in den vergangenen zwei Jahren zweimal einen Kredit an das größte Sojaunternehmen Brasiliens, nämlich an ... Amaggi. Darüber hinaus bewilligte sie ein Darlehen von 300 Millionen Dollar für die Firma Bertin, den größten Rindfleischexporteur des Landes. Amaggi erhielt sowohl 2002 als auch 2004 jeweils 30 Millionen Dollar, um neue Lagermöglichkeiten für seine Sojaprodukte zu schaffen. Robert Goodland, ein ehemaliger hochrangiger Mitarbeiter der Weltbank, gab Ende 2004 zu, dass »das Bertin-Projekt eindeutig gegen die Umweltschutzbestimmungen der Weltbank«[28] verstieß. Weshalb wurde das Darlehen dann genehmigt?

Interessanterweise sah das Waldwirtschaftsprogramm der IFC für 1998 keine einzige Maßnahme vor zum Schutz des Waldes und der von ihm lebenden Menschen, die nicht an eine wirtschaftliche Nutzung des Waldes gekoppelt war. Man kritisiert also einerseits die illegale Abholzung der Wälder, geht aber elegant darüber hinweg, dass man diese kräftig durch die Forderung nach vermehrtem Sojaanbau und Rinderzucht fördert. Diese laxe Haltung in Umweltfragen sowie die stete Ausweitung der landwirtschaftlichen Flächen haben den Regenwald Amazoniens schon um 18 Prozent seiner ursprünglichen Fläche schrumpfen lassen. Erst kürzlich veröffentlichte das Umweltministerium eine alarmierende Zahl: Zwischen 2003 und 2004, in einem einzigen Jahr also, ging eine Fläche von 26 140 Quadratkilometern verloren, was in etwa der Größe von Belgien entspricht. Selbst wenn Gouverneur Luiz Inácio Lula da Silva im März 2004 einen Aktionsplan zum Schutz der Wälder verabschiedet hat, so liegt doch offen auf der Hand, dass die ihm zur Verfügung stehenden Mittel kaum ausreichen werden, weil die internationale Unterstützung doch recht spärlich bleibt.

28 In: *World Rainforest Movement Bulletin* vom April 2005.

Brasilien will um jeden Preis zur Kornkammer der Welt werden und opfert dafür seine natürliche Rolle als grüne Lunge des Planeten. Im September 2005 brachte die *New York Times* ein Editorial, in dem es zu Recht hieß: »In Amazonien sind Recht und Gesetz zum Fremdwort geworden. Die Polizei ist nicht in der Lage, geltende gesetzliche Bestimmungen durchzusetzen. Vor dem Primat des Wirtschaftswachstums scheint alles andere in den Hintergrund zu treten. Und einige lokale Grundbesitzer haben wohl mehr Macht als die Regierung.«

Die Bundesstraße BR 163, die den Hafen von Santarém seit den Siebzigerjahren mit der Hauptstadt von Mato Grosso, Cuiabá, verbindet, macht das brasilianische Problem deutlich. Eine Fahrt auf der BR 163 erweist sich als echte Herausforderung, vor allem, wenn es geregnet hat. Der Situation ließe sich ohne Weiteres abhelfen, sähen doch einige wichtige Leute, allen voran Blairo Maggi, die Straße gerne asphaltiert. In den von ihnen vorgelegten Gutachten heißt es, dass zu diesem Zweck in den nächsten 30 Jahren zusätzlich zwischen 22 000 und 49 000 Hektar Regenwald entlang der Trasse abgeholzt werden müssten. Dabei zeigen Satellitenaufnahmen, dass die BR 163 bereits zu beiden Seiten von einem mehr oder weniger breiten Band gerodeten Landes gesäumt wird. Bereits 2008 könnte die Straße ausgebaut und für jedermann benutzbar sein. Was natürlich auch den großen Sojaunternehmen zugute käme, dem amerikanischen Konzern Cargill zum Beispiel, der in Santarém bereits 20 Millionen Dollar in ein Silo zur Lagerung der Sojabohnen investiert hat und nur darauf wartet, dass ein konstanter und entsprechend großer Sojastrom in die Fabriken in den Vereinigten Staaten und in Europa gelenkt werden kann. Einige dieser Sojagiganten besitzen übrigens Niederlassungen in Frankreich – in

Brest, Saint-Nazaire und anderen Knotenpunkten des internationalen Handels. Andere verarbeiten die Sojabohnen gleich zu Sojakuchen, die dann den Markt für Tiernahrung überschwemmen. Dritte wiederum stellen Tiernahrung aus Palmöl und Soja her. O ja, Cargill beispielsweise ist auch im Palmölmarkt aktiv. Die Konzernfiliale P. T. Hindoli besitzt in Indonesien Plantagen von etwa 30 000 Hektar Fläche! In der Imagebroschüre von Cargill liest man unter dem Punkt »Unternehmensethik« (der Begriff »Ethik« wird hier tatsächlich verwendet!) denn auch: »Die Aktivitäten unseres Unternehmens erfolgen streng im Rahmen der herrschenden Gesetzgebung. Das Unternehmen setzt sich für den Erhalt der Umwelt ein.« Und weiter: »Wir bemühen uns [...] den Verbrauch natürlicher Rohstoffe zu begrenzen.«

In Paraguay, mittlerweile als Sojaproduzent auf Platz vier der Weltrangliste, als Sojaexporteur auf Platz drei, wurden Hunderttausende von Bauern von ihrem Land verjagt. Die Sojakultur verschlingt in einem atemberaubenden Tempo Wälder und landwirtschaftlich genutzte Flächen. Lag 1995 die Sojaanbaufläche noch bei 800 000 Hektar, sind es weniger als zehn Jahre später bereits nahezu 2 Millionen. Die letzten Inseln intakten Regenwaldes verschwinden, doch am verheerendsten wirkt sich der massive Einsatz von Unkraut- und Insektenvernichtungsmitteln aus. Darüber hinaus haben wir es nach der ersten Sojaanbauwelle in den Siebzigerjahren längst nicht mehr mit natürlich entstandenen Sojapflanzen zu tun. Seit 1999 die zweite Welle der »grünen Revolution« eingesetzt hat, wird genverändertes Soja gesät. Und wie immer, wenn es um gentechnisch veränderte Pflanzen geht, taucht unweigerlich ein Name auf: Monsanto. Ein Beispiel: Im Dezember 2003 zeigten 300 Familien im Regierungsbezirk Itapua schwere Vergiftungserscheinungen durch zwei Unkrautvernichtungsmittel, Glysophat und Paraquat. Beide werden von Monsanto produziert und wurden von diesem Unternehmen in der betroffenen Region als Spritzmittel eingesetzt. Die Unkrautvernichtungsmittel sind dafür verantwortlich, dass die Subsistenzkultur der Bauern zerstört wurde. Geflügel und Vieh starben. Die Bauern mussten die Region und damit ihr Land verlassen. Dieses wurde sofort von den »Sojakönigen« übernommen. Noch schlimmer allerdings war, dass der Einsatz dieser Spritzmittel eine massive Verunreinigung des Wassers nach sich zog. Die Kinder wurden krank, einige starben. Die aufgebrachten Bauern zogen vor Gericht. Es kam sogar zu spontanen Protestkundgebungen. Doch statt Hilfe erhielten die Bauern nur Drohungen. Seit 1989 sind 90 dieser Bauern, die versuchten, ihre Rechte einzuklagen, zu Tode gekommen. 1500 von ihnen sitzen im Gefängnis. Die Großgrundbesitzer, von denen jeder eine Privatarmee besitzt, zeigen sich ob der Proteste nicht im Geringsten beunruhigt. Sogar die Beamten der IBAMA, der für die Erhaltung Amazoniens zuständigen Abteilung des Umweltschutzministeriums, gehen mitunter im Wald »einfach verloren«, wenn sie vor Ort Kontrollgänge machen. Alain Pave, Leiter eines CNRS-Forschungsprogramms[29] in Amazonien, meinte anlässlich eines Interviews mit Radio France im Juli 2005, Amazonien sei mittlerweile »wie früher der Wilde Westen. Es gibt dort Gegenden, in denen Recht und Gesetz außer Kraft sind.« Und Bertrand Camacho, Attaché für landwirtschaftliche Fragen an der französischen Botschaft in Brasilia, unterstrich, dass jeder, der sich dem Sojaanbau in

29 Das französische CNRS, Centre national de la recherche scientifique, ist mit der deutschen Max-Planck-Gesellschaft zu vergleichen und betreibt Grundlagenforschung.

den Weg stellt, im glimpflichsten Falle eingeschüchtert, im schlimmsten aber getötet wird.

Monsanto aber baut währenddessen ungerührt sein Reich weiter aus. In Paraguay gehören dem Unternehmen 85 Prozent des angebauten Sojas. Und jeder, der dort Sojabohnen anbaut, hat an Monsanto 20 Dollar pro geernteter Tonne abzuführen – Entgelt für das geistige Eigentum am Saatgut. Dazu kommen noch 4 Prozent Steuern. Die Nutzungsgebühren erdrücken die Bauern, sodass sie ihre Steuern nicht mehr bezahlen können. Bei diesem Geschäft gilt das Recht des Stärkeren, und der amerikanische Riese gewinnt immer.

In der Zwischenzeit geht der grünen Lunge die Luft aus und damit dem ganzen Planeten.

Krabben, Mangroven und die blaue Revolution

Krabbenspieß in Sesamschale an Mangosauce, Crevetten-Sashimi, grünes Krabbencurry mit drei Sorten Pfeffer ... die Restaurants in Europa, Amerika und Japan liefern sich wahre Beschaffungsschlachten um das kleine Krustentier, doch damit die Feinschmecker weltweit mit dem zarten, rosigen Fleisch versorgt werden können, wird ökologisch ein hoher Preis bezahlt. Ein Opfer des kulinarischen Siegeszuges der Tierchen mit der zarten Schale sind die Mangrovenwälder, eine einzigartige Waldform, die nur im Tropengürtel vorkommt. In den letzten Jahren schrumpfte die ursprüngliche Fläche der Mangrovenwälder Asiens, Lateinamerikas und Afrikas um mehr als die Hälfte zusammen. Eine Zahl, die aufschreckt, noch alarmierender allerdings sind die Vorgänge, die sich dahinter verstecken.

Auf Borneo befahre ich mit dem Boot das Delta des Mahakam-Flusses, eines gigantischen Wasserlaufs, dessen Mäander sich langsam dem Pazifik zuschlängeln. Es herrscht Flut. Nur das Laubdach des Mangrovenwaldes ragt aus dem Wasser hervor, Myriaden glänzender, gepanzerter Blätter, auf denen Spuren von Salz glitzern. Ein Paradies auf Zeit.

Denn schon nach wenigen Metern holt mich die Wirklichkeit ein. Was ich hier vor Augen habe, sind die sterblichen Überreste eines Mangrovenwaldes: eine endlose Fläche von Baumskeletten, die vom Salz aufgefressen wurden. Leben ist hier Mangelware. Die toten Bäume senken ihre kahlen Zweige über mehrere Reihen baufälliger Wasserbecken. Die ehemalige Krabbenfarm wurde aufgegeben, weil sich eine rätselhafte Viruskrankheit wie eine Seuche ausbreitete und die Tiere dezimierte. Und damit war das Schicksal der viereckigen Becken, die vorher Mangrovenwald waren, besiegelt. Eine ökologische Katastrophe. Die Krabbenfarmen sind für ein Drittel der Mangrovenwaldverluste verantwortlich. Den Rest haben Wasserverschmutzung, Salzförderung und der überhand nehmende Tourismus besorgt. Meist haben die Krabbenfarmer von Aquakultur keine Ahnung und sind mit jeder Krankheit, die ihre Kulturen befällt, hoffnungslos überfordert. Wenn solche Probleme auftreten, überlassen sie die Farm ihrem Schicksal und ziehen weiter, um anderswo eine neue Farm zu gründen. Das Ökosystem am alten Standort ist natürlich kaputt.

Am Anfang dieses Krabbenbooms stand der Gedanke, die Hungernden der Welt mit Eiweiß aus dem Meer zu versorgen – die so genannte »blaue Revolution« zu Beginn der Achtzigerjahre. Doch dieser humanitäre Ansatz machte bald der Kultur des schnellen Profits Platz. Heute stammen ein Drittel der weltweit konsumierten Krabben aus Zuchtbetrieben. Nach Thailand und China ist es vor allem Indonesien, welches mit 138 000 Tonnen jährlich den Weltmarkt versorgt. Zwei Jahrzehnte sind seitdem ins Land gegangen, und die von den Krabbenkulturen verschlungenen Mangrovenwälder sind heute das am stärksten bedrohte Ökosystem der Erde. Doch dieser Wald mit seiner erstaunlichen Artenvielfalt verdient unsere Aufmerksamkeit und unseren Respekt, ist er doch in vielerlei Hinsicht einzigartig. Sein Standort sind die Küsten, die Flussdeltas und die Korallenriffe. Ein amphibischer Wald also an der Grenze zwischen Land und Meer, der sich in einer besonders schwierigen Umgebung behauptet.

Die dort wachsenden Mangrovenbäume, von denen es mehrere Dutzend Arten gibt, haben sich dem hohen Salzgehalt und der Flut angepasst. Die im Schlamm verankerten stelzenartigen Wurzeln tragen die Bäume. Ein ganzes Arsenal von Luftwurzeln ragt wie ein Wald von Stalagmiten aus dem Schlick hervor, um Sauerstoff aufzunehmen. Sie sind es, die dem Mangrovenwald bei Ebbe sein gespenstisches Aussehen verleihen. Das aufgenommene Salz wird von Blattdrüsen wieder ausgeschieden und überzieht die Blätter mit einem Kristallhäutchen. Dieser Wurzelwald ist das Schatzkästlein der Mangroven, da er einer unglaublich vielfältigen Tierwelt Schutz vor den Gezeiten und damit eine Heimstatt bietet.

Aber allein im Jahr 2002 wurden in Indonesien 33,8 Millionen Hektar Feuchtgebiete, vor allem Mangrovenwald, vernichtet. Darüber hinaus ließ die Regierung erst kürzlich verlautbaren, dass weitere 806 000 Hektar, also ein Viertel des gesamten indonesischen Mangrovenwaldes, für die Umwandlung in Krabbenfarmen zur Verfügung gestellt werden. Dies widerspricht der Konvention von Ramsar[30], in der die Bedeutung des Ökosystems »Feuchtgebiet« sowohl unter dem Blickwinkel Umweltschutz als auch in sozialer Hinsicht deutlich gemacht wurde. Eine Einschätzung, der sich die Ökonomen dieser Erde nicht so recht anschließen mögen. Sie sehen im Mangrovenwald eine weitgehend nutzlose Fläche, die es einer sinnvollen Verwendung zuzuführen gilt. Auf einem Hektar Mangrovenwald lassen sich zwischen 1,1 und 11,8 Tonnen Fisch und Krustentiere pro Jahr produzieren, was die bereits rekordverdächtige Produktion auf den Korallenriffen noch um einiges übertrifft. Etwa eine Milliarde Menschen weltweit sind ernährungstechnisch von den Mangrovenwäldern und den dort durch Fischfang gewonnenen Proteinen abhängig. Von den anderen Vorzügen dieses amphibischen Waldes gar nicht erst zu sprechen: So liefert er den Anwohnern Brennholz und versorgt die Kleinviehbestände mit ausreichend Nahrung. Die flussaufwärts nicht mehr wachsenden Nipapalmen geben Früchte, aus denen man Arzneimittel, Zucker und Alkohol gewinnt. Darüber hinaus bietet der Mangrovenwald den subtropischen, tropischen und äquatorialen Küsten, die regelmäßig heftigen Orkanen ausgesetzt sind, Schutz vor Erosion. So stellten Wissenschaftler fest, dass der schreckliche Tsunami im Dezember 2004 an den noch von natürlichen Mangrovenwäldern geschützten Küsten nicht so hart zuschlagen konnte wie im Rest Südostasiens. Der Mangrovenwald bot der mörderischen Welle die Stirn und erwies sich als rettende natürliche Barriere.

Sowohl in Asien als auch in Afrika und Lateinamerika werden die letzten Mangrovenwälder Stück für Stück vom Menschen

30 Abkommen zum Schutz der Feuchtgebiete, das 1971 in Ramsar im Iran unterzeichnet wurde.

vernichtet, sei es, um noch eine Krabbenfarm zu errichten, sei es, um neue Swimmingpools für die Touristen zu bauen.

Früher züchteten die indonesischen Bauern *Penaeus monodon*, die Tigerkrabbe, zusammen mit einigen Fischarten in ihren Reisfeldern. Traditionell verkauften sie die schnell wachsende Garnelenform auf den lokalen Märkten. Die erste »industrialisierte« Krabbenfarm wurde 1971 im Süden von Sulawesi gegründet. Ihr Erfolg erschloss neue Absatzmärkte, was wiederum zur Gründung einiger Hundert Krabbenfarmen in den Achtzigerjahren führte, die mit Hilfe der Welternährungsorganisation und der UNEP, der Umweltschutzorganisation der Vereinten Nationen, errichtet wurden. Bald aber beschleunigte sich der Rhythmus der Neugründungen. Mit Unterstützung der Weltbank und der Asiatischen Entwicklungsbank boomte die Krabbenkultur, und der Mangrovenwald wurde abgeholzt.

Überdies geht die Gründung der Krabbenfarmen mit enormen sozialen Problemen einher. Korruption, Einschüchterungsversuche, Gewalttaten, ja Morde begleiten die Ausdehnung dieser hochprofitablen Aquakultur. Den Bewohnern vor Ort, die vom Mangrovenwald leben, bleibt nur der Protest, wenn die Bulldozer anrollen. Einflussmöglichkeiten haben sie keine. Sicher finden einige von ihnen Arbeit auf der Krabbenfarm, die anderen aber müssen weiterziehen – in andere Dörfer. In Indonesien sind es nur drei Unternehmen, welche 80 Prozent der Exportkrabben produzieren. Sie vergeben die Rechte zum Betreiben einer Krabbenfarm in einem Franchisesystem, das eine moderne Form der Sklaverei darstellt. Der Krabbenfarmer muss seine besten Produkte abliefern, der Preis jedoch wird vom Unternehmen festgelegt. Außerdem muss er ein bestimmtes Produktionsquantum unter allen Umständen einhalten.

Kommt es zu einer der verbreiteten Krankheiten, hat der Krabbenfarmer den vom Unternehmen geschätzten entgangenen Gewinn aus eigener Tasche zu bezahlen. Und alle, die bislang versuchten, sich gegen dieses System aufzulehnen, landeten im Gefängnis.

Bis heute wurde noch keine Möglichkeit gefunden, Krabben zu produzieren, ohne die Mangrovenwälder zu schädigen. Überdies lässt sich die Krabbenkultur nicht so einfach ersetzen. Der einzige Weg wäre also ein Konsumverzicht ... Das Schicksal des Mangrovenwaldes liegt gleichsam auf unserem Teller. Hoffen wir, dass es noch nicht zu spät ist.

Die schmutzige Spur schneeweißen Papiers

Während ich diese Zeilen schreibe, stapeln sich in meinem Arbeitszimmer ganze Berge von Papier: Zeitungsartikel, Zeitschriften, Bücher ... Anfangs hielt der Mensch seine Worte auf Tontäfelchen fest, dann auf Papyrus oder Pergament, bis schließlich ein chinesischer Ackerbauminister 105 n. Chr. das Papier erfand – möglicherweise durch Beobachtung einiger Wespenarten, die mit Hilfe von Zellulose, die sie aus Holz gewinnen, ihre Nester bauen.

Presse und Verlagswesen sind auch heute noch die wesentlichen Sprachrohre für neue Ideen. Gleichzeitig aber verbrauchen sie auch den Großteil des weltweit produzierten Papiers. Mit dem Aufkommen der Supermärkte in den Fünfzigerjahren allerdings haben sie in dieser Hinsicht ihre Führungsrolle aufgegeben: Der größte Teil des produzierten Papiers endet als Verpackungsmaterial. Der Bedarf an Papierbrei nahm zwischen

1961 und 2002 um sage und schreibe 423 Prozent zu. Während ein Bewohner der Südhalbkugel etwa 40 Kilo Papier pro Jahr verbraucht, gibt sich ein Amerikaner mit nicht weniger als 330 Kilo zufrieden, ein Finne sogar erst mit 430. Die Franzosen sind mit 190 Kilo pro Kopf und Jahr noch vergleichsweise gesittet, doch auch das ist zu viel, wie ein Blick in unsere Mülleimer zeigt, denen wir aus dem Schlaraffenland der überflüssigen Verpackung, dem Supermarkt, ständig neue Nahrung mitbringen.

Der Großteil des Papiers, das heute produziert wird, deckt also keinen echten Bedarf und ist daher nicht wirklich nötig. Es geht vielmehr darum, die Profite der Papierindustrie zu sichern. Die Papierfabriken sind gigantisch und die Maschinen extrem kostspielig: Daher müssen große Mengen produziert werden, damit sich das Ganze lohnt. Es gilt also, ständig neue Verwendungsmöglichkeiten zu finden.

Aus ebendiesem Grund befinden sich die Papierfabriken meist in den Ländern der südlichen Hemisphäre, wo die Arbeitskräfte billig sind und die Behörden auch mal ein Auge zudrücken, wenn es um Umweltschutz und Konzessionen zur Waldnutzung geht. Deshalb sind Brasilien, Chile und Indonesien heute in der Herstellung von Papierbrei führend, obwohl man dort bis vor wenigen Jahren noch keinerlei Erfahrung auf diesem Sektor hatte.

Wenn eine Papierfabrik gebaut wird, holzt man zur Rohstoffgewinnung den umgebenden Wald ab. Anfangs überlässt man diese Zone sich selbst. Erst wenn es in unmittelbarer Nähe kein Holz mehr gibt, wird wieder aufgeforstet: meist mit schnell wachsenden Bäumen wie Eukalyptus oder bestimmten Akazienarten. Auf diese Weise gewinnt man große Mengen eines relativ gleichartigen Ausgangsmaterials. Heute kommt nur etwa ein

Viertel des gesamten Rohmaterials zur Papierherstellung aus Plantagen, doch da die »natürlichen« Wälder sich allmählich auflösen wie der Morgennebel in der Sonne, wird ihre Bedeutung wohl bald zunehmen.

Meist werden Papierfabriken an Flussufern gebaut, da die Papierherstellung viel Wasser erfordert. Es gibt zwei Arten von Papierbrei, die auf unterschiedliche Art gewonnen werden. Da ist zunächst die mechanische Methode: Dabei werden 95 Prozent des Holzes zu einem Brei vermahlen, in dem die Lignine erhalten bleiben, weshalb der Papierbrei eine gelbliche Färbung aufweist. Diese Art der Herstellung belastet die Umwelt nur wenig, weil letztlich nur Holz mit Wasser zu Brei zerkleinert wird. Doch heute wird der Großteil des Papierbreis chemisch hergestellt. Man bearbeitet die Holzfasern mit allen möglichen, mehr oder weniger schädlichen Chemikalien, beispielsweise Chlor, um die Lignine auszuwaschen. Dieser Papierbrei ist weiß. Auch zur Weiterverarbeitung werden Unmengen von Wasser benötigt. Es gibt zwar durchaus chlorfreie Papiere, doch diese machen nur etwa fünf Prozent der chemisch hergestellten Papiere aus. Am Ende des chemo-thermischen Fabrikationsprozesses jedenfalls wird das verbrauchte Wasser meist ungereinigt wieder in den Fluss geleitet. Das Chlor setzt Dioxine frei, die ausgesprochen schädlich für Umwelt und Gesundheit sind.

Außerdem können Papierfabriken nicht ohne Infrastruktur, also Straßen, Häfen und so weiter existieren. Für ihren Aufbau wird nicht selten die lokale Bevölkerung vertrieben, damit die Papierfabrikanten sich ungestört ihrer Wälder bemächtigen können.

Heutzutage wird von fünf gefällten Bäumen einer für die Herstellung von Papier verwendet. Man braucht etwa zwei bis dreieinhalb Tonnen Holz, um eine Tonne Papier herzustellen. Die Papierherstellung nimmt in der Liste der energieaufwändigsten Produktionssektoren den fünften Rang ein. Wäre es da nicht besser, endlich auf überflüssige Verpackungen zu verzichten?

Der größte Papierbreihersteller der Welt, Aracruz, hat seinen Sitz in Brasilien. Seine drei Fabriken, umgeben von 170 000 Hektar Eukalyptusplantagen, in den Bundesstaaten Bahia und Espirito Santo werfen Jahr für Jahr mehr als 2 Millionen Tonnen Papierbrei aus. 2002 fusionierte Aracruz mit dem schwedisch-finnischen Konzern Stora Enso. Der neue Papiergigant mit dem Namen Veracel plante, in Bahia die größte Papierbreifabrik der Welt mit einem jährlichen Ausstoß von etwa 900 000 Tonnen Papierbrei zu errichten, welche die Papierfabriken des Unternehmens in China und Thailand mit Rohmaterial beliefern sollte.

Die Methoden von Aracruz sind allerdings mehr als zweifelhaft. Die anfänglichen Fabriken und Plantagen wurden auf dem Land der Guarani und Tupinikim errichtet, die man mit brutaler Gewalt aus ihrem Stammland vertrieb. Die Arbeitsbedingungen in den Fabriken sind ein einziger Skandal. Man müsste also auf die Kosten der neuen Papierfabrik von Veracel, die mit 930 Millionen Euro beziffert werden, die Kosten für die Schäden an Mensch und Umwelt aufschlagen ... Zu allem Überfluss soll die neue Riesenfabrik auch noch mitten im Herzen von Mata Atlantica errichtet werden, diesem für Brasilien einzigartigen Urwald im Osten des Landes, der ohnehin schon schwer in Mitleidenschaft gezogen wurde. Und so verkündet der Sprecher von Veracel unermüdlich (auch per Internet), dass

78 000 Hektar des dortigen Geländes Schutzgebiet für Mata Atlantica werden sollen. 6000 Hektar wolle man gar der biologischen Forschungsstation in Veracruz überlassen und sie zum UNESCO-Welterbe erklären. Was das Sprachrohr des Unternehmens dabei gerne unter den Tisch fallen lässt, ist die Tatsache, dass die 6000 Hektar durch den unermüdlichen Einsatz verschiedener Organisationen zum Schutze des Waldes gerettet wurden. Außerdem holzte Veracel gnadenlos bis vor die Tore der Forschungsstation ab, um dort seine Eukalyptusmonokulturen zu errichten. Im August 2005 wurde dann zum ersten Mal Papierbrei an die finnischen Fabriken von Veracel geliefert. Dieser stammte aus Eukalyptusplantagen, welche das Umweltsiegel ISO 14001[31] und das brasilianische Siegel CERFLOR[32] erhalten hatten. Anfang Oktober 2005 war die Produktionsanlage vollständig in Betrieb genommen. Es soll zwar noch eine Untersuchung der sozio-ökonomischen Auswirkungen der Fabrik auf die lokale Bevölkerung stattfinden, doch deren Aussagekraft darf angesichts der bisher bei Aracruz üblichen Praktiken bezweifelt werden.

Doch aus der Unternehmenspolitik der Papierhersteller erwächst dem Wald eine weitere, bislang meist nicht erkannte Gefahr: der Einsatz genveränderter Organismen. Die Genforscher streben danach, Bäume zu züchten, die weniger Lignine enthalten, um den Prozess des Bleichens und des Refinings abzukürzen. Daran arbeiten mittlerweile diverse Wissenschaft-

31 Die Umweltmanagementnorm ISO 14001 bestätigt die kontinuierliche Verbesserung des Umweltschutzes im Unternehmen, ohne jedoch verbindliche Standards festzulegen. Für das Siegel muss folgendes Kriterium erfüllt sein: Das Unternehmen muss seine Auswirkung auf die Umwelt überprüft haben, um umweltpolitische Maßnahmen planen und durchführen zu können.

32 Nationales Zertifizierungssiegel für den Wald in Brasilien.

ler in Großbritannien (Oxford) und den Vereinigten Staaten (Oregon). Wie unschwer zu erraten ist, geht es nicht um den Umweltschutz, auch wenn man dabei den Einsatz chemischer Stoffe verringern könnte. Man möchte vielmehr die Menge kostspieliger Chemikalien verringern, die zur Papierherstellung gebraucht werden. Doch solche Bäume hätten den in den Tropen so häufigen Stürmen natürlich weniger entgegenzusetzen. Außerdem würde sich dadurch der Einsatz von Dünger und Pestiziden vervielfachen. Die Herren Forscher haben mittlerweile sogar eine Methode gefunden, um die genetische Verunreinigung zu vermeiden. Darunter versteht man die Übertragung von künstlich erzeugten Genen auf die Wildbestände einer Art durch natürliche Befruchtung. Man hat Bäume gezüchtet, die nicht blühen. Keine Pollen, keine genetische Verunreinigung! Ob sie auch darüber nachgedacht haben, dass es ohne Pollen keine Früchte gibt? Die Wälder aus diesen Bäumen werden leer sein, steril. Kein Insekt, kein Vogel wird sich dort blicken lassen. Die Artenvielfalt, in den »klassischen« Monokulturen ohnehin schon ein Fremdwort, wird in diesen Wäldern zur Legende aus uralten Zeiten.

Doch nicht nur die Forscher haben bewiesen, dass sie von Nahrungsketten, Ökosystemen und Biodiversität nichts verstehen. Die staatlichen Beamten, die sich um die Zulassung einzelner Pflanzen kümmern, eifern ihnen an Unverstand nach. Denn in Brasilien wurden solcherart genmanipulierte Bäume bereits zugelassen. Aracruz erhielt 1998 grünes Licht für eine Testreihe mit den Geisterbäumen. Und nicht nur Aracruz: Der amerikanische Konzern International Paper, der größte Papier- und Papierbreiproduzent der Welt, besitzt 200 000 Hektar Eukalyptusplantagen in Brasilien. Deren Holzspäne wandern in die

Fabriken in den USA. So weit, so gut. Doch International Paper ist auch Partner von ArborGen, dem größten Entwickler und Produzenten gentechnisch veränderter Bäume weltweit. Zusammen mit ArborGen plant das Unternehmen zahlreiche Testreihen in Brasilien. Etwa 50 Wissenschaftler arbeiten daran, das Unternehmen bei diesem Vorhaben zu unterstützen und seine Profite zu steigern. So erforscht man beispielsweise im Projekt Genolyptus, wie die Gene eines Baumes zusammenwirken, um Holzgewebe hervorzubringen, und wie es zur Ausbildung von Krankheiten kommt.

Waren die Plantagen früher als Mittel gedacht, die natürlichen Wälder vor dem Abholzen zu schützen, so haben sie sich nun zur echten Bedrohung für den Wald entwickelt, da die Unternehmen mittlerweile immer mehr Bäume pflanzen wollen und schon deshalb abholzen ...

20 000 Kilometer entfernt, in Indonesien, ist die Produktion von Papier von 980 000 Tonnen 1987 auf 8 Millionen Tonnen im Jahr 2000 gestiegen. Mehrere Holzbarone, wie zum Beispiel Bob Hasan, der seit dem Sturz seines Mentors Suharto wegen Korruption im Gefängnis sitzt, haben das Metier gewechselt. Dieser Boom wurde ausgelöst durch einen neuen Waldbewirtschaftungsplan, der erlaubt, Industriepflanzungen (HTI, Industrial Timber Plantation) anzulegen. Diese Plantagen sollen den Druck von den Primärwäldern nehmen, indem sie die Industrie mit dem Rohstoff Holz versorgen. Bis 2001 erhielten insgesamt 175 Unternehmen die Erlaubnis, 8 Millionen Hektar Land zur Industriepflanzung zu machen. Davon sollten 5 Millionen Hektar zu Monokulturen aus Eukalyptus- und Akazienbäumen werden. Den offiziellen Zahlen zufolge wurden jedoch nur 1,85 Millionen Hektar Pflanzungen angelegt. Der Rest des Rohmaterials

stammt ... aus den natürlichen Wäldern und wurde dort meist illegal geschlagen. Bisher ist es vor allem Sumatra, das unter dem Holzhunger der Papierindustrie leidet. So hat sich die Asia Pulp and Paper Company (APP) in Jambi niedergelassen, mitten in den Sumpfwäldern. Für dieses Unternehmen ist es besonders wichtig, Rohstoffe zu niedrigen Preisen zu erhalten, denn es hat den größten Schuldenberg unter allen Unternehmen Südostasiens angehäuft: 14 Milliarden Dollar. Um diese zurückzuzahlen, muss es fleißig seine Produktionsstätten beschicken und immer mehr Papierbrei herstellen. Umweltverschmutzung, Waldbrände, Erdrutsche, Überschwemmungen und Menschenrechtsverletzungen sind die Begleiterscheinungen der indonesischen Papierindustrie. Und trotzdem hat die Regierung die Umwandlung von weiteren 5 Millionen Hektar Land in Akazienplantagen genehmigt. Mehrere Unternehmen wie APP, aber auch United Fiber System (UFS) aus Singapur haben Niederlassungen in Kalimantan errichtet. Für den Regenwald bedeutet dies, dass wieder mehrere Hunderttausend Hektar verloren gehen. Denn nachdem man die Bäume geschlagen hat, um daraus Holzspäne zu machen, wird mit Monokulturen wieder aufgeforstet.

Auf der Suche nach einem Finanzier hat sich UFS an die Deutsche Bank gewandt. Die natürlich Ja gesagt hat. Als verschiedene Nicht-Regierungsorganisationen dagegen protestierten, musste die Bank vom Vertrag zurücktreten. Es sprang eine österreichische Bank ein, die Raiffeisenzentralbank. Die Österreicher sorgen nun mit ihrer Finanzspritze dafür, dass sich Kiani Kertas, die Papierfabrik Bob Hasans im Osten Kalimantans, wieder erholt. Die Produktion dort war nie voll ausgelastet. Das Unternehmen hat mittlerweile Schulden in Höhe von 1,1 Milliarden Dollar angesammelt. Des Weiteren hat UFS einen Vertrag mit einem chinesischen Fabrikausrüster (CMEC) unterzeichnet, der in Satui, im Süden Borneos, eine neue Produktionsanlage errichten wird, die jährlich 600 000 Tonnen Papierbrei herstellen soll. Eine andere Fabrik in Pulau Laut an der Südküste wird zu diesem Zweck 700 000 Tonnen Holzspäne liefern. CMEC finanziert das Projekt zu 80 Prozent. Die österreichische Firma Andritz hat ihrerseits einen Vertrag mit UFS zur Lieferung aller nötigen Maschinen.

Zum Buch, das Sie in Händen halten

Dieses Buch wurde komplett auf Recyclingpapier gedruckt. Das Papier wurde mit dem Umweltsiegel »Blauer Engel« ausgezeichnet. Dies bedeutet, dass es zu 100 Prozent aus bereits verwendetem Papier besteht, dass zu seiner Herstellung keine optischen Aufheller, chemischen Bleichmittel oder sonstige Mittel zur Oberflächenbehandlung verwendet wurden. Bei der Gesamtherstellung wurde nur wenig Energie verbraucht, außerdem muss die Möglichkeit einer umweltgerechten Entsorgung bestehen.

Am Ende dieses Kapitels möchte ich mich noch kurz den nördlichen Regenwäldern zuwenden, die leider ebenso bedroht sind wie ihre südlichen Pendants. Im Norden wird das geschlagene Holz hauptsächlich zur Papierherstellung verwendet. Daher kann es nicht weiter verwundern, dass an der Spitze jener Länder, die bereits 99 Prozent ihrer ursprünglichen Primärwälder verloren haben, neben Nigeria gleich Finnland steht.

Medien, Politiker und Industrie müssen heute zusammenarbeiten, um den Verbraucher ausreichend über die Möglichkeiten umweltgerechten Konsums zu informieren (was natürlich nicht gerne getan wird, weil die eigenen finanziellen Interessen im Vordergrund stehen). Denn nur so kann dieser mündige Entscheidungen treffen.

3 | In den Eingeweiden des Waldes

Ob es nun um Erdöl und -gas, Diamanten oder Koltan geht, die Erde des Tropengürtels ist reich an Schätzen. Die Frage, wie man diese nachhaltig nutzen kann, sodass die Auswirkungen auf Mensch und Natur gering bleiben, gehört zu den größten Herausforderungen dieses Jahrhunderts. Bedauerlicherweise sind auch hier, wie bei der oberirdischen Nutzung des grünen Reichs, Korruption, Gewalt, Menschenrechtsverletzungen und Umweltverbrechen an der Tagesordnung. Einmal mehr bedroht die Nachfrage in den Industrieländern die tropischen Regenwälder. Die Beispiele für diesen Mechanismus sind mittlerweile Legion, ob es nun um Erdöl, Gold oder Mineralien geht. Ich werde hier nur einige wenige exemplarisch betrachten. Wir sollten jedoch nicht außer Acht lassen, dass sich diese Beispiele auf der ganzen Welt ständig wiederholen – mit teilweise dramatischen Konsequenzen für die Menschen vor Ort. Wenn die wirtschaftliche Nutzung der Bodenschätze tatsächlich einmal zur Entwicklung des Landes und zur Verbesserung der Lebensbedingungen dort beiträgt, dann bleibt dies die Ausnahme. Der Wald gehört in diesem Wettrennen um Konsum und Profit immer zu den Verlierern.

Koltan, Handys und Gorillas

Die Geschichte beginnt mit dem Metall Tantal, das sehr selten und für die florierende Elektronikindustrie heute praktisch unverzichtbar ist. Tantal weist eine zweimal höhere Dichte auf als Stahl. Seine Korrosions- und Temperaturbeständigkeit macht es zu einem begehrten Material. Aufgrund seiner enormen Leitfähigkeit ist es zu einem wichtigen Werkstoff für Kondensatoren geworden, die in der Mikroelektronik eingesetzt werden. Tantal wurde schon 1802 entdeckt, eingesetzt wurde es aber erst in den Vierzigerjahren zur militärischen Telekommunikation. Heute findet man es in Handys, Camcordern, Spielkonsolen und elektronischen Terminkalendern. Auch in der Präzisionsmechanik, zum Beispiel in der Luftfahrttechnik, wird es häufig verwendet.

Bis zum Jahr 2000 deckten die Minen in Australien, Brasilien und Kanada den größten Teil des weltweiten Bedarfs. Im Jahr 2000 aber stieg dann die Nachfrage explosionsartig an. Der Handyboom sorgte für ein gravierendes Nachschubproblem. Die zu erwartende Fördermenge der bekannten Minen war auf Monate hinaus ausverkauft. Der Preis stieg von 65 Dollar auf über 600. Also griff man auf die Vorkommen im Osten der Demokratischen Republik Kongo zurück. Dort kommt Tantal nur in Verbindung mit Kolumbium (auch Niob genannt) vor. Daraus entstand der Name »Koltan«. Nach dieser Versorgungskrise begann ein wahrer Run auf Koltan. Nationalparks, die eigentlich zum UNESCO-Welterbe gehören, rückten plötzlich in den Mittelpunkt des Interesses, denn Koltan lässt sich dort an bestimmten Flussläufen zum Teil im Tagebau gewinnen.

Von allen Seiten zogen die Goldsucher heran, um nach Koltan zu schürfen. Die Bauern ließen Haus und Hof im Stich, um

Koltan abzubauen. So ein Leben brachte ihnen etwa 200 Dollar im Monat, das monatliche Durchschnittseinkommen in der Republik Kongo liegt bei 10 Dollar. Die kongolesische Befreiungsarmee setzte Kindersoldaten aus Ruanda und Kriegsgefangene zur Arbeit in den Minen ein. Der Abbau des Koltan erwies sich bald als äußerst lukrativ, wie dies der ehemalige Führer der kongolesischen Rebellenbewegung, die ihr Hauptquartier in Goma hatte, in einem Bericht[33] festhielt: Auf die Rebellen, die bis zu diesem Zeitpunkt nur auf circa 200 000 Dollar Erlös pro Monat aus dem Verkauf von Diamanten rechnen konnten, ging nun ein warmer Geldregen nieder. Sie förderten Monat für Monat zwischen 100 und 150 Tonnen Koltan und erhielten dafür auf dem Weltmarkt etwa 1 Million Dollar. Im Dezember 2000 registrierte die Leitung des Nationalparks von Kahuzi-Biega, dass sich 3150 Familien im Innern des Schutzgebietes niedergelassen hatten. Die Wildhüter waren zu wenige, um diese Invasion erfolgreich zu bekämpfen. Und falls sie sich ihr doch einmal entgegenstellten, kostete sie dies meist das Leben. Einige der Wildhüter liefen auch zu den »Schatzsuchern« über. Nordöstlich von Kisangani zogen Siedler im Okapi-Reservat ein, das ebenfalls zum UNESCO-Welterbe gehört. Die Folgen für Mensch und Natur sind katastrophal. Die Wälder werden abgeholzt, um den Zugang zu den Lagerstätten zu gewährleisten. Das biologische Gleichgewicht der Flüsse ist von den Bergbau-Abwässern massiv bedroht. Darüber hinaus bringen die Minenarbeiter zwar kein Vieh mit sich, dafür aber professionelle Jäger. Allein im Nationalpark von Kahuzi-Biega jagen mittlerweile mehr als 300 mit den von den Rebellen gelieferten Kalaschnikows. Welche

33 Hayes, K., Burge, R., *Coltan Mining in the Democratic Republic of Congo*, Fauna and Flora International Conservation Reports 2003.

Auswirkungen dies hat, vermag im Moment niemand zu sagen, denn sowohl Wissenschaftler als auch Wildhüter können diese von den Rebellen kontrollierte Region nicht mehr ohne Gefahr für Leib und Leben betreten.

Nichtsdestotrotz nimmt man an, dass der Tribut für die Fauna, vor allem für Elefanten und Gorillas, hoch ist, wie Forscher aus den wenigen direkt und indirekt erhobenen Daten schließen. Diesen lässt sich entnehmen, dass im Park von Kahuzi-Biega und den umliegenden Schutzgebieten etwa 80 bis 90 Prozent der noch vorhandenen Gorillas im Kochtopf gelandet sind. Die Gorillapopulation der östlichen Ebenen ist mittlerweile vermutlich auf höchstens 3000 Exemplare geschrumpft. Die Minenarbeiter geben auf Befragen arglos zu, im ersten Jahr ihrer Tätigkeit Elefanten, Gorillas, Schimpansen, Büffel und Antilopen verspeist zu haben. Seit März 2001 aber ist ihr Speisezettel arg zusammengeschrumpft. Man konzentriert sich auf Schildkröten, Vögel und Kleinsäuger, weil die großen Tiere aufgrund der brutalen Jagd kaum noch zu finden sind. Ein weiteres Indiz ist, dass die Jäger früher höchstens einen Tag unterwegs waren, um Fleisch zu finden. Jetzt brauchen sie eine Woche oder länger und kommen darüber hinaus häufig mit leeren Händen zurück. Eine UNO-Studie belegt, dass sich fast alle am Bürgerkrieg beteiligten Parteien irgendwann im Laufe ihrer Geschichte mit Koltan finanziert haben. Dasselbe gilt für das Militär in Ruanda, Burundi und Uganda, die das im Kongo geförderte Koltan illegal in ihre Länder bringen, um es dann nach Europa zu verkaufen.

Aber gibt es denn eine Lösung für das Koltanproblem im Kongo? Der Preis für Koltan ist mittlerweile gesunken und nähert sich allmählich wieder dem Wert an, den es vor dem Jahr 2000 hatte. Die Berichte der UNO haben die Weltöffentlichkeit sensibilisiert, sodass es für viele große Unternehmen, die ihr Koltan aus der Demokratischen Republik Kongo bezogen, schwieriger geworden ist, ihre Produkte zu verkaufen. Doch selbst wenn einige von ihnen die Geschäfte mit den kongolesischen Rebellen angeblich eingestellt haben, hat die Koltanförderung in der DR Kongo nicht abgenommen. Die Rebellenarmeen, deren Einkünfte drastisch gesunken sind, finanzieren sich jetzt aus Steuern auf den lokalen Handel. Sogar die humanitären Hilfen, die in der Region Kivu ankommen, werden besteuert, was im Grunde einer Schutzgelderpressung gleichkommt. Alle Welt lehnt angeblich den Handel mit den kongolesischen Rebellen ab. Bleibt die Frage, wohin das geförderte Koltan geht ...

Die einzig denkbare Lösung ist also, den Druck über die Medien aufrechtzuerhalten und Konsumenten ebenso zu informieren wie Parlamentarier, Regierungsbeamte und Koltan verarbeitende Unternehmen. Ziel ist, die Herkunft des importierten Koltans zweifelsfrei festzustellen. Wie aber sollen wir herausfinden, ob unser Handy mit Koltan aus der Demokratischen Republik Kongo produziert wurde? Wie wäre es, wenn wir von unserem Handyhersteller ein Gütesiegel für Minen einfordern, die das Koltan ohne Schäden für Mensch und Natur produzieren? Bleibt zu hoffen, dass die ersten demokratischen Wahlen, die 2006 in diesem wunderbaren, aber vom Bürgerkrieg zerstörten Land stattfanden, eine Veränderung mit sich bringen.

Das schwarze Gold Afrikas

Mittlerweile ist es schon fast eine Plattitüde, wenn man sagt, dass unsere Welt vom Öl beherrscht wird. Unser gesamter Alltag hängt vom Erdöl ab. Das Öl in den Lagerstätten wird weniger. Der Kampf um die letzten Reserven des schwarzen Goldes hat längst begonnen. Wenn wir die Runde durch die Diktaturen der Welt machen und die kriegerischen Konflikte der letzten Jahre Revue passieren lassen, zeichnet sich im Hintergrund der Einfluss bestimmter Kräfte ab, welche die Geopolitik mitbestimmen: Gemeint sind die großen Erdölgesellschaften wie Exxon-Mobil, Chevron-Texaco, Shell, British Petroleum und Total-Fina-Elf. Wie viele Skandale sind direkt oder indirekt mit diesen Namen verbunden? Ölpest, Staatsstreiche, Finanzierung kriegerischer Auseinandersetzungen ... die Liste ist lang. Das CIFOR, das Zentrum für internationale Waldforschung, meint allerdings, dass die Erdölförderung für den Wald eher nützlich sei, da sie sehr viel mehr einbringt als die wirtschaftliche Nutzung des Waldes selbst. Statt riesiger Monokulturen werden nur kleine Flecken abgeholzt, gleichsam Konfetti im riesigen Areal der tropischen Wälder. Das Argument klingt einleuchtend. Man könnte sich als Waldschützer tatsächlich zum Freund der Erdölförderung entwickeln, wenn es denn auf den gesamten Tropengürtel zuträfe ... Denn Erdölförderung und Schutz der Wälder sowie der in ihnen lebenden indigenen Bevölkerung gehen keineswegs immer Hand in Hand. Zu diesem Thema möchte ich Ihnen hier zwei Beispiele präsentieren, die zwar ob ihrer gravierenden Folgen außergewöhnlich sind, nichtsdestotrotz aber keineswegs die Ausnahme von der Regel darstellen.

Wir befinden uns in Nigeria, einem an sich reichen Land, das über zahlreiche Bodenschätze, vor allem Erdöl, verfügt und doch von Armut und Wirtschaftskrisen erschüttert wird. Das Goldene Zeitalter Nigerias ging Anfang der Neunzigerjahre jäh zu Ende, als nach dem Golfkrieg der Ölpreis in den Keller ging. Das Land verarmte (66 Prozent der Bevölkerung lebten unter der Armutsschwelle). Der zunehmende Schwarzhandel mit allem, was sich verkaufen lässt, sowie der Ausfall sämtlicher Kräfte, welche die öffentliche Ordnung hätten sicherstellen können, machten aus Lagos eine der gefährlichsten Städte der Welt.

Heute ist Erdöl nur noch in wenigen kleinen Lagerstätten im Nigerdelta vorhanden. Im dortigen Mangrovenwald leben zahlreiche Familien vom Fischfang.

Der Mangrovenwald im Nigerdelta ist die drittgrößte zusammenhängende Mangrovenfläche auf der Welt. Mittlerweile durchzieht ihn ein Netz von Pipelines, die das schwarze Gold in die Raffinerien an der Küste leiten. Die Ölleitungen sind nicht dicht, sodass es immer wieder zur Verunreinigung der Küste, des Mangrovenwaldes und des Süßwassergebietes im Delta kommt.

Im Juli 2005 strengte die Gemeinde von Iweherkan einen Prozess gegen drei Ölkonzerne an, unter anderem Shell Petroleum und die Nigerian National Petroleum Corporation (den nationalen Ölkonzern). Gegenstand der gerichtlichen Auseinandersetzung: das Abfackeln der Gase an den Bohrlöchern, eine Praxis, die auch von der Weltbank heftig kritisiert wird. Diese Dauerbrände sorgen für eine enorme Luftverschmutzung, in deren Gefolge zahlreiche Krankheiten bei der einheimischen Bevölkerung aufgetreten sind. Vom Anheizen des Treibhauseffekts gar nicht zu sprechen! Mitte November 2005 fiel das Urteil, das man als bahnbrechend bezeichnen könnte: Die Ölkonzerne wurden verurteilt, das Abfackeln im Nigerdelta einzustellen.

Ein historischer Sieg für die Bewohner des Deltas, aber auch für die Umwelt im Allgemeinen, der zeigt, dass Widerstand im lokalen Rahmen durchaus von Erfolg gekrönt sein kann. Die Korruption des politisch-juristischen Systems lässt sich also doch besiegen.

Eine weitere Geschichte zum Thema, die sich auf einem anderen Kontinent zutrug: Zwischen 1971 und 1991 liefen im Westen von Ecuador mehr als 110 Millionen Liter Mineralöle und andere toxische Stoffe, die bei der Erdölraffinerie anfallen, aus. Dort liegt ein Stück bis dato intakter Amazonasregenwald, dessen Boden, Grundwasser, Wasserläufe und Sümpfe nun verseucht sind. Nur damit Sie eine ungefähre Vorstellung vom Ausmaß der Verunreinigung bekommen: Der auf diese Weise ausgetretene Ölteppich ist zweimal so groß wie jener, der 1989 von der Exxon Valdez verursacht wurde. Die amerikanischen Sachverständigen, die man entsandte, um den Schaden zu analysieren, sprachen von einem »Tschernobyl in Amazonien«. Nichtsdestotrotz hat es auch diese Nachricht nicht in die Schlagzeilen geschafft, da die Untersuchungen zu dieser Affäre immer noch nicht abgeschlossen sind. Nicht ohne Grund: Der Hauptschuldige an der Umweltkatastrophe scheint Texaco zu sein, der amerikanische Ölgigant (heute Chevron-Texaco), der bei dieser Geschichte eine ganze Menge zu verlieren hat.

Zusammen mit CEPE, einem ecuadorianischen Ölunternehmen, das heute den Namen PetroEcuador trägt, baute Texaco 1972 eine 500 Kilometer lange Pipeline durch den Amazonas-Regenwald bis zur Pazifikküste. Diese Stahlschlange riss immer wieder und sorgte dafür, dass sage und schreibe 64 Millionen Liter Mineralöle in die freie Natur abflossen. Niemand schien sich um die ökologischen Folgen der Leckagen zu sorgen. Jedenfalls wurde nach den Reparaturarbeiten an einem Riss nie ein Auftrag erteilt, das ausgelaufene Öl abzupumpen. 627 Becken mussten angelegt werden, um die toxischen Stoffe rund um die Erdölbohrlöcher aufzufangen. Doch da diese nicht dicht waren, ist heute das ganze Erdreich bis in drei Meter Tiefe mit Erdöl verseucht. Statt es abzutragen, hat man die Becken einfach aufgeschüttet und sie dann oberflächlich mit Rasen bepflanzt. Die Wasserläufe, welche die Versorgung der Anwohner mit dem kostbaren Nass sicherstellen sollen, enthalten 200- bis 300-mal mehr Erdöl, als gesetzlich erlaubt ist. Die Krebs- und Missbildungsrate in den umliegenden Ortschaften ist überdurchschnittlich hoch. Die Kindersterblichkeit liegt dreimal so hoch wie im restlichen Ecuador.

Die 30 000 Kläger, die von der amerikanischen Justiz zweimal abgewiesen wurden, repräsentieren fünf verschiedene Ethnien. Mittlerweile haben sie insofern Recht bekommen, als die Sache in Ecuador nun verhandelt wird. Ein erster kleiner Sieg, der weitaus größere jedoch müsste noch kommen. Es wurden verschiedene Gutachten erstellt, die sich hinsichtlich des Schadensausmaßes einig sind. Chevron-Texaco fährt eine eigene Verteidigungsstrategie. Der amerikanische Riese schiebt den schwarzen Peter seinen ecuadorianischen Partnern zu. Dabei war es die amerikanische Texaco, welche Technik und Methodik der Ölförderung festlegte. Es steht einiges auf dem Spiel, schließlich sind die Anwohner zu entschädigen und das verseuchte Gelände zu säubern. Und doch verkauft das von seinen Auslandsschulden erdrückte Land noch vor dem Urteil weiterhin Land für die Ölförderung. Texaco sucht weiter nach neuen Ölvorkommen bzw. beutet diese aus – mitten im Regenwald.

Im Nationalpark von Yasuni hingegen ist der brasilianische Ölmulti Petrobras angekommen, neben sieben weiteren Konzernen, die in der gleichen Gegend tätig sind und bereits mehrere kleine Umweltkatastrophen verursacht haben. Die dort ansässigen Stämme sind bereit, um ihr Land und Leben zu kämpfen, mit der Waffe in der Hand, wenn es denn sein muss ...

Das goldene Gift Guyanas

Ein neuer Goldrausch ist ausgebrochen, dieses Mal fern der unwirtlichen Regionen Alaskas. Er nimmt vielmehr seinen Ausgang in einem kleinen französischen Département, in etwa so groß wie ein Kleinstaat. Dieses Département besitzt 7,5 Millionen Hektar Tropenwald. Die erste Welle von Goldsuchern überschwemmte das Land um 1855, als ein Indio, der sich bereits im benachbarten Brasilien als Goldwäscher betätigt hatte, im Süden von Französisch-Guyana Goldkörnchen in einem Fluss fand. Dieser Goldrausch dauerte mit all seinen Höhen und Tiefen etwa bis in die Zwanzigerjahre an. In dieser Zeit wurden, offiziellen Angaben zufolge, 207 Tonnen Gold gefördert, doch diese Zahl deckt sich nicht einmal annähernd mit der Wirklichkeit. Danach blieb es lange ruhig, bis im Jahr 1995 das Goldfieber erneut aufflammte. Der Preis des kostbaren Metalls war im Steigen begriffen und das BRGM (Büro für geologische und bergbautechnische Forschung) veröffentlichte auf Anfrage des französischen Staates ein Verzeichnis der Rohstoffvorkommen, vor allem für die Montanindustrie, im Besonderen für eine kanadische Gesellschaft mit Namen Cambior. Cambior wollte in Camp Caiman im Osten von Französisch-Guyana eine neue Goldmine eröffnen. Dieser Bericht der Forschungsstelle sollte entscheidende Bedeutung erlangen, denn er schätzte die dort vorhandenen Goldreserven auf über 500 Tonnen, die in einzelnen Lagerstätten im Schwemmland liegen sollten. Mehr war gar nicht nötig, um die Begehrlichkeiten zu wecken und einen neuen Goldrausch auszulösen. Während der Niederschrift dieses Buches wurden 149-mal Schürfrechte vergeben. 2003 wurden 3,2 Tonnen des kostbaren Metalls bei der Direction régionale de l'industrie, de la recherche et de l'environnement (DRIRE) deklariert. Der Zoll allerdings schätzt die exportierte Goldmenge auf insgesamt 6 Tonnen. In Guyana wird gleichermaßen legal und illegal gegraben. Zahlreiche Schürfstellen wurden ohne Genehmigung eröffnet. Gefördert wird mit Hilfe illegaler Arbeitskräfte, die meist aus Brasilien stammen.

Doch gerade der illegale Abbau bringt zahlreiche Probleme mit sich. Da ist zunächst einmal der Anstieg der illegalen Einwanderung, aber auch die zunehmende Umweltverschmutzung. Die Goldsucher arbeiten am Flussufer oder auf treibenden Kähnen. Hochdruckwasserstrahler pulverisieren die Uferböschung, dann wird der so produzierte Schlamm aufgesaugt und auf die Siebe gespritzt, die nichts mehr mit den nostalgischen Goldwäschersieben von einst gemein haben. Die heute eingesetzten Techniken wurden größtenteils von brasilianischen Goldwäschern entwickelt und sind ganz besonders umweltschädlich. Beim »Goldwaschen« werden die Nuggets heute mit Quecksilber amalgamiert: 1,3 Kilo Quecksilber auf ein Kilo Gold. Dabei gibt es durchaus andere Methoden, welche auf den Einsatz von Chemikalien verzichten, zum Beispiel durch Verhüttung. Doch welcher illegale Goldsucher macht sich schon diese Mühe. Und so landen Jahr für Jahr mehr als zehn Tonnen Quecksilber in den Flüssen. Auf diese Weise vergiftet das Gold allmählich die Wasserläufe des Landes, in denen das Blut des Regenwaldes fließt. Die gesamte Nahrungskette wird in Mitleidenschaft gezogen, angefangen bei den schwermetallverseuchten Fischen.

Normalerweise müssten die Schürfstellen ökologisch wieder aufgewertet werden, doch natürlich werden die Gesetze hier so wenig eingehalten wie anderswo. Und so bleibt der zerrissene, zertretene, misshandelte Wald, wie er ist. Nachdem die Regierung diesem Treiben jahrelang untätig zusah, wurde jetzt die Operation Anaconda ins Leben gerufen, um den schädlichen Schürfmethoden den Kampf anzusagen und die Lager der illegalen Schürfer auszuheben. 2003 wurden 37 geschlossen und zerstört, im Jahr darauf waren es schon 73, 2005 waren es schließlich 95. Doch auch hier fehlt es an logistischen Mitteln. Zum einen sind es nur 700 Gendarmen, 75 davon von der Operation Anaconda, welche das ganze riesige Land kontrollieren, dessen Grenze zu Surinam 520 Kilometer und zu Brasilien 730 Kilometer lang ist. Die Grenzen sind löchrig wie Siebe. Der zweite Hubschrauber, den Nicolas Sarkozy schon für 2004 versprochen hat, wird mittlerweile für 2007 erwartet ... Hauptmann Viard, zu dessen Aufgabengebiet der Kampf gegen die illegalen Goldwäscher gehört, lässt darüber hinaus durchblicken, dass hinter den brasilianischen »Ameisen«, die in den illegalen Camps schürfen, vermutlich Interessengruppen aus Guyana stecken. »Die Grenze zwischen illegaler und legaler Förderung ist hauchdünn ...«, meinte der Hauptmann noch im Jahr 2004 zu diesem Thema.

Wie bei dieser Art von aufstrebenden Unternehmungen üblich, sind die Arbeitsbedingungen der Schürfer mehr als kläglich, umso mehr, als sie als Erste von den Quecksilberdämpfen betroffen sind. Die flussabwärts lebenden Indianerstämme klagen über Quecksilberwerte im Körper, die deutlich über den als unbedenklich betrachteten Grenzwerten liegen. Es werden bereits neurologische Störungen beobachtet, die man mit der Quecksilbervergiftung in Zusammenhang bringt. Rund um die Schürfstellen sind ganze Dörfer aus dem Boden geschossen mit Casinos, Bars und Bordellen, die den Süden Guyanas zum neuen Wilden Westen machen.

In meinen Augen zeigt das Beispiel Französisch-Guyana besser als alle anderen, wie schlecht es um den Regenwald in Wirklichkeit bestellt ist. Die Schäden nämlich werden nicht in irgendeinem Land im armen Süden angerichtet, sondern auf französischem Boden, wenn auch in einem Überseegebiet. Es wäre also mehr als angebracht, dafür zu sorgen, dass die Polizeikräfte des Landes – vor allem die Operation Anaconda – die nötigen Mittel erhalten, um ihrer Aufgabe effektiv nachkommen zu können. Wenn Frankreich schon nicht in der Lage ist, auf seinem eigenen Boden für die Einhaltung der Gesetze zu sorgen, wie können wir dann hoffen, Natur und Menschen auf der ganzen Welt zu schützen?

4 | David gegen Goliath

»Eine andere Welt ist machbar ... ohne internationale Finanzinstitutionen!«, hieß es beim World Rainforest Movement (WRM) bereits im Jahr 2004. Die Organisation, die als Antwort auf den Aktionsplan Regenwald der Weltbank ins Leben gerufen wurde (davon später mehr), hat es sich zur Aufgabe gemacht, weltweit sämtliche Schäden am Regenwald zu dokumentieren. Die Zerstörung der Regenwälder ist ein Prozess, bei dem, wie ich bald bemerken sollte, die internationalen Finanzinstitutionen (IFI) eine tragende Rolle spielten. Natürlich sind sie keineswegs die Einzigen, die zur Entwaldung beitragen. Doch am Anfang jedes einzelnen der hier beschriebenen Skandale stand die Verflechtung von Politik und Finanzwelt, die zu konzertierten Aktionen führte, welche für beide Parteien gleichermaßen profitabel sein sollten. Die IFIs fördern und vereinfachen viele Vorhaben, die zur Vernichtung der Wälder und zur Verletzung der Rechte der indigenen Bevölkerungsgruppen führen, selbst wenn sie sich das Mäntelchen der Entwicklungshilfe umhängen. Die Weltöffentlichkeit sieht darüber gerne hinweg, weil man Entwicklungshilfe nun einmal als sinnvolle Unterstützung unterentwickelter Länder betrachtet.

Doch schon der Begriff »Entwicklung« ist mehr als angreifbar. Anhand welcher Kriterien schätzt man ein Land als »entwickelt« oder »unterentwickelt« ein? Zu diesem Zweck müssen wir das Rad der Geschichte ein klein wenig zurückdrehen. Wir schreiben das Jahr 1949. Harry Truman, Präsident der Vereinigten Staaten, ist es, der in einer seiner Reden zum ersten Mal zwischen »entwickelten« und »unterentwickelten« Ländern unterscheidet. Sein Kriterium für diese Unterscheidung ist der »Rückstand«, den die unterentwickelten Länder gegenüber dem Westen haben. Ein Maßstab, der ein wenig an die Aufteilung der Welt in »zivilisiert« und »unzivilisiert« erinnert, die der Westen in früheren Zeiten vornahm. Auch hier fungieren die Industrieländer, insbesondere die USA, als Referenzgröße. Damit hatte der Begriff »Entwicklung« Eingang ins Vokabular der Weltpolitik gefunden.

Unter dem Druck der Amerikaner werden nun überall Programme zur Entwicklungshilfe ins Leben gerufen, welche die Illusion nähren, die »unterentwickelten« Länder müssten sich einfach nur den »entwickelten« angleichen. Diese Vorstellung entspringt einer Theorie, derzufolge die menschliche Entwicklung in mehreren Etappen verläuft. Auf der obersten hat die Gesellschaft dann den Lebensstil und -standard der westlichen Welt. Doch wir dürfen nicht vergessen, dass der Westen am Status quo der »Entwicklungsländer« nicht selten ursächlich beteiligt ist bzw. war. Können wir über den Einfluss, den wir als Kolonialherren auf die Rohstoffe und Ressourcen der von uns beherrschten Länder hatten, einfach hinwegsehen? Wenn es überhaupt zu Gegenleistungen kam, dann waren diese häufig nicht angemessen. Der Handel mit dem Kolonialherrn erwies sich in der Praxis kaum als vorteilhaft für jene Länder, die wir heute »unterentwickelt« nennen. Mittlerweile allerdings werden auch andere Kriterien zur Beurteilung des »Entwicklungsstandes« eines Landes herangezogen, die sich mehr an den Bedürfnissen der Menschen orientieren: Lebenserwartung, Zugang zu Bildung und Trinkwasser sowie Kindersterblichkeit.

Doch die Idee von der »Entwicklung« hatte schnell großen Erfolg, auch in den armen Ländern, welche die vom Westen versprochenen Reichtümer nun einfordern, um sich zu »entwickeln«. Eine Art Nachhilfe, die zehn Jahre dauern sollte. Und keineswegs den gewünschten Erfolg erzielte.

Gegen Ende des Zweiten Weltkrieges wurden auf der Konferenz von Bretton-Woods in den Vereinigten Staaten der IWF und die Weltbank gegründet. Die beiden wichtigsten IFIs haben ein gemeinsames Ziel: den Kampf gegen die Armut.

Die beiden Organisationen arbeiten zwar zusammen, haben aber unterschiedliche Aufgabenbereiche. Der IWF ist zuständig für die Verbesserung der internationalen Zusammenarbeit und Stabilität der Wechselkurse, was dem Welthandel zugute kommt. Die Weltbank wiederum unterstützt – zumindest in der Theorie – die unterentwickelten Länder mit Krediten, die für solche Projekte vergeben werden, die einen Entwicklungsschub versprechen.

1998 beantragte Brasilien einen Finanzhilfekredit in Höhe von 41 Milliarden Dollar beim IWF. Dieser Kredit wurde – gegen gewisse Auflagen – gewährt. So wurde das Land gezwungen, seinen Staatshaushalt zu senken. Zwei Drittel der Summe, die bislang für den Umweltschutz aufgewendet wurde, wurden schlichtweg gestrichen. Zehn der sechzehn Programme, welche die Regierung aufgelegt hatte, wurden eingestellt. Viele davon hatten die Erhaltung des Regenwaldes zum Ziel. Was für ein Zufall!

Szenenwechsel: ein anderer Kontinent. Der IWF bewegt Kamerun dazu, seine Währung abzuwerten – im kaum verhohlenen Bemühen, die Steuern auf den Export von Holz und Holzprodukten zu reduzieren, damit die Waldbewirtschaftung rentabler wird. Dies hat zur Folge, dass sich in Kamerun noch mehr Holzunternehmen niederlassen. Waren es 1980 noch 106, so stieg die Zahl bis 1998 auf 479. Kamerun war umso attraktiver geworden, als es aufgrund der Abwertung die Anzahl der Konzessionen für die wirtschaftliche Waldnutzung erhöhen musste.

In Südostasien, vor allem in Indonesien, ist der IWF in sämtliche Umweltskandale verwickelt und spielt eine unrühmliche Rolle bei der Abholzung der Wälder auf Sumatra, Borneo oder in Irian Jaya. Die Ausbeutung des Waldes in Indonesien sowie die Palmölmonokulturen wurden hier bereits ausführlich behandelt. Trotzdem möchte ich noch einmal kurz darauf zurückkommen. Im Laufe der schweren Wirtschaftskrise, die Asien 1997 erschütterte und zur Abwertung der indonesischen Rupie führte, beantragte Indonesien einen Finanzhilfekredit beim IWF. Der Kredit in Höhe von 43 Milliarden Dollar wurde gewährt. Gleichzeitig wurde ein Strukturanpassungsprogramm (SAP) beschlossen, eine Art Vereinbarung zwischen den Beteiligten, in der festgelegt wird, welche Reformen die Regierung im Gegenzug vorzunehmen hat. Doch zu Beginn des Jahres 1998, als noch nicht einmal die erste der beschlossenen Maßnahmen, die Reform des Bankensektors, umgesetzt worden war, weil das Land tiefer in der Krise steckte als je zuvor, war Indonesien gezwungen, ein zweites Strukturanpassungsprogramm auszuhandeln, um ohne weitere Verzögerungen wenigstens die erste von den versprochenen 43 Milliarden zu erhalten. In diesem zweiten Strukturanpassungsprogramm waren nun auch Reformen enthalten, welche die Wälder und die Umwelt im Allgemeinen betrafen. Ein Teufelspakt, denn Indonesien verpflichtete sich, »die Steuern auf den Export von Rohholz, Schnittholz und Rattan zu senken und eine sinnvolle Besteuerung auf die Überlassung von Produktionsmitteln zu beschließen« (Punkt 37 der Vereinbarung). Darüber hinaus musste sich das Land verpflichten, »die Investitionshürden für ausländische Firmen bei der Anlage von Palmölplantagen zu beseitigen« (Punkt 39).

So war der Handel mit Holz also frei von allen Beschränkungen und weitete sich ungehindert aus, bis es zu einem Mangel auf dem heimischen Markt kam. Es war so viel Holz exportiert worden, dass für die Bedürfnisse des Landes nicht mehr genügend vorhanden war. Kein Wunder, dass angesichts solcher Bedingungen der illegale Holzhandel enorm zunahm! Die Senkung der Investitionsbarrieren für ausländisches Kapitel ließ darüber hinaus die Anzahl der Ölpalmenplantagen gewaltig ansteigen. 80 Prozent der Monokulturen wurden auf gerodetem Waldgelände gepflanzt – trotz der Versprechungen der Weltbank, alles zu tun, damit nicht noch mehr Regenwald in Indonesien in Plantagen umgewandelt würde. Dies führte zwar innerhalb der IFIs zu heftigen Debatten, doch die Fakten waren nun einmal geschaffen und nicht mehr zu ändern. Heute kann man ohne Umschweife sagen, dass sowohl der IWF als auch die Weltbank zu den Hauptverantwortlichen für die ökologische und soziale Katastrophe in Indonesien gehören, da sie die indonesische Regierung dazu drängten, ihr Naturerbe an den Meistbietenden zu verscherbeln – zur Befriedigung einiger Ökonomen und zur Gewinnsteigerung der Konzerne, die sich natürlich nach dem zweiten Strukturanpassungsprogramm die Hände rieben.

Weltbank und IWF sind zwar »Big Player« unter den Internationalen Finanzinstitutionen, doch haben sie noch einige kleinere Chargen in ihrem Gefolge, deren Tätigkeit sich auf den Wald nicht minder desaströs auswirkt. Nehmen wir als Beispiel einmal die International Finance Corporation (IFC), die zur Weltbank gehört. Anders als die beiden großen Schwestern vergibt die IFC ihre Kredite nicht an die Regierungen, sondern an die Privatunternehmen direkt. Ziel: »Förderung nachhaltiger Investitionen in den Entwicklungsländern, um die Armut dort zu verringern und die Lebensbedingungen der Bevölkerung zu verbessern«. Kennen Sie ein Privatunternehmen, dessen Ziel es ist, den Armen zu helfen? Gewöhnlich lässt sich das Unternehmensziel unschwer an der Bilanz ablesen: Profite! Ebendiese Unternehmen unterstützt die IFC. Natürlich, in einer idealen gedachten Welt würde dieses Engagement in den von Arbeitslosigkeit gebeutelten Ländern Arbeitsplätze schaffen. Der Staat erzielte höhere Steuereinnahmen, die in die Verbesserung der Infrastruktur des Landes flössen. Hieraus wiederum würde eine Verbesserung der Lebensbedingungen folgen. Doch ist auch wirklich alles Gold, was hier so schön zu glänzen scheint?

2001 vergab die IFC, die sich besonders um die Förderung der Papierindustrie bemüht, ein Darlehen von 25 Millionen Dollar an zwei Tochterunternehmen der Sino-Forest Corporation, einer kanadischen Firma mit Sitz in China, die dort bereits 240 000 Hektar Land ihr Eigen nennt, dieses Areal aber um weitere 200 000 Hektar vergrößern möchte. 2004 gewährte die IFC einen Kredit von 50 Millionen Dollar an Aracruz, den brasilianischen Papierkonzern, der mit dem Geld seine Plantagen ausdehnte und seine Papierbreiproduktion vergrößerte. Gerade dieser Kredit warf verschiedene Probleme auf, die mit dem Recht auf den Grund und Boden zusammenhingen. Aracruz wollte im Stammesland der Guarani und Tupinikim expandieren. Insgesamt 64 Nicht-Regierungsorganisationen richteten einen Brief an James Wolfensohn, den Leiter der Weltbank und der IFC. Darin wurde er gebeten, die Kreditzusage doch zu widerrufen. Der für Lateinamerika zuständige Beamte der IFC antwortete, dass die Eigentumsverhältnisse bereits bei der Prüfung durch die IFC gründlich untersucht worden seien. Die Anfrage entbehre jeglicher Grundlage und sei somit zurückzuweisen. Die Antwort der indigenen Stämme, deren Rechte mit Füßen getreten worden waren, ließ nicht lange auf sich warten. In dem 11 000 Hektar großen Gebiet, das ihnen gestohlen worden war, wurden Tausende von Eukalyptusbäumen gefällt.

Die Hauptaufgabe der Interamerikanischen Entwicklungsbank (IDB), die 1959 mit dem Ziel gegründet wurde, die Entwicklung in Lateinamerika anzukurbeln, besteht im Wesentlichen darin, die generalstabsmäßige Plünderung der Ressourcen dieses Kontinents zu orchestrieren. Ich möchte Ihnen hier nur ein Beispiel nennen: das Projekt Camisea in Peru. Hierbei geht es um die Gewinnung von Erdgas. Die Lagerstätten liegen zu beiden Seiten des Camiseaflusses in einer der artenreichsten Gegenden der Welt. Hier, im Urubambatal im peruanischen Südosten Amazoniens gibt es mehr als 750 verschiedene Baumarten, 150 Säugetierarten, 420 Vogelarten, 75 verschiedene Amphibien- und 83 Reptilienarten, Fische und wirbellose Tiere nicht eingerechnet. Die Kosten dieses landesweit größten Projektes zur Energiegewinnung liegen bei 1,6 Milliarden Dollar. Zwei Gasleitungen sollen quer durch das ganze Land bis zur Küste gebaut werden. Mehr als 75 Prozent der Förderaktivitäten werden sich in einem Naturschutzgebiet abspielen, in dem indigene Völker leben. Einige von ihnen haben, wie die Kirineri, die freiwillige Abgeschiedenheit gewählt, die ihnen das internationale Recht auch einräumt. Dieses Recht wurde vom Camisea-

Konsortium bereits verletzt. Die verschiedenen Stammesvölker ernähren sich vom Fischfang, von der Jagd, vom Sammeln von Früchten und Wurzeln sowie von einem umweltverträglichen Ackerbau. Anders ausgedrückt: Der Amazonas-Regenwald ist für ihr Überleben von entscheidender Bedeutung. Doch das Camisea-Projekt bedroht das gesamte Ökosystem. Darüber hinaus wird in unmittelbarer Nähe eines bedeutenden Meeresschutzgebietes, in einer so genannten »Pufferzone«, eine Anlage zur Aufbereitung von Erdgas errichtet.

Bei diesem Projekt sind zwei amerikanische Unternehmen federführend: Halliburton und Hunt Oil, die beide gute Beziehungen zur Bush-Regierung unterhalten. Halliburton ist Eigner der Aufbereitungsanlage an der Küste, während Hunt Oil eine Fabrik zur Erdgasverflüssigung baut. Das flüssige Produkt wird sodann in die USA exportiert, wo es den Energiebedarf der an der Westküste lebenden Amerikaner decken hilft.

Doch gelegentlich geraten auch ein paar Sandkörner in die gut geölte Maschinerie. So weigert sich im August 2003 die amerikanische Export-Import-Bank (EX-IM), weitere Kredite für das Camisea-Projekt bereitzustellen, weil es sich schädlich auf die Umwelt vor Ort auswirke. Daraufhin ziehen sich auch andere Geldgeber wie zum Beispiel die Citygroup zurück, die als führende Privatbank an der Finanzierung beteiligt war. Ein großer Erfolg für die indigenen Bewohner und die Nicht-Regierungsorganisationen, die sich für deren Rechte eingesetzt haben. Vom Wald erst gar nicht zu sprechen. Doch die Interamerikanische Entwicklungsbank scheint diese Entscheidung nicht weiter zu beeindrucken, denn nur wenige Tage später beschließt man, das Camisea-Projekt mit einem Kredit von 135 Millionen Dollar auszustatten. Dass dieses Projekt die Rechte der indigenen

Völker und die internationale Gesetzgebung zum Umweltschutz verletzt, kümmert dort scheinbar niemanden. Wozu also hat die Bank sich eine Satzung gegeben, in der die Rede ist von »zwei wesentlichen Zielen: die Armut und die damit verbundene soziale Ungerechtigkeit zu bekämpfen und ein umweltgerechtes Wachstum zu ermöglichen«?

Man begann also mit den Bauarbeiten, und tatsächlich stellten sich bald die ersten Umweltprobleme ein. Im Jahr 2004 wurde eine der Gasleitungen leck. Dabei trat eine Unmenge Gas aus, das über den Kemeriatofluss in den Urubamba floss und Tausende von Tieren tötete.

Trotz aller Einwände wurde Ende 2004 eine Konzession zur Erdgasförderung in Parzelle 56 erteilt, einem Stück Primärwald, in dem die Kirineri leben. Diese Erweiterung des ursprünglichen Camisea-Projekts wird 500 Millionen Dollar kosten, die Vergrößerung des Pipelinenetzes 1,1 Milliarden Dollar. Und die Regierung? Die versucht im Moment, die beteiligten Unternehmen dazu zu bringen, dass sie auch die Parzellen 57 und 58 erschließen ...

Experten haben berechnet, dass die Ausbeutung der Lagerstätten von Camisea 687,2 Millionen Tonnen CO_2 freisetzen wird. Das ist 23-mal mehr, als Peru in einem Jahr ausstößt ...

Neben den Entwicklungsbanken in Amerika, Europa, Afrika und Asien gibt es noch andere Institutionen, deren Tätigkeit massiv zur Verschuldung der Länder im Süden beiträgt: die Exportkreditagenturen (ECAs). Diese Agenturen sind öffentliche, meist staatliche Einrichtungen wie die COFACE in Frankreich, das Export Credit Guarantee Department in Großbritannien oder die Export-Import-Bank in den USA. Diese durchweg in den nördlichen Ländern gelegenen Finanzinstitutionen vergeben mit öffentlichen Mitteln gestützte Kredite und Kreditausfallversicherungen an die Privatunternehmen ihres Landes, um so den internationalen Handel vor allem mit den Entwicklungsländern zu fördern. So finanzieren die ECAs mehr Projekte zur Öl-, Erdgas- und Rohstoffförderung als die multilateralen Entwicklungsbanken unter der Führung der Weltbank.

Wenn ein Unternehmen aus einem Industrieland in einem der Entwicklungsländer Handel treibt, seine Gewinnerzielungsabsicht aber nicht erfüllen kann und Bankrott erklärt, werden die Verluste der Muttergesellschaft durch die Kreditgarantien der ECA gedeckt. Der Kredit, den das Tochterunternehmen für sein Vorhaben von der ECA erhalten hat und den es nicht mehr zurückzahlen kann, wird auf die Auslandsschulden des Entwicklungslandes aufgeschlagen. Die ECAs sind, so schätzen Sachverständige, für 25 Prozent der Schulden in den armen Ländern verantwortlich. Darüber hinaus ist die Entscheidungsfindung in den ECAs nicht an soziale oder ökologische Kriterien gebunden. Die Agenturen übernehmen meist Projekte, welche die Weltbank als zu riskant einstuft. Ein gutes Beispiel ist der Drei-Schluchten-Staudamm in China, um den sich die ECAs in Deutschland, Kanada und der Schweiz einen erbitterten Kampf lieferten. Eigentlich sind die ECAs verpflichtet, sich an die Mindeststandards der Weltbank und der Entwicklungsbanken in den Gastländern zu halten, doch es kommt durchaus nicht selten vor, dass einzelne ECAs den Standard zu ihren Gunsten absenken!

In den Agenturen herrschen Korruption und Intransparenz. Für die ECAs nämlich besteht keinerlei Verpflichtung, die Bürger des Landes oder die Anwohner der betroffenen Orte zu hören, wenn sie ein Projekt planen. Sie schrecken nicht einmal vor dem

Handel mit Waffen und Militärausrüstung mit Ländern zurück, in denen kriegerische Konflikte ausgetragen werden. Zahlreiche Beispiele zeigen, dass auch der Schutz des Regenwaldes nicht unbedingt zu den Zielen der ECAs gehört. So wird beispielsweise der weltweit größte Produzent von Papierbrei, die Asia Pulp & Paper (APP) in Indonesien, teilweise von den ECAs finanziert. Dank dieser großzügigen finanziellen Unterstützung gelang es APP, seine Produktion zwischen 1988 und 1999 um das Neunfache zu erhöhen. Der Rohstoffverbrauch hat sich von 1,8 Millionen Kubikmeter Holz auf 16,7 Millionen erhöht. Die 3150 Kilometer lange Gasleitung, die Santa Cruz in Bolivien mit Mato Grosso do Sul in Brasilien verbindet, wurde finanziert von der Weltbank, der Interamerikanischen Entwicklungsbank, der Europäischen Investitionsbank und verschiedenen ECAs. Die Gaspipeline durchquert den Gran Chaco, einen primären Trockenwald in Bolivien, das Sumpfgebiet von Pantanal und den Rest von Mata Atlantica in Brasilien – durchweg höchst empfindliche Ökosysteme, die für die Artenvielfalt von besonderer Bedeutung sind. Der brasilianische Teil der Pipeline gehört Transportadora Brasileira Gasoduto Bolivia-Brasil (TBG), einem Konsortium aus den Unternehmen Petrobras (Brasilien), Transredes (Bolivien), Enron (USA) und Shell (Großbritannien, Niederlande). Für den bolivianischen Teil zeichnet Gas Transboliviano SA verantwortlich, ein Konsortium aus den Unternehmen Transredes, Enron, Shell und Petrobras ... Welche Überraschung!

Von dieser Gaspipeline in Bolivien wurde eine zweite abgezweigt, die nach Cubiata in Brasilien geht. Diese windet sich 200 Kilometer weit durch den uralten Regenwald von Chiquitano, um dann 100 Kilometer durch die weitläufigen Pantanal-Sumpfgebiete zu führen und das Schutzgebiet von Santa Matías in Bolivien zu durchqueren, das größte zusammenhängende tropische Trockenwaldgebiet der Welt. Dieses neue Projekt wird finanziert von Gas Oriente Boliviano (GOB), eine Gesellschaft, hinter der die üblichen Verdächtigen stehen: Enron, Shell und Transredes. 1999 erhielt die Enron-Gruppe über eine der amerikanischen ECAs, die Overseas Private Investment Corporation (OPIC), einen Kredit über 200 Millionen Dollar von der amerikanischen Regierung, obwohl die amerikanische Gesetzgebung verbietet, Auslandsprojekte in tropischen Primärwäldern zu fördern. Enrons Stellungnahme dazu: Der Wald sei schließlich schon vorher geschädigt gewesen. Ihr folgte die ECA, obwohl es durchaus unabhängige Expertenmeinungen gab, die den »unberührten« und »alten« Charakter des Waldes bestätigten. Nach der spektakulären Pleite des Konzerns zog sich die OPIC zurück, doch die Auslandsaktivitäten Enrons in den verschiedenen Konsortien gehen trotzdem weiter – mit dramatischen Konsequenzen für die Umwelt. Im Gebiet von Chiquitano stellten Wissenschaftler erst kürzlich fest, dass jetzt schon der Verschmutzungsgrad der Wasserreserven und der Atmosphäre zugenommen hat und dass die Lebenszusammenhänge der im Wald lebenden Stammesvölker massiv beeinträchtig werden – alles Folgen der Gaspipeline.

Zu guter Letzt möchte ich nochmals auf die Weltbank zurückkommen. Dort weiß man, dass weltweit 1,2 Milliarden Menschen, vor allem in den armen Ländern, vom Wald abhängig sind, was die Versorgung mit Wasser, Nahrung und Holz betrifft. Seit 2001 wurde der Umweltschutz in die Agenda der Weltbank aufgenommen. 2005 gab man 10,7 Milliarden Dollar dafür aus, also 11,5 Prozent des gesamten Budgets. Die Projekte zielen auf Erhaltung der Biodiversität, Bekämpfung des Klimawandels, Schutz von Boden und Wasser und so weiter ab. Der Tropenwald aber bleibt immer noch außen vor ... Zumindest scheint das einzige diesbezügliche Projekt, das auf der Internetseite der Weltbank erwähnt wird (Einstellung der Brandrodungen in Brasilien), mittlerweile auch keine Geldmittel mehr zu erhalten. Es war von der IBAMA, der Abteilung des brasilianischen Umweltministeriums, die für die Bewahrung Amazoniens zuständig ist, angeregt worden.

Zu Beginn der Achtzigerjahre stand die Weltbank wegen ihrer Regenwaldpolitik im Kreuzfeuer der Kritik, finanzierte sie doch nur Plantagen, Staudämme, Berg- und Straßenbauprojekte sowie die Errichtung von Fabriken im Sektor Landwirtschaft und Nahrungsmittel ... sehr zum Nachteil der Wälder und ihrer Bewohner. Erst 1986 stellte die Weltbank in Kooperation mit der Welternährungsorganisation (FAO), dem Entwicklungsprogramm der Vereinten Nationen (UNDP) und dem World Ressource Institute (WRI) einen Aktionsplan Tropenwald (PAFT) vor, der für die Holzindustrie 7 Milliarden Dollar an Fördergeldern vorsah. Ein Skandal ersten Ranges, hieß dies doch für den Wald: Kahlschlag, Monokulturen zur Papierherstellung und massenhafte Umsiedlung indigener Stämme.

Nicht-Regierungsorganisationen, die sich für die Erhaltung der Regenwälder einsetzten, gründeten 1986 auf einer Konferenz in Malaysia im Gegenzug das World Rainforest Movement. Die Sachverständigengutachten der Nicht-Regierungsorganisationen, welche die nicht satzungskonformen Aktivitäten der Weltbank ans Licht der Öffentlichkeit brachten, lösten eine heftige Debatte aus, die zur Folge hatte, dass sogar die G7-Länder 1990 eine Modifikation des PAFT forderten, was allerdings misslang. Die neuen Regelungen verlangten von der Weltbank, keine Projekte mehr zu fördern, welche die Primärwälder schädigen. Dies stieß auf den erbitterten Widerstand der Industrie. Man entschied sich für eine Strategie nach der Devise »Teile und herrsche« und versuchte, auf die einzelnen Nicht-Regierungsorganisationen im Sinne einer Meinungsänderung einzuwirken. Diese aber beharrten auf ihrem Standpunkt. Bis 1993. In diesem Jahr wurde der Forest Stewardship Council (FSC) ins Leben gerufen. Dieses Zertifizierungssystem machte die absurde Vorstellung von einer nachhaltigen Bewirtschaftung des Waldes wieder salonfähig. 1998 schlossen WWF und Weltbank ein Abkommen mit der Zielsetzung, bis zum Jahr 2005 die Zertifizierung von 200 Millionen Hektar Wald zu erreichen. Die beteiligten Länder sollten von der Weltbank ausgewählt werden, die also in Fragen des ressourcenschonenden Umgangs mit den Wäldern der Welt schon wieder ihre Hand im Spiel hat. Ist es da ein Wunder, dass sie seitdem vor allem Projekte finanzierte, welche die Anlage von Ölpalmenplantagen in Indonesien und den Export von Tropenholz zum Ziel haben?

Bei den internationalen Finanzinstitutionen klafft zwischen Wort und Tat also eine große Lücke. Die Versprechen, welche den Entwicklungsländern gemacht wurden, wurden bislang nicht eingehalten, wie schon der Wirtschaftsnobelpreisträger Joseph Stiglitz[34] anmerkte, der zwischen 1997 und seinem Rücktritt 1999 Vizepräsident und Chefökonom der Weltbank war. Auch wenn die Weltbank in den letzten Jahren Entwicklungsprogramme aufgelegt hat, welche den Umweltschutz mit

34 Joseph Stiglitz, *Die Schatten der Globalisierung*, München 2004.

einbeziehen, so hat sich doch der IWF um kein Iota bewegt. Seine Technokraten streben unverändert danach, alle Barrieren auszuräumen, welche die großen Konzerne daran hindern, die Rohstoffvorkommen der Welt auszubeuten. Bestes Beispiel hierfür ist vielleicht die Erdölförderung. Stiglitz schildert anschaulich Lebens- und Arbeitsstil dieser Leute. Vor Ort angekommen verbarrikadieren sie sich hinter ihrem Schreibtisch, um endlose Zahlenkolonnen durchzurechnen. Ihre Abende verbringen sie nach Möglichkeit in ihrem klimatisierten Fünf-Sterne-Hotel. »Man kann ein Land nur dann kennen und lieben lernen, wenn man buchstäblich aufs Land geht«, schreibt der Nobelpreisträger.[35] Und fügt hinzu: »Von seinem Luxushotel aus kann man gefühllos Konditionen auferlegen, über die man zweimal nachdächte, würde man die Menschen kennen, deren Leben man zerstört.«

35 Joseph Stiglitz, ebenda, S. 37f.

Der Krieg ist ein Schlachtfest von Leuten, die sich nicht kennen, zum Nutzen jener, die sich zwar gleichfalls nicht kennen, aber auch nicht gegenseitig massakrieren.

Paul Valéry

TEIL III

Ein Verbrechen gegen die Biodiversität

1 | Krieg und Regenwald

Was haben die kriegerischen Konflikte in Myanmar, Liberia, in der Demokratischen Republik Kongo, in Kolumbien und Vietnam gemeinsam? Zum einen die Kriegstoten, von denen einer bereits zu viel ist, zum anderen die Einbeziehung des Tropenwaldes in die Zwecke der Kriegsführung. In jedem dieser Länder hat der Wald einen hohen Tribut bezahlt und tut dies teils immer noch: Auch er gehört zu den Leidtragenden dieser Konflikte, die wortwörtlich auf seine Kosten gehen. Doch wen kümmern schon Bäume, wenn kaum jemanden das Schicksal der Menschen berührt, die sich in fernen Weltteilen aus meist unbekannten Gründen bekriegen?

Entgegen gewissen Propagandaparolen gibt es keinen wirklich »sauberen« Krieg. Jeder Krieg hat Auswirkungen auf die Umwelt. Denken wir doch nur an die Wälder im Nordosten Frankreichs, an Verdun nach dem Ersten Weltkrieg. Sicher heilt die Natur am Ende alle Wunden, doch dauert es lange, bis diese sich schließen. Und wenn die Umwelt leidet, ist es am Ende der Mensch, der die Zeche zahlt.

Dazu kommt, dass das einzige Interesse der Menschen in einem vom Krieg zerstörten Land in der Nachkriegszeit dem Überleben gilt, der Ernährung der eigenen Kinder. Niemand denkt unter solchen Umständen an Ökologie. Man schlägt Bäume, damit man es warm hat. Man schießt Tiere, um etwas zu essen zu haben oder ein wenig Geld aufzutreiben. Man plündert die Ressourcen des Landes, ohne groß an später zu denken.

Kann man dies den Menschen, die keine andere Möglichkeit zum Überleben haben, wirklich verdenken? Wer fragt nach den Konsequenzen für die Umwelt, wenn das tägliche Brot nicht gesichert ist?

Doch gerade der Handel mit Tropenholz dient nicht selten dazu, Milizen, Mafiagruppierungen, Diktaturen und andere autoritäre Regierungsformen mit Geld auszustatten. In Afrika hat der Regenwald einige der blutigsten Konflikte der letzten Jahrzehnte finanziert: in Sierra Leone zum Beispiel, in Liberia, in der Demokratischen Republik Kongo und an der Elfenbeinküste. In Asien war es vor allem die Militärdiktatur in Myanmar, welche die Gewinne aus dem Tropenholzhandel einstrich, doch auch die Roten Khmer in Kambodscha profitierten davon. So erklärte Pol Pot 1991: »Unser Land verfügt nicht über genügend Kapital, um seine Stärke weiterzuentwickeln und sein Militär zu erweitern … Daher müssen die existierenden Ressourcen ohne Rücksicht auf Verluste dafür herangezogen werden.«[36]

Und so wurde 2001, im Rahmen eines Besuches unabhängiger Beobachter der UNO in der Demokratischen Republik Kongo, zum ersten Mal von »Konflikt-Holz« gesprochen. Dieser Begriff bezeichnet Holz, das »irgendwann Gegenstand wirtschaftlicher Transaktionen bewaffneter Gruppen war, seien es nun Rebellen, Regierungssoldaten oder Regierungen, die aus irgendeinem anderen Grund in eine kriegerische Auseinandersetzung verwickelt sind. Ziel und Zweck der Holzvermarktung ist es – auch zur Erzielung persönlicher Gewinne –, den Konflikt aufrechtzuerhalten.«[37]

36 »The logs of war: the timber trade and armed conflict«, in: *Global Witness*, 2002.
37 Definition der Organisation *Global Witness*.

Dass auch im Falle kriegerischer Auseinandersetzungen die Umwelt geschützt werden soll, wurde international bereits 1997 vereinbart. Es existieren zahlreiche diesbezügliche Abkommen auf internationaler Ebene, zum Beispiel die 1976 verabschiedete Konvention gegen den »Environmental War«, welche Eingriffe in die Umwelt zu kriegerischen oder anderen feindlichen Zwecken verbietet, oder die Genfer Konvention von 1949. Doch die Einhaltung dieser Verträge durchzusetzen ist nicht einfach!

Anlässlich des Internationalen Tages für den Schutz der Umwelt in Kriegszeiten hielt der damalige UNO-Generalsekretär Kofi Annan 2004 eine Rede. Hier ein Ausschnitt: »Seit es Krieg gibt, sind Umwelt und natürliche Ressourcen die stillschweigenden Leidtragenden der Konflikte. Ernten gehen in Feuer auf, Brunnen werden vergiftet, Böden verseucht und Tiere getötet. Die Ziele sind nicht immer die gleichen: Vielleicht geht es darum, sich einen strategischen Vorteil zu verschaffen oder die Bevölkerung zu demoralisieren. Die Kriegsherren wollen Widerstand brechen oder ihre Soldaten ernähren. Doch die Folgen sind immer schrecklich, selbst wenn sie nicht beabsichtigt sind. [...] Und da der Großteil der Auseinandersetzungen sich in armen Ländern abspielt, treffen wirtschaftliche Katastrophen im Gefolge von Kriegen immer jene ohnehin schon verwundbaren Bevölkerungsgruppen, die die Umweltschäden und die Verlangsamung der Entwicklung am allerwenigsten abfangen und verkraften können. [...] In Kambodscha, wo der Bürgerkrieg mit seinen Unruhen insgesamt 20 Jahre andauerte, wurden 35 Prozent der Waldfläche vernichtet. Während des Konflikts in Angola ging die Anzahl der Wildtiere im Land um 90 Prozent zurück. Während des Vietnamkriegs wurden Tausende von Tonnen Agent Orange über den Urwäldern des Landes versprüht, was zur Entlaubung weiter Gebiete führte, die bis heute unfruchtbar geblieben sind.«

Auch Landminen, die der Vertrag von Ottawa (von den USA nicht unterzeichnet) schon seit 1997 verbietet, werden immer noch häufig eingesetzt. Doch in der ganzen Debatte um die Landminen geht ein Aspekt immer wieder unter: die zerstörerische Wirkung derselben auf die Umwelt. Die Druckwelle tötet Tausende von Tieren und verschmutzt in weitem Umkreis die Umwelt. Diese Kriegsmaschinen haben eine doppelt zerstörerische Wirkung: Sie töten innerhalb von Sekunden alles, was sich in ihrer Reichweite befindet, und lassen das Terrain unbenutzbar zurück. Die von ihnen verursachten ökologischen Schäden sind so schwerwiegend, dass die Menschen in der betroffenen Region auf Jahre hinaus unter den Folgen zu leiden haben. In der Folge verschärfen sich auch die wirtschaftlichen Probleme des Landes.

Unkrautvernichtungsmittel als Kriegshelfer

Niemand, der dieses Bild gesehen hat, kann es je vergessen: ein kleines Mädchen, das vom Napalm verbrannt schreiend über die Straßen Vietnams läuft. Aufgenommen hat es der Fotograf Huynh Cong. Erst kürzlich stieß ich auf ein Interview mit diesem Mädchen, das mittlerweile zur Frau herangereift ist. Sie sprach vom Entsetzen dieses Augenblicks, den Schrecken dieses gnadenlosen Krieges, der seine unauslöschlichen Spuren hinterlassen hat und heute, mehr als 40 Jahre danach, noch seine Opfer fordert. Millionen Liter des Unkrautvernichtungsmittels Agent Orange waren über dem kleinen Land versprüht worden, um die in diesen tropischen Breiten so zahlreichen Wälder zu entlauben, weil die Vietkong sich in ihrem Schutz verbargen.

Während die Vereinigten Staaten noch im Krieg mit Japan lagen, wurden erste Überlegungen getätigt, das Land auszuhungern, indem man seine Reisernte mit einem hochwirksamen Unkrautvernichtungsmittel zerstörte. Von der Regierung finanzierte Forschungsarbeiten führten schließlich zur »Erfindung« von Agent Orange, einem Kombinationspräparat aus zwei Unkrautvernichtungsmitteln (nämlich 2,4-D und 2,4,5-T) durch das Unternehmen Monsanto. Daneben entwickelte man noch Agent White und Agent Blue. Die Präparate verdankten ihren Namen dem gleichfarbigen Ring um die Fässer, in denen sie aufbewahrt wurden. 60 Prozent der 80 Millionen Liter Pestizide, die über Vietnam versprüht worden sind, waren Agent Orange. Agent Blue hingegen wurde ganz gezielt gegen Reis eingesetzt. Die ersten Massenvernichtungswaffen waren geboren und wurden verwendet ... von den Vereinigten Staaten. Die UN-Konvention von 1980, welche den Einsatz von Agent Orange und anderer biologischer Kampfstoffe gegen die Zivilbevölkerung verbot, wurde von den USA nicht unterzeichnet. Allerdings erklärten die Amerikaner, sie hätten ihre Vorräte 2001 vernichtet ...

Agent Orange wurde auf einem Pazifikatoll getestet, doch die Schäden waren so gravierend, dass Präsident Roosevelt auf diese Waffe verzichtete und der Armee den Einsatz verbot. Doch seine Nachfolger wurden keineswegs von derartigen Skrupeln geplagt. Eisenhower genehmigte 1959 ein Forschungsprojekt zum Einsatz von Napalm im Luftkrieg. Bald darauf stürzten sich sieben amerikanische Unternehmen auf die Herstellung des Herbizids TCDD, einem Derivat von 2,4,5-T, auch »Dioxin« genannt. Medizinische Forschungen ergaben, dass Dioxin Krebs hervorruft, angeborene Missbildungen beim Fötus und Veränderungen in der Genstruktur bewirkt.

Am 30. November 1961 gab John F. Kennedy grünes Licht für die Entlaubung der vietnamesischen Wälder. Im Mai 1962 initiierte er die Operation »Ranch Hand«, die mit denselben chemischen Kampfstoffen die Ernten vernichten sollte. Damit war zum ersten Mal die Umwelt selbst Zielscheibe kriegerischer Handlungen. In den folgenden zehn Jahren versprühte die amerikanische Armee 72 Millionen Liter Pestizide, davon 41 Millionen Liter Agent Orange über 2 Millionen Hektar Wald und Reisfelder. Dies war der größte chemische Feldzug der Menschheitsgeschichte – ein gigantisches Massaker an Mensch und Umwelt.

Die ökologische Bilanz des Vietnamkriegs ist erschreckend: 43 Prozent der Anbaufläche wurden verseucht. Die Wasserläufe wiesen Dioxinwerte auf, die um das Milliardenfache über den Normalwerten lagen. 60 Prozent der Kautschukplantagen wurden zerstört, 44 Prozent des Regenwaldes und 36 Prozent des Mangrovenwaldes. Auch in den Nachbarländern, die von der Agent-Orange-Katastrophe in Mitleidenschaft gezogen wurden, zeigte sich ein ähnliches Bild des Schreckens: In Kambodscha wurden 150 000 Hektar Wald und Plantagen zerstört, in Laos 160 000 Hektar Waldgebiet.

Durch den Einsatz dieser chemischen Waffen haben die Vereinigten Staaten das Genfer Protokoll von 1925 verletzt. Sie haben ein Verbrechen begangen, dessen Auswirkungen bis heute spürbar sind, da Agent Orange und Dioxin tief in die Erde eingedrungen sind. Den Anblick der von Baumskeletten bestandenen Landschaft, die sich kilometerweit hinzieht, kann man schwerlich vergessen. 40 Jahre später leidet der Wald immer noch unter seinen Wunden. Und das wird noch lange so bleiben.

Ein patriotischer Plan in Kolumbien

Trotz der bekannten verheerenden Auswirkungen setzten die Amerikaner diese chemische Waffe weiterhin ein, zum Beispiel in Kolumbien. Dort ist es nicht der Holzhandel, der den Krieg finanziert, sondern der Anbau von Kokain. Kolumbien lebt quasi seit 1948 im Bürgerkrieg. Seit 1964 gibt es die FARC-EP (Fuerzas Armadas Revolucionarias de Colombia – Ejército del pueblo), die gegen die autoritären Regimes von rechts kämpft, welche sich an der Regierungsspitze ablösen. Die FARC-EP ist eine marxistische Gruppe, die enge Kontakte mit den Bauern im Süden des Landes unterhält. Diese aber bauen Koka an, mit dem die FARC ihre Waffen bezahlen. Die US-amerikanischen und kolumbianischen Streitkräfte haben den Kampf gegen die Droge längst aufgegeben. Präsident Álvaro Uribe aber hat mit ihrer Unterstützung den Patriotischen Plan ins Leben gerufen.

Dieser trat an die Stelle des früheren Kolumbienplanes und sah eine weitgehende Entlaubung von Kokaplantagen und Wäldern aus der Luft vor. Damit hätte man den Rebellen gleichzeitig den Geldhahn zugedreht und alle Schlupflöcher genommen. Zunächst kamen Paraquat und Hexonin zum Einsatz, beide extrem schädlich. Später ersetzte man sie durch Roundup aus dem Hause Monsanto. Die Auswirkungen auf den Wald waren verheerend. Innerhalb weniger Wochen verloren die Bäume sämtliche Blätter, und alle Blattpflanzen in der Umgebung waren kahl. Eine ökologische Katastrophe, die eigentlich etwa 40 Prozent der Kokaplantagen hätte vernichten müssen. Merkwürdigerweise hält sich die Produktion bislang auf immer noch gleichem Niveau ...

Versehentlich wurden andere Regionen, die mit den Rebellen gar nichts zu tun haben, bei dieser Aktion gleich »mitbehandelt«. Ein Missgeschick, das sich in letzter Zeit häuft und die Wohngebiete der Indios und die landwirtschaftlichen Flächen zusehends in Mitleidenschaft zieht. Folge: Zehntausende von Menschen sind gezwungen, ihre Heimatorte zu verlassen. Viele zogen in die Slums der Hauptstadt. Die UNO schätzt, dass seit den Neunzigerjahren etwa 3 Millionen Menschen ihre Heimat verlassen mussten. Die Fläche der verlassenen Ländereien beläuft sich mittlerweile auf etwa 700 000 Hektar. Von den Opfern der Chemikalien, die mit Missbildungen und erhöhtem Krebsrisiko zu kämpfen haben, erst gar nicht zu sprechen ... Das Absurde an der ganzen Sache: Einen Hektar Land zu entlauben kostet etwa 6000 Dollar, genug, um auf diesen Flächen den Anbau anderer Kulturen zu subventionieren. Doch die Gelder, mit denen man die Bauern dazu bewegen will, andere als Kokapflanzen anzubauen, versickern seltsamerweise immer in den Ministerien oder den lokalen Behörden. Nur etwa 10 Prozent der von der Europäischen Union bereitgestellten Gelder landen tatsächlich in den Händen der Bauern.

Und so wurden einmal mehr durch tatkräftige Mithilfe eines Industrielandes – das in Kolumbien zahlreiche finanzielle Interessen verfolgt, vor allem, was die Erdölförderung angeht – und westlicher Unternehmen wie Monsanto Ökosysteme zerstört und Flüsse und Wälder verseucht.

Die Teak-Diktatur

Myanmar, das frühere Birma, ist von einem wunderbaren wilden Wald aus Teak- und Ifbäumen bedeckt. Dieser Wald ist mit nahezu 16 Millionen Hektar der größte zusammenhängende Teakwald des Erdballs. Hier leben noch Tiger, Elefanten, Kleine Pandas, Bären und Gibbons. Der Reichtum an Vogel-, Insekten-, Reptilien- und Amphibienarten ist legendär. Unglücklicherweise stellt das zahlreiche Vorkommen des Teakbaumes *(Tectona grandis)*, dessen Baumkrone mitunter bis zu 50 Meter aufragt, einen ganz besonderen Appetithappen für Politiker und Geschäftemacher dar. Nach dem Opium ist Teak die größte Devisenquelle des Landes: Es bringt 427 Millionen Dollar jährlich, also etwa 15 Prozent des volkswirtschaftlichen Gesamteinkommens. Und dies in einem Land, das von einer Militärdiktatur regiert wird. Alle Gewinne aus der Vermarktung des kostbaren Holzes gehen an den State Peace and Development Council (SPDC), der, um den Teakholzhandel besser kontrollieren zu können, die Myanmar Timber Enterprise (MTE) gegründet hat. Diese hält de facto das Monopol am Handel mit Teak. Die Devisen fließen in die Kassen des SPDC und dienen der Finanzierung der Militärjunta, die damit unter anderem auch die zahlreichen Feldzüge zur Unterdrückung ethnischer Minderheiten bezahlt. Die für den Holzeinschlag gebauten Straßen erlauben den Militärs, in noch unerschlossene Gebiete vorzudringen und auch abgelegene Gemeinden unter Kontrolle zu bringen.

Seit 1989 richten die Holzaufkäufer Chinas und Thailands, die zum Schutz ihrer eigenen Primärwälder zu Hause kein Teakholz mehr schlagen, ihr Augenmerk auf Birma. Sie haben die Militärjunta dazu gebracht, die Teakproduktion zu erhöhen, um den eigenen Bedarf zu decken. Das birmanische Teakholz aus Wildwuchs wird geschnitten, wenn der Baum reif, also 80 bis 100 Jahre alt ist. Dieses Holz ist im Vergleich zum jünger geschlagenen Plantagenholz schöner und widerstandsfähiger.

Und so wurde China, das der Militärdiktatur im Gegenzug Waffen liefert, zum wichtigsten Handelspartner Myanmars. 2003 importierte es 1,3 Millionen Kubikmeter Holz aus Myanmar. 96 Prozent davon waren illegal geschlagen worden. Von China aus wird das Holz dann mit falschen Papieren weiter nach Europa verschifft.

Gegen ein ordentliches Schmiergeld vergeben die Kommandeure vor Ort auch schnell und unbürokratisch Konzessionen zum Holzeinschlag, vor allem in den Regionen, die von den Kachin bewohnt werden, einer der ethnischen Minderheiten. Die Guerillakräfte der Kachin hofften, dass im Zuge der Konzessionsvergaben in ihrem Land eine gewisse Infrastruktur, vor allem Straßen, geschaffen würde. Doch die Regierung verkaufte die Konzessionen an die Chinesen weiter, und bis jetzt ist nichts geschehen. Die einzigen Straßen, die je gebaut wurden, waren jene in immer tiefere Regionen des Waldes, über welche dann die Teakholzstämme abtransportiert wurden.

Um auch in Hanglagen, die für Maschinen nicht befahrbar sind, Bäume schlagen zu können, werden Elefanten eingesetzt. Die MTE besitzt 3000 Elefanten, von denen sie 2500 an lokale Elefantenführer vermietet hat. Diese Tiere sind wahre Teaksklaven, die mitunter mehrere Tonnen schwere Holzlasten transportieren müssen.

In diesem geschlagenen Land sind es nur die Karen, welche trotz aller Schwierigkeiten den Widerstand aufrechterhalten und seit 1947 Unabhängigkeit fordern. Erst kürzlich trafen Thailand und Myanmar ein Abkommen zum Bau von vier Staudämmen – alle auf dem Gebiet der Karen. Der von diesen Wasserkraftwerken produzierte Strom wird allerdings nach Thailand exportiert. Angesichts dieser Tatsache fragt man nach dem wahren Zweck des Projekts, das den Karen nur Nachteile bringen wird. Darüber hinaus wird das Wasser über einem primären Steppenwald aufgestaut, auch dieser ein Paradies der Artenvielfalt.

Rund um die großen Seen

Uganda, Ruanda, Burundi und die Demokratische Republik Kongo – durchweg Länder, die seit Jahren von Bürgerkrieg und Völkermord geschüttelt werden und mittlerweile jede Stabilität eingebüßt haben. Rund um die großen Seen Afrikas bekämpfen sich immer wieder verschiedene Rebellenarmeen. Zur Finanzierung des Waffenkaufes stehen oder standen ihnen eine Vielzahl natürlicher Ressourcen zur Verfügung. Der Handel mit Holz, Koltan, Gold, Diamanten, lebenden und toten Tieren ist eine reiche Devisenquelle, solange die nationale und internationale Nachfrage stark bleibt und ihre Befriedigung gut bezahlt wird.

Dieser Teil des afrikanischen Kontinents lebt seit Jahren in einem mörderischen Alptraum, den niemand dauerhaft zu beenden weiß. Meine erste Reise nach Zentralafrika führte mich in die beiden Kongostaaten. Diese Feuertaufe wird mir ewig als apokalyptischer Schrecken in Erinnerung bleiben. In diesem Teil der Welt, der zwischen Staatsstreichen, Kriegen, Massakern und organisierter Schutzgelderpressung überdauert hat, scheint die Zeit stehen geblieben zu sein. Vom ehemaligen Zaire kann man noch da und dort einzelne Spuren in der Landschaft entdecken. Dieses Land mit seinem unendlichen menschlichen, kulturellen und natürlichen Reichtum wurde zerstört vom Hunger nach Macht und Geld und von der Rivalität zwischen den Stämmen, die immer wieder die Politik prägte.

In der Demokratischen Republik Kongo ist der Bürgerkrieg zwar zu einem Ende gekommen, die Rebellenarmeen aber bekämpfen sich weiter. Im Osten des Landes haben sie die Waffen keineswegs niedergelegt. Um sich neue Waffen zu besorgen, plündern sie, wo sie nur können, meist, indem sie die lokale Bevölkerung zur Hilfe zwingen. In seinem Film *Darwins Alptraum* beschreibt Regisseur Hubert Sauper[38] die ökologische Katastrophe, die durch das Aussetzen des Nilbarsches am Viktoriasee ausgelöst wurde. Auch wenn einige Szenen des Films jüngst heftig kritisiert wurden, so macht letztlich doch nicht die Exaktheit der recherchierten Daten seinen Wert aus, sondern die genaue Beschreibung des Räderwerks der Waffenbeschaffung. Denn statt Nilbarsch könnte man auch Öl einsetzen, Gold oder Koltan ...

Es ist eine bewiesene Tatsache, dass immer wieder Militärflugzeuge, häufig aus Russland, auf den verlassenen Landebahnen der Demokratischen Republik Kongo landen, um die Rebellen mit Waffen zu beliefern und im Gegenzug Edelhölzer, Koltan oder sogar lebende Tiere abzutransportieren. So konnten die Soldaten der UNO-Mission im Kongo 2004 beobachten, wie große Iljuschin 76 (das größte russische Frachtflugzeug) Rhinozerosse, Affen und Antilopen an Bord nahmen, die mit Sicherheit für Zoos und Privatsammler in Russland und Asien bestimmt waren. Auch der Handel mit wilden Tieren kann sehr

38 Der 2001 gedrehte Dokumentarfilm, in dem es um die Globalisierung und ihre Konsequenzen geht, beschreibt das Beispiel des Nilbarsches. Dieser Raubfisch wurde in den Fünfzigerjahren im Viktoriasee ausgesetzt und hat bis heute nahezu alle heimischen Fischarten in diesem See ausgerottet. Mit dem so genannten »Viktoriabarsch« wird ein schwunghafter Handel vor allem mit den europäischen Ländern betrieben. Die Profite führten zu einer starken Urbanisierung der Seeufer. Die Gewinne fließen, dem Regisseur zufolge, in erster Linie in den Waffenhandel.

lukrativ sein. China und Russland gehören ohnehin zu jenen Ländern, in denen bedrohte Arten mit Gold aufgewogen werden, ob sie nun geschützt sind oder nicht. Die Waffen wiederum scheinen zum überwiegenden Teil aus Ländern des östlichen Europa wie Bulgarien und Rumänien zu stammen.

In der Demokratischen Republik Kongo, im Nationalpark von Virunga, wird die Tierwelt geplündert und massakriert. Gorillas, Elefanten, Rhinozerosse und Nilpferde werden zu Braten oder Wandschmuck, wenn sie nicht in irgendwelchen Zoos landen. Am Edwardsee ging die Population der Nilpferde um über 95 Prozent zurück. Man jagt sie wegen ihres Fleisches und wegen ihrer Zähne. Doch ihr Verschwinden geht an der Umwelt nicht spurlos vorüber. Da die Nilpferde sich im See erleichtern, sind ihre Ausscheidungen eine wertvolle Nahrungsquelle für zahlreiche Fischarten. Ohne ihre Grundversorgung sterben viele dieser Fische aus. Damit aber ist den vom Fischfang lebenden Anwohnern eine wichtige Eiweißquelle genommen. Was die Wälder angeht, so werden sie für den Koltanabbau abgeholzt. Die kostbaren Tropenhölzer werden auf dem Weltmarkt verkauft oder gegen Waffen und Devisen eingetauscht.

Nationalparks und Reservate werden von Nationalgardisten bewacht, die ihr Leben riskieren. Diese werden mittlerweile von der Regierung nicht mehr bezahlt und fristen ihr Dasein von 30 Euro monatlich, die von den Vereinten Nationen kommen. Einer von ihnen, der anlässlich einer Tagung zum Thema »Überleben der Menschenaffen« nach Paris gekommen war, beschreibt die Situation so: »Bei uns ist auch die Nationalgarde vom Aussterben bedroht, wie die Gorillas und Elefanten. Und niemand nimmt sich ihrer an.«

My Taylor is rich

In Liberia, einem kleinen Land an der Küste, das an Sierra Leone, Guinea und die Elfenbeinküste grenzt, hat die Holzindustrie einen siebenjährigen Bürgerkrieg finanziert, der sich dann in Sierra Leone fortsetzte. Die Geschichte Liberias ist in gewisser Hinsicht außergewöhnlich. Der Staat wurde im 19. Jahrhundert gegründet, als frei gelassene amerikanische Sklaven schwarzer Hautfarbe ins Land ihrer Väter zurückkehrten. 1847 gab sich das Land eine Verfassung, die sich an der amerikanischen orientierte. Doch die Siedler entmachteten bald die lokale Bevölkerung, denen das Stadtrecht nicht zuerkannt wurde. Die Geschichte wiederholte sich also mit umgekehrten Vorzeichen. Lange Zeit pflegte das Land nur zu den Vereinigten Staaten wirtschaftliche Beziehungen. US-amerikanische Firmen ließen sich im Land nieder und begannen mit der wirtschaftlichen Waldnutzung, vor allem mit der Gewinnung von Kautschuk. Firestone besitzt in Liberia heute noch 400 000 Hektar Kautschukplantagen. Die Kautschukarbeiter verdienen 3 Dollar am Tag. Sie arbeiten unter Bedingungen, die zahlreiche Organisationen als Äquivalent moderner Sklaverei bezeichnet haben.

In den Achtzigerjahren kommt es zu einem blutigen Putsch. Der Präsident wird ermordet. Damit ist gleichzeitig die Vorherrschaft der afroamerikanischen Bevölkerungsgruppe gebrochen. Das auf die Demokratie kaum vorbereitete Land versinkt in einer Welle von interethnischen Konflikten, die 1989 in einem Bürgerkrieg enden. Unter der Führung von Charles Taylor kämpfen die Soldaten der National Patriotic Front of Liberia. 1991 bringt Taylor seinen Partner, Léonais Foday Sankoh, dazu, auch in Sierra Leone einen Bürgerkrieg anzuzetteln. So wird auch das Nachbarland komplett destabilisiert. 1997 wird Taylor, der in den USA Wirtschaft studierte, zum Präsidenten gewählt. In der »Umleitung« von staatlichen Geldern hat er schließlich Erfahrung. 1983, als Taylor zum ersten Mal in Liberia ein öffentliches Amt bekleidete, soll er, den Vorwürfen von Präsident Doe zufolge, 900 000 Dollar veruntreut haben. Nach zehn Jahren Regierungszeit, während derer der Bürgerkrieg sowohl Liberia als auch Sierra Leone verwüstet und mehr als 320 000 Todesopfer gefordert hat, wird Taylor Anfang 2006 verhaftet. Das Geld, das er aus dem Handel mit Tropenholz und Diamanten gewann, diente in erster Linie dazu, die Revolutionäre Front von Sierra Leone zu finanzieren. Heute muss Taylor sich nicht nur vor der UNO verantworten, weil er den Konflikt in Sierra Leone schürte, sondern auch, weil er sich persönlich daran bereicherte.

Die Holzindustrie hat bei der Verschärfung der Konflikte in diesem Teil Afrikas eine ganz besondere Rolle gespielt. Die Einkünfte aus der Vermarktung von Tropenholz haben die Sicherheitskräfte von Charles Taylor finanziert, wahre Meister in der Kunst der Menschenrechtsverletzung. Nachdem der Diamantenhandel aufgrund sinkender Nachfrage auf dem Weltmarkt an Bedeutung verlor, wurde er vom Handel mit Tropenholz abgelöst, der anscheinend mehr abwirft. Der Wald in Liberia erstreckt sich über insgesamt 4,8 Millionen Hektar und ist das letzte größere Stück zusammenhängender Fläche guineischen Regenwaldes, da in Westafrika der Großteil des Waldes bereits verschwunden ist. Die Oriental Timber Company (OTC) besitzt dort das Monopol auf die wirtschaftliche Waldnutzung sowie die Transportwege zu Lande und zu Wasser. Beste Voraussetzungen also für den Waffenhandel! Die fortschreitende Entwaldung lässt nicht gerade hoffen. Experten schätzen, dass vom Wald in

Liberia in fünf bis zehn Jahren nur noch ein paar kleinere Gebiete übrig sein werden.

Im Jahr 2000 produzierte Liberia 934000 Kubikmeter Holz, was auf dem Weltmarkt einem Wert von 187 Millionen Dollar entspricht. Der größte Teil des Holzes (im Wert von etwa 130 Millionen Dollar) ging nach Europa. Kommt nicht die Tropenholzausstattung der Bibliothèque Nationale in Paris großenteils aus Liberia? Wie aber können wir, die wir die Situation des Landes und seine brutale Diktatur kennen, uns solcherart zu Komplizen machen? Als es um Sanktionen gegen den Handel mit illegalem Tropenholz ging, stemmten sich zwei Länder mit Macht dagegen: China und Frankreich ... Sie führen die Liste der größten Exportpartner für liberianisches Tropenholz an. Im Jahr 2000 hat Frankreich 168000 Kubikmeter Tropenholz aus Liberia importiert, China 290000. Dies entspricht mit einem Wert von 91,5 Millionen Dollar 71 Prozent der Gesamtexporte des Landes. Jene Unternehmen, die dieses Holz importiert haben, haben damit den Waffenhandel in Liberia bzw. Sierra Leone unterstützt. Doch beide Länder behaupten unisono, die Beweise, welche die Holzindustrie mit der Finanzierung der Milizen in Zusammenhang bringen, seien nicht ausreichend. In Frankreich sind es Pinault Aquitaine Import, Interwood, Calvet et Fils und Timber, die liberianisches Holz kaufen, in Deutschland ist es die Firma Danzer, in Dänemark DHL-Nordisk ... Fast alle europäischen Länder unterhalten Handelsbeziehungen zu Liberia und kaufen daher, wissentlich oder nicht, das, was wir »Konfliktholz« nennen.

Zu den wichtigsten Akteuren dieser Art von Tropenholznutzung gehören Persönlichkeiten wie Guus Kouwenhoven sowie Gabrielle Doe, Victor Haikal, Maurice und Oscar Cooper oder Charles Taylor jr. Letzterer ist Sohn des Präsidenten und Präsident der United Logging Company. Früher führte er für seinen Vater den Antiterrorkampf in Liberia und zeichnete verantwortlich für Folter und Massentötungen. Die Gebrüder Cooper sind Besitzer der Inland Logging Company und seit langem eng mit Charles Taylor verbunden. Oscar Cooper war Artilleriekommandant der National Patriotic Front of Liberia. Allen zusammen wurde mit Beschluss Nr. 1343 des UN-Sicherheitsrates ein Reiseverbot auferlegt. Guus Kouwenhoven wurde 2005 in den Niederlanden verhaftet. Der Freund Charles Taylors spielt eine Schlüsselrolle bei der Ausstattung des Präsidenten mit Waffen und finanziellen Mitteln. Er war Chef der OTC und der Royal Timber Company (RTC). Ein Teil der von der RTC besoldeten Belegschaft wurde, von Kouwenhoven bewaffnet, zur Miliz von Charles Taylor abgestellt. Der »Pate von Liberia« wurde am 8. Juni 2006 in den Niederlanden wegen seiner Rolle während der Krise in Liberia und Sierra Leone schuldig gesprochen. Man verurteilte den niederländischen Geschäftemacher zu acht Jahren Haft wegen illegalen Waffenhandels. Vom Vorwurf des Kriegsverbrechens, der ihm zwanzig Jahre Haft eingetragen hätte, wurde er allerdings mangels Beweisen freigesprochen. Im Jahr 2000 brach Kouwenhoven das von der UNO über Liberia verhängte Waffenembargo. Als Partner der Djan-Djajanti-Gruppe, einem indonesischen Unternehmen, das 2000 mehr als 110 Millionen Dollar in die OTC investierte, war er auch in den Holzhandel verwickelt.

Diese Kriegsherren betrieben eine Politik der verbrannten Erde und ließen dem Volk von Liberia und Sierra Leone verwüstete Länder zurück. Die Zukunft der wenigen noch bestehenden Flecken guineischen Regenwaldes steht unter keinem guten Stern.

2 | Entwaldung und Artensterben

Alle meine Tierchen

Knatternd schicbt der Außenbordmotor ein Boot durch die stillen Wasser des gewaltigen Mahakamflusses. Ziel: ein im Delta verstecktes Dorf, wo vor wenigen Tagen ein junger Orang-Utan gesichtet wurde – angebunden im Garten eines Häuschens. In der Ferne kommen die Pfahlbauten des Dorfes allmählich in Sicht, umspült von den Wellen. Zwei Beamte des indonesischen Waldministeriums und ein Vertreter einer Organisation zum Schutz der Orang-Utans steigen aus und bahnen sich ihren Weg durch das Gewirr der Hängestege, welche die Häuser verbinden. Die spitzen, ängstlichen Schreie des Tieres weisen ihnen den Weg. Es ist kein Zweifel möglich: Der junge Orang-Utan ist hinter dieser Tür, die aus alten, schiefen Brettern und ein paar Seilen zusammengebastelt wurde. Die Beamten werden nicht gerade freundlich willkommen geheißen. Der Besitzer ist außer sich und missachtet sämtliche Regeln der Gastfreundschaft, die gerade auf Borneo einen so hohen Stellenwert haben. Man redet mit dem Mann, doch das Gespräch wird immer lauter. Die Atmosphäre heizt sich auf. Das Palaver zieht nach und nach sämtliche Dorfbewohner an, die sich in der kleinen Hütte und in dem wie ein Balkon angelegten Garten versammeln. Hinter den Brettern des Verschlages sehen zwei nachtschwarze Augen hervor und betrachten voller Angst die Menschen. Eine fast menschenähnliche Hand schieb sich zögernd aus dem behelfsmäßigen Gefängnis, als bettelten sie um ein wenig Aufmerksamkeit. Jetzt nur nicht sentimental werden. Einfach warten, dass die Beamten ihre Pflicht tun. Denn solche Situationen sind weder selten noch ungefährlich. In Indonesien ist es zwar seit 1931 verboten, einen Orang-Utan zu besitzen, doch der Handel mit den Tieren nimmt seit einigen Jahren wieder deutlich zu. Mit der galoppierenden Entwaldung entstehen immer neue Wege in den Dschungel, auf denen die Wilderer immer tiefer in sein Inneres vordringen können. In Indonesien nimmt die Waldfläche in so rasantem Tempo ab, dass man zusehen kann, und der Wald wird dabei seiner kostbarsten Hölzer und Arten beraubt.

Jedes Jahr landen Hunderte von verwaisten Tieren auf dem illegalen Markt für Haustiere. Dieser Wilderer behauptet, er habe das Junge verlassen in einer nahen Palmölplantage gefunden. Dazu muss man wissen, dass eine Orang-Utan-Mutter ihr Junges niemals im Stich lässt. Was bedeutet, dass sie getötet wurde. Und vermutlich war er selbst es, der den Abzug gedrückt hat, um das verwaiste Junge aufzunehmen und es für eine Handvoll Dollar an einen Tierhändler zu verscheuern. Diese Waisen überqueren die Grenzen auf ausgeklügelten Wegen. Meist landen sie in Bangkok, der Drehscheibe für den illegalen Handel mit bedrohten Arten, der neben dem Drogen- und Waffengeschäft zu den lukrativsten Einkommensquellen zählt. Reiche Sammler, die ihren Kindern ein Orang-Utan-Baby als Haustier schenken wollen, Zoos, Vergnügungsparks sind die Endstationen der bedauernswerten Tiere. Für den Schmuggel über die Grenze sind gefälschte Papiere nötig: vor allem eine Genehmigung nach dem Washingtoner Artenschutzabkommen. Sie erhält man durch korrupte Beamte, wie ein Mitarbeiter der in Washington ansässigen Organisation CITES meint. So entdeckte man Ende 2004 mehr als 100 Orang-Utans im Safari World Park in Bangkok, wo man sie bei den von den Touristen so geschätzten Boxspielen auftreten ließ. Trotz aller Gesetze, trotz des enormen Drucks der Öffentlichkeit konnten diese Tiere bis heute nicht befreit werden, da der Safari World Park über mächtige Fürsprecher in der thailändischen Oberschicht verfügt[39].

Ob in Südamerika, Asien oder Afrika, der Handel mit bedrohten Arten nimmt überhand, meist gekoppelt an den Handel mit anderen illegalen Produkten wie Drogen oder Waffen. Der US Fish and Wildlife Service, eine Behörde des US-Innenministeriums, hat festgestellt, dass bei mehr als einem Drittel der von den Behörden abgefangenen Kokainlieferungen auch bedrohte Tierarten gefunden wurden. Diese Märkte funktionieren parallel, sie nutzen dieselben Wege, dieselben Strukturen. Die Händler wissen bestens Bescheid, welche Kontrollmaßnahmen an welchen Grenzübergängen getroffen wurden, und wählen geschickt den für sie sichersten aus. Laut Interpol wirft diese Form von »organisiertem Verbrechen«[40] einen jährlichen Umsatz von 4 bis 5 Milliarden Dollar ab. Der Gewinn ist hoch, denn die Arten werden ganz nach Bedarf gefangen und verkauft. Außerdem ist das Risiko relativ gering.

In den Ländern, die ob ihres Artenreichtums Tiere »liefern« können, herrschen gewöhnlich Korruption sowie wirtschaftliches und politisches Chaos. Die Zielländer sind Europa, die

39 Ende November 2006 wurden auf Druck der Nicht-Regierungsorganisationen 48 Tiere (einige waren in der Zwischenzeit gestorben) nach Indonesien zurückgebracht.

40 Unter »organisiertem Verbrechen« versteht man gesetzeswidrige Handlungen, die folgenden drei Kriterien gehorchen: 1) Beteiligung von drei oder mehr Personen, 2) Aktivitäten, die sich auf mittlere bis lange Sicht erstrecken und 3) mit der einzigen Absicht, Profite zu erzielen, ausgeübt werden.

Vereinigten Staaten, Japan und in jüngster Zeit auch China, wo der erhöhte Lebensstandard zu einer stärkeren Nachfrage nach Tierprodukten führt, weil man sie dort für die traditionelle chinesische Medizin einsetzt. So wild sind die Chinesen auf Tigerknochen (und Bärengalle), dass sie die Hauptverantwortung für die vermutlich unmittelbar bevorstehende Ausrottung der Großkatze tragen[41]. Von den acht Bärenarten, die auf der Liste der bedrohten Tierarten stehen, wird nur der Panda nicht ob seiner Galle gejagt. Der Malaienbär, eines der eindrucksvollsten Tiere der südostasiatischen Fauna, wird bei diesem üblen Handel zunehmend durch den leichter zu jagenden Amerikanischen Schwarzbären ersetzt. Die von TRAFFIC[42] in diversen europäischen Städten, unter anderem auch in Paris, durchgeführten Stichproben ergaben übrigens, dass in verschiedenen Apotheken Medikamente mit Tigerknochen, Rhinozeroshorn und Bärengalle durchaus erhältlich waren.

Wie aber kann man Schäden, die der Biodiversität eines Landes zugefügt werden, Einhalt gebieten, sind diese doch manchmal absolut irreparabel? Bald werden die Orang-Utans auf Sumatra und Borneo verschwunden sein. Einige südamerikanische Papageien sind bereits ausgerottet, andere Arten werden folgen ... Es wurden zwar bislang eine Vielzahl von Abkommen unterzeichnet, so zum Beispiel die Konvention über die Artenvielfalt, die sich zum Ziel gesetzt hat, das Artensterben bis 2010 global, regional und national einzudämmen, doch praktische Erfolge gibt

41 Gemahlene Tigerknochen werden in Salben gegen Rheumatismus verarbeitet. Bärengalle wird sowohl bei Rheumatismus und Hämorrhoiden als auch bei Erkrankungen der Leber verschrieben.

42 Ein gemeinsames Programm des WWF und der UICN (Weltunion für die Natur) mit dem Ziel, den Handel mit Wildtieren so zu gestalten, dass deren Überleben in der Natur nicht gefährdet wird.

es kaum. Die noblen Ziele lassen sich nicht umsetzen, weil die dafür bereitgestellten Mittel nicht ausreichen. Die einzelnen Maßnahmen scheitern immer wieder an der Korruption, die in den betreffenden Ländern herrscht: Die Gelder, die für den Artenschutz zur Verfügung gestellt werden, lösen sich immer wieder auf magische Weise in nichts auf.

Nur das so häufig gescholtene Washingtoner Artenschutzabkommen, das 1973 beschlossen wurde und 1975 in Kraft trat, ist für die Unterzeichnerländer wirklich bindend[43]. Doch natürlich hängt auch seine Wirksamkeit davon ab, ob die einzelnen Staaten in der Lage sind, es umzusetzen. Aber gerade in den Ländern des Südens gehört der Artenschutz gewöhnlich nicht unbedingt zu den wichtigen Themen.

Und wer einmal an einer Konferenz der Vertragsstaaten teilgenommen hat, verlässt sie vermutlich mit ernsthaften Zweifeln an der realen Wirksamkeit des Abkommens. Denn dort arbeiten die Lobbyisten mit unwahrscheinlicher Energie daran, die Handelsbeschränkungen für bestimmte Güter wie zum Beispiel Elfenbein aufzuheben. Doch nichtsdestotrotz gibt es das Abkommen. Es regelt den internationalen Handel mit bedrohten Arten und hat sicher schon so manche Art vor dem Aussterben bewahrt. Selbst wenn es manchmal kontraproduktiv ist, dass eine neue Art in die Listen des Artenschutzabkommens aufgenommen wird: Dann nämlich steigt der Preis, was Jagd und Handel wieder lukrativer macht.

Der Kampf gegen den organisierten Handel mit bedrohten Arten erweist sich meist als gefährlich, stehen doch für die Händler

43 Die Einhaltung des Abkommens wird von der gleichnamigen Organisation CITES (Convention of International Trade in Endangered Species of Wild Fauna and Flora) überwacht.

enorme Summen auf dem Spiel. Zahlreiche Wildhüter und Naturschützer wurden in den letzten Jahren durch Verbrecherbanden ermordet, die ihren Profit aus den wirtschaftlichen Problemen gerade jener Länder schlagen, deren Artenreichtum ein unschätzbares Kapital darstellt. Die organisierte Plünderung zum Nutzen einiger weniger wird häufig einer nachhaltigen Nutzung in Gestalt eines verantwortungsvollen Ökotourismus, welcher der Wirtschaft des Landes auf Dauer zuträglicher wäre, vorgezogen. Aras, Zwergschimpansen, Elefanten, Schildkröten oder Pfeilgiftfrösche sind nur einige wenige Arten, welche die Gier des Menschen den Wäldern entreißt, die immer mehr zum Sinnbild der zerstörerischen Wirkung unserer Zivilisation werden.

Der leere Wald

Wenn die Wälder nicht abgeholzt, brandgerodet oder auf andere Weise dem Erdboden gleichgemacht werden, beraubt man sie des Lebens, das sie beherbergen. So gehen beispielsweise in Afrika Entwaldung und illegaler Handel mit bedrohten Arten mit einem neuen Phänomen einher, das sich nicht minder katastrophal auf das Ökosystem Wald auswirkt: dem Verlangen nach »Buschfleisch«. Für die Bewohner vor Ort ist das Buschfleisch mitunter die einzige Proteinquelle, doch mittlerweile ist es auch zum Luxusartikel geworden, zur Modespeise, deren Handel enorme Gewinne abwirft. John Fa vom Durrell Wildlife Conservation Trust schätzt, dass allein im Kongobecken Jahr für Jahr 5 Millionen Tonnen erlegt werden.

Wo früher bestimmte Regionen des Kontinents für die Wilderer unzugänglich waren, werden diese Gebiete heute durch die

Entwaldung erschlossen. Dies gilt vor allem für die Demokratische Republik Kongo, Nigeria, Kamerun und Kongo-Brazzaville. Zuerst waren es die Waldarbeiter, welche die Tiere jagten, um ihren Speisezettel ein wenig aufzubessern. Dies geht so weit, dass einzelne Holzwirtschaftsunternehmen ihre Arbeiter gar nicht oder nur gering entlohnen, ihnen aber Gewehre und Munition geben, damit sie sich im Wald selbst versorgen können. Doch damit nicht genug. Das nicht benötigte Fleisch wird dann auf Lastwagen und Booten der Unternehmen auf den Markt gebracht. Im Jahr 1998 beispielsweise hob ein Tochterunternehmen der deutschen Firma Danzer das Reiseverbot für Passagiere auf den Lastkähnen nach Kinshasa auf. Alsbald begannen die Frauen der Waldarbeiter einen regen Handel mit Buschfleisch, das ihre Männer geschossen hatten und das sie nun auf dem Markt der Hauptstadt feilboten. Damit wurde offensichtlich eine Bresche geschlagen, die sich seitdem ständig weitet. Zwar beginnen die Holzunternehmen mehr und mehr mit den Umweltschutzorganisationen zusammenzuarbeiten, doch leider sind es immer noch zu wenige. Außerdem ist der ökonomische Druck in den häufig von Bürgerkriegen verwüsteten Ländern hoch. Einige der Holzunternehmen zeigen sich aber mittlerweile recht aufgeschlossen für das Problem des Handels mit Buschfleisch und bedrohten Arten, die durch nationale und internationale Gesetze geschützt sind.

Als ich zu Beginn des Jahres 2006 an einem Gespräch mit Vertretern verschiedener europäischer Holzunternehmen mit Sitz in der Demokratischen Republik Kongo teilnahm, schien mir, als zeichne sich ein Hoffnungsschimmer ab. Kurz zuvor hatte man einen jungen Zwergschimpansen in einem Kohlenkeller entdeckt, als sein Besitzer, der die Konzession als Subunternehmer einer europäischen Firma nutzte, in Urlaub war. Die Verantwortliche des fraglichen Unternehmens sorgte sofort dafür, dass das Tier in die Station für verwaiste Jungtiere Lola Ya Bonobo gebracht wurde, die von meiner Freundin Claudine André geleitet wird. Der Besitzer des Tieres, der aus seinem Heimatland ausgewiesen worden war, wurde auf der Stelle entlassen. Kann man den Wilderern auf Borneo oder Sumatra, die aus mangelnder Einsicht oder schlicht aus dem Zwang zum Überleben heraus handeln, noch ein gewisses Verständnis entgegenbringen, so fehlten in diesem Fall wirklich sämtliche »mildernden Umstände«. Das Tier wurde in dieser verlassenen Ecke des Waldes nur zum Spaß gehalten. Die verantwortlichen Leiter der Holzunternehmen, die ich bei jenem Gespräch kennen lernte, hatten im Übrigen durchweg die gleiche Beobachtung gemacht: Der Wald wird immer leerer. Vor etwa zehn Jahren noch begegnete man im Wald regelmäßig Affen, Zwergkrokodilen, Antilopen und Schuppentieren. Heute geschieht dies nur noch selten. Der Wald ist still geworden.

Auch in Nigeria ist die Jagd auf Buschfleisch in vollem Gange. Sogar die Schwalben, die aus Europa in die winterlich milden Klimazonen kommen, werden gefangen und verspeist. Die Schwalbenjagd von Seiten der Stämme geschieht dort wie seit Jahrhunderten auf nachhaltige Weise, doch mittlerweile müssen die Jäger immer tiefer in den Wald vordringen, um überhaupt etwas zu fangen, da die Jagd seit einigen Jahren auch professionell betrieben wird und bislang ungekannte Ausmaße annimmt. Wo der Handel mit Buschfleisch die Rebellen in der Demokratischen Republik Kongo finanziert, macht er andernorts die Elite in den Städten reich. In Gabun sind es diese Eliten, welche die Wilderer ausrüsten und mit Geld versorgen. Diese gehen dann nachts mit dem Geländewagen auf die Jagd, alle Scheinwerfer voll aufgeblendet, damit die Tiere die Orientierung verlieren. Das »Wildbret« wird an den Tafeln vornehmer Häuser verzehrt, wie mir Romain Calaque erklärt, der in Gabun für den Nationalpark auf dem Bateke-Plateau verantwortlich ist. Luxusfleisch, das – meist illegal – exportiert und immer wieder auf europäischen Flughäfen gefunden wird, wie ich selbst in Roissy feststellen konnte.

Doch nicht nur organisierte Banden stellen dem Wild nach. Häufig sind es auch Einzeltäter, die im Handel mit Buschfleisch eine neue Einkommensquelle gefunden haben. Die Arbeitslosigkeit ist in den Ländern des Kongobeckens erdrückend. Nicht wenige Menschen verlassen das falsche Paradies der Städte wieder und kehren in ihre Heimatdörfer zurück. Dort sorgen die Solidarität des Familienverbunds und der nahe Wald wenigstens dafür, dass man nicht vor Hunger stirbt. Und wenn man nebenher noch das eine oder andere Tier einfängt und sein Fleisch verkauft, kann man sich sogar noch ein kleines Extra verdienen. Der Handel mit Buschfleisch stellt im Moment ein ungelöstes Problem mit vielen unterschiedlichen Facetten dar. Doch es gibt Versuche mit zur Fleischerzeugung gezüchteten Wildtieren, die hoffen lassen. Eines aber ist sicher: Dass das Phänomen sich so sehr ausweiten konnte, hängt nicht zuletzt mit der Entwaldung zusammen.

Doch die Frage nach dem Verzehr von Wildfleisch hat auch eine kulturelle Komponente. Wenn man auf den Märkten im Kongobecken mit den Frauen spricht, die es verkaufen, heißt es unweigerlich, dass kein Fleisch diesen »waldigen«, wilden Geschmack habe. Im Kongobecken leben die Menschen seit jeher im und vom Wald. Wie sollten sie sich also vorstellen können, dass dessen Ressourcen sich auch erschöpfen können! Jeder bemerkt, dass die Tiere immer weniger werden, doch an das Artensterben, von dem Wissenschaftler und Nicht-Regierungsorganisationen reden, glaubt dort niemand. Man kann sich einfach nicht vorstellen, dass die großzügigen Gaben des Waldes irgendwann einmal ausbleiben könnten. Und doch ...

In Asien ist Buschfleisch nur für Reiche erschwinglich. Was das Los der Tiere nicht erleichtert. So werden Jahr für Jahr mehr als 1000 Tonnen Schildkrötenfleisch aus den Sumpfwäldern Sumatras und Borneos nach Hongkong exportiert, wo man daraus die hochgeschätzte Schildkrötensuppe zubereitet. Dabei schrecken die Wilderer auch nicht davor zurück, Feuer zu legen, um die Schildkröten, die sich in ihren Panzer verkrochen haben, leichter einfangen zu können. Eidechsen, Warane, Pythons und Schuppentiere stehen ebenfalls auf den Speisekarten der angesagtesten Restaurants in Hongkong, Taipeh und Singapur.

Und immer wieder ist es die Traditionelle Chinesische Medizin, die zum Verschwinden einzelner Tierarten beiträgt, da sie vom Tier gezielt nur bestimmte Teile verwendet. Ein Bericht der chinesischen Regierung über die 13 Unternehmen, die in China Wildtiere zu Arzneimitteln verarbeiten, gibt an, dass dort jährlich nicht weniger als 200 Tonnen Schuppen vom Schuppentier, 25 Tonnen Leopardenknochen, 500 Tonnen Skorpione und 6 Millionen Geckos verarbeitet werden. All diese Tiere kommen aus den Regenwäldern der Nachbarländer und werden heimlich importiert, meist mit Unterstützung einiger korrupter Beamter. Auf den Märkten großer Städte wie Peking findet man Wildtiere zur Zubereitung an den Ständen der Garküchen, deutlich sichtbar für jeden. Hier eine Zibetkatze, dort ein paar Frösche. Ein kleines Restaurant bietet Spießchen mit Zikaden und Skorpionen an, alles »frisch zubereitet«. Ich jedenfalls ahnte nicht, dass ich eine so vollständige Sammlung bedrohter Wildtiere vorfinden würde, als ich durch die Straßen der alten Kaiserstadt schlenderte.

Und woher kommen die Tiere nun? Um diese Frage zu beantworten, muss man nur einmal über den Tiermarkt von Yogjakarta auf der indonesischen Insel Java gehen. Dort wird einem das Ausmaß der Wilderei und des illegalen Handels recht schnell bewusst: ein Pantherbaby in einem winzigen Käfig, das mir der Händler, der mein Interesse bemerkt, unbedingt verkaufen will. Er hat das Tierchen angeblich allein im Wald gefunden. Der kleine Panther kann noch kaum die Augen öffnen. Seine Mutter hätte ihn mit Sicherheit nicht allein gelassen. Ein wenig weiter weg finden sich Obst fressende Fledermäuse (die besonders auf der Insel Celebes gern verzehrt werden), junge Makaken, Loris, Warane und andere Echsen, einige Doppelhornvögel, überhaupt Vögel jeder Art, von denen einer noch schöner ist als der andere. Hätte ich von all den dort angebotenen Tieren eine Aufstellung gemacht, hätte ich damit wohl allein ein kleines Ökosystem füllen können. Damals war ich zum ersten Mal in Indonesien. Das Entsetzen darüber, wie hemmungslos dort die Wälder ausgebeutet wurden, stand mir wohl ins Gesicht geschrieben.

Das gestörte Gleichgewicht in einem geplünderten Wald

Der gestiegene Handel mit Buschfleisch wird indirekt durch die wirtschaftliche Nutzung des Waldes gefördert. Doch die Entwaldung hat auch unmittelbare Folgen: Sie zerstört ein Ökosystem und unterminiert dessen Artenvielfalt. Damit wird ein äußerst fragiles Gleichgewicht gestört, ohne dass irgendjemand sich die Mühe macht herauszufinden, wie sich dies mittel- bzw. langfristig auf die anderen Arten und auf den Menschen auswirkt.

Zunächst einmal sind die Bäume betroffen und mit ihnen alle Tiere, die in den Zweigen und unter der Rinde leben. Natürlich denkt man bei Entwaldung zunächst einmal an Kahlschlag, da dieser das Ökosystem Wald nachhaltig zerstört. Doch auch der selektive Holzeinschlag bringt gewisse Probleme mit sich. Dies liegt schon daran, dass im Tropenwald die Bäume durch Lianen verflochten sind. Fällt ein Baum, so reißt er unweigerlich andere mit sich. Aus diesem Grund heißt es in den Regeln zur nachhaltigen Waldbewirtschaftung stets, man solle den zu schlagenden Baum vorher von allen Lianen befreien. Darüber hinaus hinterlässt jeder geschlagene Baum eine kleine Lichtung, die – wie Wissenschaftler zeigen konnten[44] – das Mikroklima stört, weil dadurch mehr Winde entstehen und mehr Sonnenlicht auf den Boden fällt. Natürlich hat dies Folgen für Fauna und Flora in etwa 100 Metern Umkreis. Der Holzeinschlag führt, auch wenn er selektiv erfolgt, zu einer Verarmung des Bodens. In den Tropen, wo die Erde ohnehin arm an Nährstoffen ist, verschwindet der Humus auf solchen Lichtungen ganz. Auf Borneo hat dies ganz besonders Auswirkungen auf den Calciumgehalt der Nahrungskette. Calcium aber ist für die Entwicklung der Knochen bei allen Wirbeltieren unverzichtbar. Nach dem Holzeinschlag steigt die Bodentemperatur an, weil das schützende Laubdach verschwunden ist. Der Calciumgehalt des Bodens nimmt ab. Da jetzt auch die Pilze fehlen, welche das Calcium im Boden fixiert haben (zu viel Licht, zu wenig Feuchtigkeit), haben die Tiere

44 Meijard, E. et al., »Life after logging: reconciling wildlife conservation and forestry production in Indonesian Borneo«, CIFOR-UNESCO 2006.

keine Möglichkeit mehr, sich mit Calcium zu versorgen. Auf den Lichtungen entwickelt sich darüber hinaus eine Art Buschwerk, das hochgradig anfällig für Brände ist. Dieses zerstört wieder die Humusschicht und mit ihr alle Gliederfüßer im Boden, die für die Nahrungskette so wichtig sind. Nun besitzt der Wald ganz erstaunliche Regenerationsfähigkeiten. Falls es nicht zu neuen Bränden kommt, hat er sich schnell selbst repariert. Doch eben das geschieht in den entwaldeten Zonen. Die zahlreichen, ständig wiederkehrenden Brände aber machen den Boden steril, sodass nichts mehr darauf wächst. Die Flora verliert jede Widerstandskraft.

Natürlich wählen die Holzfäller die von ihnen geschlagenen Bäume nach Reifegrad aus. Viele Bäume aber brauchen Jahrzehnte, einige wie der Moabi sogar ein Jahrhundert, bis sie zu blühen beginnen und sich fortpflanzen können. Da die Holzwirtschaft nur an den kurzfristigen Profit denkt, werden im Konzessionsgebiet alle reifen Bäume geschlagen, ohne an das Morgen zu denken. Wenn es keine Früchte und Samen mehr gibt, wenn niemand in der Vergangenheit an Wiederaufforstung gedacht hat, dann werden die kostbaren Bäume unweigerlich ausgerottet. Außerdem ernähren sich von Früchten und Samen meist mehrere Tierarten, die ebenfalls verschwinden, weil sie keine Nahrung mehr finden. Gerade sie aber tragen meist dazu bei, dass die Samen der Bäume verbreitet werden. Was mangels Tieren auch nachträglich nicht geschehen kann, wenn man sich nicht rechtzeitig um Wiederaufforstung bemüht hat. Ohne die Gärtner des Waldes ist seine Zukunft ungewiss. Viele Bäume leben zudem in enger Symbiose mit Pilzen, die sich mit ihren Fäden an die Baumwurzeln klammern. Die junge Pflanze hat noch keinen Myzelmantel. Sie muss den Pilz erst suchen und tut dies mit Hilfe ihrer Wurzeln im Wurzelsystem der umstehenden Schwesterpflanzen derselben Art, denn jede Art hat ihren eigenen Wurzelpilz. Wenn aber sämtliche Schwesterpflanzen gefällt wurden, wird sie keinen Pilz finden, mit dem sie in Symbiose leben kann. Damit aber wird ihr Wachstum behindert und mit ihm die Regeneration des Waldes.

Einige Tierarten reagieren besonders empfindlich auf die Entwaldung. Wissenschaftler benutzen sie gleichsam als Indikatoren für die Gesundheit des Ökosystems. Dazu gehören zum Beispiel die Calaos, die Doppelhornvögel. Für die Waldgebiete des indo-malaiischen Archipels sind sie die besten Hinweisgeber, wenn es um die Gesundheit bzw. Regeneration eines Waldes geht. Dasselbe gilt für den Buntspecht, dessen Population nach einem mehr oder weniger massiven Holzeinschlag gewöhnlich um etwa 40 bis 60 Prozent zurückgeht. Ornithologen konnten zeigen, dass in einem beliebigen Ökosystem die Populationsdichte der Buntspechte umgekehrt proportional zur Zahl der geschlagenen Bäume ist. Das heißt: je mehr geschlagene Bäume, desto weniger Vögel. Das liegt daran, dass der Specht sich seine Nahrung unter der Rinde reifer oder abgestorbener Bäume sucht. Der Doppelhornvogel hingegen ernährt sich vorzugsweise von Früchten. Untersuchungen in Malaysia[45] haben ergeben, dass gerade der Feigenbaum besonders empfindlich auf Holzeinschlag reagiert. Sobald dieser in einer Region beginnt, geht die Anzahl der Feigenbäume dort um mehr als 70 Prozent zurück. Der Feigenbaum aber trägt gerade dann Früchte, wenn die meisten anderen Bäume sich in der Ruhephase befinden. Außerdem gehören 56 Prozent der vom Doppelhornvogel

45 Ebenda.

bevorzugten Nahrungsquellen zu den am häufigsten geschlagenen Bäumen. Und nur wenige der zur Wiederaufforstung benutzten, schnell wachsenden Bäume liefern dem Doppelhornvogel Früchte, die er mag. Doch selbst wenn dies der Fall sein sollte, gibt es Probleme bei der Fortpflanzung. Zunächst einmal finden die schweren Vögel kaum noch Bäume, in denen sie ihre Nester bauen können. Der Doppelhornvogel nistet vorzugsweise in Höhlen im Stamm großer Bäume. Außerdem findet das Doppelhornpärchen kaum Nahrung für die Jungvögel. Andere Arten sind etwas anpassungsfähiger und überleben auch in Wäldern, die man selektiv ausgeholzt hat.

Bislang allerdings vermag niemand auf der Welt zu sagen, welche Auswirkungen das gestörte Gleichgewicht des Waldes auf uns haben wird. Schätzungen gehen davon aus, dass die Tropenwälder mehr als die Hälfte der Arten auf der ganzen Welt beherbergen. Bislang kennt die Wissenschaft 1,9 Millionen beschriebene Arten. Doch man geht von einer Artenvielfalt aus, die zwischen 5 und 80 Millionen liegt. Welche Folgen die Motorsägen auf das Ökosystem in seiner Gesamtheit haben werden, ist daher schwer vorherzusagen. Dass sie jedoch weit gravierender sein werden, als bislang angenommen, gilt mittlerweile als sicher.

Entwaldung, Moskitos und das Virus

Der Dschungel – ein Paradies der Artenvielfalt. Dies bedeutet jedoch auch, dass die grüne Hölle Lebensraum für Myriaden von Parasiten und Viren ist, deren Existenz wir noch nicht einmal kennen. Einige dieser Organismen haben sich den Wissenschaftlern allerdings bereits vorgestellt. Sie verließen den Wald ... zum großen Schaden der Menschheit.

Das Ebolavirus, 1976 entdeckt und nach einem Fluss in der Demokratischen Republik Kongo benannt, hat sich in 90 Prozent aller Fälle als tödlich erwiesen. Das fadenförmige Filovirus wird durch die Körperflüssigkeiten befallener Organismen übertragen. Es befällt Menschen und Menschenaffen gleichermaßen. Man hat festgestellt, dass das Ebolavirus durch Verzehr von Affenfleisch auf den Menschen übertragen wurde. Die Affen sind Träger des Virus. Eine Ansteckung erfolgt, wenn man – sei es bei der Jagd, wenn die Tiere gehäutet und ausgeweidet werden, oder später bei der Zubereitung des Fleisches – in Kontakt mit dem Blut der Tiere kommt. Bedauerlicherweise hat sich dies bei den Wilderern und den Liebhabern von Buschfleisch noch nicht herumgesprochen. Nur wenige dieser Feinschmecker verzichten bislang auf ihr Affensteak.

Auch ein anderes Filovirus aus den Wäldern Afrikas, das Marburg-Virus, ruft hämorrhagisches Fieber hervor, das in den meisten Fällen tödlich verläuft. Zusammen mit dem Ebolavirus gehört es zu den tödlichsten Erregern von Infektionskrankheiten, die der Menschheit bislang bekannt sind, nicht zuletzt, weil es gegen diese Krankheiten keinen Impfstoff gibt.

Eine der Theorien zur Entstehung von Aids sieht die Ursache in Impfstoffen gegen Kinderlähmung, die im damaligen Belgisch-Kongo verabreicht wurden. Angeblich hat man zur Herstellung des Impfstoffs Nierenzellen von Schimpansen verwendet, wobei das SIV-Virus, das bei allen Menschenaffen vorkommt, sich zum HIV wandelte, sich also an den Menschen anpasste. Das HI-Virus wiederum rief eine der schlimmsten Epidemien hervor, die vor allem in den Ländern des Südens verheerende Auswirkungen zeitigt. Doch dieser These wurde seit jeher heftig widersprochen. Die meisten Wissenschaftler haben sie mittlerweile ad acta gelegt. Stattdessen favorisiert man die Vorstellung, ein Jäger, der mit blutigem Schimpansenfleisch in Berührung kam, habe sich das SIV eingefangen. Tatsache ist, dass Ort und Zeitpunkt, an dem das SIV sich zum HIV wandelte, bis heute nicht bekannt sind. Höchstwahrscheinlich aber hatte das Ursprungsvirus lange Jahre im Tropenwald überlebt, bevor es den Menschen befiel.

Wir wissen nicht, welche Viren und Krankheitserreger die tropischen Wälder beherbergen, eines aber ist sicher: Das Ökosystem Regenwald mit seiner Wärme und seiner Feuchtigkeit ist der ideale Nährboden für Parasiten jeder Art. Je weiter wir in den Wald vordringen, desto mehr stören wir sein geordnetes Gleichgewicht der Arten, seien diese nun sichtbar oder unsichtbar. Welchen Preis werden wir dafür wohl bezahlen müssen? Wie wir gesehen haben, besteht er nicht selten in Tod und Verzweiflung.

Das Sumpffieber, wie man die Malaria früher nannte, steht weniger im medialen Rampenlicht als Aids, weil es in den Industrieländern kaum auftritt. Und doch tötet die Malaria Jahr für Jahr etwa 4 Millionen Menschen, die Hälfte davon auf dem afrikanischen Kontinent. Der Parasit wird durch den Stich eines Stechmückenweibchens der Gattung *Anopheles* übertragen. Dann durchläuft er eine Reihe von Veränderungen, die für seinen Lebenszyklus nötig sind, und verseucht dadurch erst die Leber, dann die roten Blutkörperchen, die er regelrecht explodieren lässt. *Plasmodium falciparum*, der schlimmste der vier auf den Menschen übertragbaren Malaria-Parasiten, führt zu lebensbedrohlichen Schäden im zentralen Nervensystem, wenn der Befall nicht behandelt wird. Doch dieser Parasit kommt weniger im Herzen des Waldes vor denn in den Randzonen, in denen der Mensch lebt. Dort findet die Steckmücke ideale Lebensbedingungen vor. Mit der selektiven Entwaldung aber wird auf den Lichtungen erneut Lebensraum für diese Moskitoarten geschaffen. Epidemiologen konnten nachweisen, dass eine Entwaldung von einem Prozent zu einem achtprozentigen Anstieg der Malaria-Stechmücken führt. Ein Beweis mehr, dass die Folgen der Entwaldung in den Tropen für den Menschen und den Planeten gleich schädlich sind.

3 | Entwaldung und die Rechte der indigenen Völker

Diane Fossey, ermordet am 25. Dezember 1985, kämpfte für die Erhaltung der Gorillas in Ruanda.

Chico Mendes, ermordet am 22. Dezember 1988, setzte sich für die Rechte der Kautschukzapfer und die Erhaltung des Regenwaldes in Brasilien ein.

Bruno Manser, verschwunden, wollte den Tropenwald in Malaysia erhalten und kämpfte für die Rechte der Penan.

Theys Eluay, ermordet im November 2002, war einer der Vorkämpfer für die Unabhängigkeit der Papua und forderte die Rechte seines Volkes ein.

Dorival Benitez, ermordet am 26. Juni 2005, trat für die Rechte der Guarani in Brasilien ein.

Schwester Dorothy Stang, ermordet im Februar 2005, kämpfte für die Rechte der landlosen Bauern in Brasilien.

Joan Wells Root, ermordet am 13. Januar 2006, kämpfte für den Erhalt der Natur um den Naivasha-See in Kenia.

Nur einige wenige Namen unter vielen. Allen gemeinsam war, dass sie den Wald und die Natur über alles liebten. Sie haben den Kampf um die Erhaltung des Waldes bzw. für indigene Völker mit dem Leben bezahlt. In der Zeit, in der ich an diesem Buch gearbeitet habe, wurde die makabre Liste der ermordeten Umweltschützer um zwei Namen verlängert: Domingo Ribamar da Silva und Andoe Saaki, zwei Waldhüter von der Station für umweltgerechten Tourismus, die von der Arataï-Organisation in Guyana geleitet wird. Nicht weit von der Forschungsstation des CNRS Les Nouragues wurden die beiden erschossen und beraubt. Unmittelbare Folge der illegalen Goldwäscherei in diesem Gebiet, möchte man annehmen.

Seit der Westen in Gestalt von Kolumbus zum ersten Mal seinen Fuß auf diesen Kontinent gesetzt hat, gehen die Opfer, welche die wirtschaftliche Nutzung des Waldes bisher gefordert hat, in die Millionen.

Im Jahr 1500 bevölkerten etwa 1000 verschiedene Ethnien den Regenwald Amazoniens. Heute sind davon nur noch 215 übrig.

Der Genozid an den Indios in Südamerika

Vor Ankunft des weißen Mannes waren sie 5 oder gar 6 Millionen. Nach 500 Jahren Ausbeutung, Folter, Krankheit und Mord für Güter wie Gold, Kautschuk, Holz und Land ist die Zahl der Indios auf etwa 350 000 geschrumpft.

Immer noch haben sie kein Recht auf den Besitz des Landes, auf dem sie seit Hunderten von Jahren leben. Immer noch werden sie, vor allem von der brasilianischen Regierung, als Menschen zweiter Klasse behandelt.

Das Land, auf dem sie heute noch leben, erregte seit jeher die Gier der weißen Siedler. Zuerst des Goldes wegen, das dem Mythos von El Dorado zufolge dort verborgen liegen sollte. Danach um der anderen Ressourcen willen, die dieser prächtige Wald bereithielt. Von den ersten Siedlern, die in ihnen keine Menschen sahen, wurden die Indios in die Sklaverei gezwungen. Man denke nur an die berühmte Kontroverse von Valladolid, in der Bruder Bartolomé de Las Casas dem Philosophen Sepulveda gegenübertrat. Dabei ging es um die Frage, ob die Indios eine Seele besäßen, ob sie zur Menschenfamilie gehörten und welche Behandlung man ihnen folglich zuteil werden lassen sollte. Zwar wurde die Sklaverei der Indios 1755 offiziell abgeschafft (während der Handel mit schwarzen Sklaven, die als billige Arbeitskräfte in die Kolonien der Neuen Welt geschafft wurden, in vollem Gange war), doch die Wirklichkeit sah anders aus. Die unmenschlichen Praktiken blieben weitgehend bestehen und verschlimmerten sich mit dem Kautschukboom gegen Ende des 19. Jahrhunderts. Auch heute arbeiten in den Regenwäldern Afrikas, Asiens und Lateinamerikas Menschen unter Bedingungen, die denen der Sklaverei recht nahe kommen.

Nach Jahrhunderten der Plünderung und Ausbeutung enthüllte der Figueiredo-Bericht von 1967[46] zum ersten Mal die wahre Natur und das Ausmaß der Behandlung der Indios durch die Siedler, die stets versucht hatten, diesen das Land ihrer Vorfahren zu stehlen. 5000 Seiten voller Grausamkeiten und Verbrechen gegen ein Volk. Dabei mussten sich die Berichterstatter keineswegs als Historiker betätigen: Der größte Teil der Verbrechen war im letzten Jahrzehnt vor Erstellung des Berichts begangen worden! So waren die Pataxo vorsätzlich mit Pocken infiziert worden. Die Tapuyana hatte man mit Ameisenvernichtungsmitteln und Arsen vergiftet. Andere wie die Maxacali waren feige erschlagen worden, nachdem man sie vorher mit Alkohol abgefüllt hatte ...

46 *Disinherited – Indians in Brazil*, ebenda.

Der Bericht bezifferte die Anzahl der in den sieben Jahren vor seinem Erscheinen ausgerotteten Indianerstämme auf 80. Man leitete eine Untersuchung ein, die letztlich zur Anklage von 134 Regierungsbeamten führte. Kein einziger wurde verurteilt. Der Bericht gelangte nicht an die Öffentlichkeit. Seltsamerweise gingen die letzten Kopien des Berichtes einige Jahre nach seiner Abfassung bei einem Brand in den Regierungsgebäuden verloren. Nur einige wenige Zahlen waren an die Öffentlichkeit gedrungen und in westlichen Zeitschriften veröffentlicht worden. Und so sandte die britische Tageszeitung *Sunday Times* einen ihrer besten Journalisten, Norman Lewis, vor Ort, um zu recherchieren. Sein Artikel mit dem Titel »Genozid« schockierte die internationale Öffentlichkeit so sehr, dass man sofort das Rote Kreuz und andere Nicht-Regierungsorganisationen nach Südamerika schickte.

Dies verschaffte den Indiovölkern Südamerikas eine kurze Atempause, doch seit Beginn des 3. Jahrtausends ist die Gewalt zurückgekehrt. Von neuem werden den Indianern die elementarsten Grundrechte verweigert. Der Grund ist nach wie vor ihr Land. Diese ausgedehnten Ländereien erwecken die Begehrlichkeiten zahlreicher ausländischer Firmen, vor allem der Soja- und Eukalyptuspflanzer, die mit ihren Produkten einen Weltmarkt bedienen, der sich um die Einhaltung von Menschenrechten nicht schert. So hat man die Pataxo Hã Hã Hãi zwangssterilisiert. Die Tikuana wurden von Waldarbeitern massakriert. Die Guarani werden regelmäßig Opfer von Söldnerattacken. Die gemieteten Gewaltverbrecher werden von Holzunternehmen oder Plantagenbesitzern bezahlt. Und der Großteil der Stämme sieht sein Land durch Ölpipelines verseucht und seine Flüsse durch die Abwässer der Papier- oder Bergbauindustrie vergiftet.

Neben Surinam ist Brasilien das einzige Land Lateinamerikas, in dem die Indios kein Recht haben, das Land, auf dem sie seit Jahrhunderten leben, zu besitzen. Durch einen präsidialen Erlass haben sie das Recht, auf Land in Regierungsbesitz zu leben, doch selbst dies kann ihnen unter dem Druck der mächtigen Wald- und Bergbaulobby jederzeit aberkannt werden.

Die Guarani gehören zu den ersten Indiovölkern, welche vor 500 Jahren die Bekanntschaft mit dem Westen gemacht haben. Sie sind heute der wichtigste unter den verbliebenen Stämmen der Indiovölker in Amazonien, vor allem in Brasilien und Paraguay. Ihr religiöses Leben wird geprägt von der Suche nach einem Land im Innern des gigantischen Regenwaldes, »in dem das Böse nicht existiert«. Einst bevölkerten mehr als 1,5 Millionen Guarani den Regenwald und die Ebenen im Süden Amazoniens. Ihnen gehörte ein Landstrich von circa 220 000 Quadratkilometern. Heute sind von den Guarani noch 30 000 in Brasilien und 40 000 in Paraguay übrig. Sie leben in kleinen Waldreservaten, umgeben von Sojaplantagen, Zuckerrohrpflanzungen und Weideland. In Brasilien verjagt man sie von ihrem Land, sobald es irgendein Erschließungsprojekt gibt. Für die Guarani stellt dies nicht nur einen direkten Angriff auf ihre Lebensart dar, sondern ebenso auf ihre religiösen Überzeugungen. Eingepfercht in die Mini-Wälder, in denen sie weder jagen noch fischen oder kleine Parzellen Land bestellen können, sind sie ihrer Lebensgrundlagen beraubt, denn das Wenige, was es dort zu finden gibt, reicht nicht aus, um sie zu ernähren. Diese verzweifelte Situation nutzen die Plantagenbesitzer und Rancher in der Nachbarschaft aus, um sich billige Arbeitskräfte zu besorgen. Die Selbstmordrate ist bei diesem Volk, das ohne Land keine Zukunft hat, außergewöhnlich hoch. Sogar Kinder im Alter von zehn Jahren sterben lieber, als weiterhin unter solchen Bedingungen zu leben.

Am 14. Dezember 2005 vertrieb eine Hundertschaft Polizisten mit Hubschraubern 400 Guarani-Kaiowa von ihrem Land in der Nähe von Nanderu Marangatu im brasilianischen Staat Mato Grosso do Sul. Im März 2005 gewannen die Guarani den langen Kampf um das Land ihrer Vorfahren. Präsident Lula unterschrieb einen Erlass, der ihnen das Land übereignete und ihnen das Recht garantierte, dort zu leben. Doch damit hatte Lula die Rechnung ohne den Wirt gemacht, dessen Rolle in diesem Fall die Rancher übernahmen. Diese übten Druck auf die lokalen Behörden aus, sodass die Guarani einige Monate später erneut von ihrem Land vertrieben und wie Vieh in ein winziges Reservat gesperrt wurden, das sich an einer langen Straße hinzog. Die brasilianische Polizei nahm auch zwei niederländische Journalisten fest, die Zeugen der Vertreibung wurden. Am Weihnachtstag nach diesem tragischen Vorfall wurde der Guaranifführer Dorvalino Rocha ermordet. Er war die Schlüsselfigur im Kampf um das angestammte Land seines Volkes. So war er vielen in dieser Region ein Dorn im Auge. Die Auftraggeber des brutalen Mordes sind bis heute unerkannt, doch es ist nicht viel Fantasie nötig, um sich auszumalen, wer vom Tode Rochas profitierte.

Im April 2006 starben zwei Kinder der kleinen Gemeinde. Eines davon war mit Pestiziden vergiftet worden. Seit der Vertreibung sind insgesamt sieben Kinder gestorben.

Die Schreckensherrschaft des Kautschuks

Zu den Produkten, die den höchsten Blutzoll forderten, gehört zweifelsohne der Kautschuk.

Die Tragödie in drei Akten nahm ihren Ausgang gegen Ende des 19. Jahrhunderts im Kongo, wo sich der belgische König Leopold II. gerade ein Gebiet von etwa 2,5 Millionen Quadratkilometern mitten im Herzen Afrikas gesichert hatte. Der Entdecker Henry Morton Stanley war es, der seinem Brotherrn zu diesem nicht unbeträchtlichen Grundbesitz verholfen hatte. Unter dem Deckmantel der Association internationale africaine (AIA), die angeblich rein humanitäre Ziele verfolgt, bereitet Stanley im Kongo das Terrain für die Herrschaft Leopolds und baut dabei das erste große Handelsnetz mit Europa auf. Zuerst konzentriert er sich auf Elfenbein, aus dem zu jener Zeit die in Europa so geschätzten Billardkugeln und Klaviertasten gefertigt werden. Das erste große Elefantensterben ist die direkte Folge von Stanleys »zivilisatorischem« Wirken auf dem afrikanischen Kontinent. Jahr für Jahr wandern 500 Tonnen Elfenbein ins viktorianische England. Um dieses Unternehmens willen ergaunert sich Stanley – Spitzname »der Steinbrecher« – im Auftrag Leopolds die Unterschrift aller Stammeshäuptlinge im Kongo, die dem belgischen König damit die volle Souveränität über ihr Land übertragen. 1885 erkennt die Kongo-Konferenz in Berlin offiziell an, dass Leopold II. Eigentümer der Ländereien am linken Kongoufer ist. Leopold ruft sich selbst zum König des Kongo aus. Damit hat er mit einem Federstrich das kongolesische Volk seines Landes und seiner Rohstoffe beraubt.

Sehr schnell wird aus der AIA die Association commerciale du Congo, und Leopold II. beginnt, die natürlichen Ressourcen seiner Kolonie auszubeuten. Doch zuerst erlässt er ein Dekret, wonach alle nicht bewohnten Grundstücke sowie alle »Früchte des Waldes« ihm gehören. Die Einheimischen, so heißt es weiter, dürften diese Ländereien nur zum Wohle des Staates nutzen. All das ist von Stanley minutiös vorbereitet worden. Er hat keine Mühe gescheut, um alles, was es vorher im Kongo gegeben hat, zu zerstören und eine neue Politik durchzusetzen, die einzig den Gesetzen des Handels mit dem Westen gehorcht und die Taschen König Leopolds füllen soll. Straßen, Brücken, Schienennetze und Wasserwege werden angelegt, damit die Kolonialprodukte ihren Weg in die Häfen finden, von wo aus sie nach Europa verschifft werden.

Dies ist der Beginn der Zwangsarbeit unter Aufsicht der Kolonialverwaltung. »Den Eingeweiden des Landes Schätze zu entreißen, das war ihr Verlangen, und dabei schienen diese Menschen von keiner hochsinnigeren Absicht geleitet zu werden als Banditen beim Aufbrechen eines Geldschranks.«[47]

Zur gleichen Zeit, als die Elefantenpopulation im Kongobecken massiv abnimmt und deren Ausfall nicht durch andere Transportmittel ersetzt werden kann, kommt es in Europa zum Fahrrad- und Automobilboom. Auf Stanleys Rat hin verlegt Leopold sich auf die Latexindustrie, da Kautschuk (Naturlatex) das Produkt ist, das zu jener Zeit in Europa am stärksten im Schwange ist. Für den König ist dies ein außerordentlicher Glücksfall, denn die Wälder des Kongo stehen voll mit Landolphia, welche den wertvollen Kautschuk liefert. Das neue »weiße Gold« macht den König reich, da die Kolonien in Lateinamerika

47 Joseph Conrad, *Das Herz der Finsternis*, München 2004, S. 49. Conrad war Kommandant eines der belgischen Schiffe, die damals den Kongo befuhren, und ließ sich von seiner Erfahrung zu dieser Erzählung inspirieren.

und Asien noch nicht in die kommerzielle Kautschukproduktion eingestiegen sind.

Der Zweck heiligt die Mittel auch in Profitfragen, und so etabliert sich im Kongo bald eine wahre Schreckensherrschaft. Man legt Quoten für die Kautschuksammler fest. Werden diese nicht erreicht, werden die Arbeiter getötet. Den Toten hackt man die rechte Hand ab, um zu zeigen, wie viele Exekutionen es bereits gegeben hat und wie viele Kugeln pro Exekution verbraucht wurden. (Verschwendung war verpönt. Für jede Kugel, welche die belgische Kolonialmacht ausgab, musste daher eine abgeschlagene Hand vorgelegt werden.) Man verbrennt Dörfer, schlägt Köpfe ab, foltert und prügelt Männer mit der Rhinozerosslederpeitsche am Schandpfahl zu Tode. Die Beamten im Kongo müssen ihrem König immer mehr Kautschuk liefern, um ihre Prämien zu erhalten. Bald nimmt man die Frauen der Sammler als Geiseln, um diese zu höherer Produktivität zu zwingen. Diese Praxis wird zur Regel, um den Nachschub an »weißem Gold« sicherzustellen. Man erteilt Konzessionen an Unternehmer, welche die Ausbeutung der Rohstoffe übernehmen. Auch andere europäische Länder können Konzessionen erhalten, doch behält Leopold II. die Kontrolle. Er behält sich 50 Prozent der Einkünfte vor und besetzt die Schlüsselpositionen durchweg mit seinen Männern.

Doch allmählich kommt es zu Unruhen. Die blutige Ausbeutung der Menschen im Kongo wird auch in Europa bekannt. Die aus dem Kongo zurückkehrenden christlichen Missionare legen Zeugnis über die Gräueltaten der Kolonialregierung ab. Der Journalist Edmund Dene Morel durchleuchtet das königliche Kolonialsystem und macht den Skandal sodann öffentlich. Morel ruft die Gesellschaft für die Reform des Kongo (Association pour la réforme du Congo) ins Leben, die als erste Nicht-Regierungsorganisation, die sich für die Einhaltung der Menschenrechte eingesetzt hat, betrachtet werden kann. Morels Arbeit als Investigativjournalist und der Casement-Report des britischen Konsuls Roger Casement (ein Dokument des Grauens, verfasst nach einer Reise in den Kongo) zwingen Leopold II. schließlich dazu, von seiner Politik abzurücken und die Kolonie an den belgischen Staat abzutreten. 1908, als Leopold II. das Zeitliche segnet, ist der Kongo zur Hälfte entvölkert. Mehr als zehn Millionen Menschen sind unter seiner Schreckensherrschaft zu Tode gekommen.

Als zu Beginn des 20. Jahrhunderts die Kautschukproduktion im Kongo zusammenbricht, werden in Amazonien neue Produktionsmöglichkeiten entdeckt. Der Kautschukbaum, Hevea brasiliensis, bringt genauso viel von dem kostbaren weißen Saft hervor, wenn man ihn einritzt. Die Indios nutzen die Kautschukmilch schon lange. Sie machen daraus Gummibälle, mit denen sie sich durch eine lange Kanüle Halluzinogene in die Nasenlöcher spritzen. Außerdem wird er zum Abdichten der Boote benutzt. Die Portugiesen, welche im 18. Jahrhundert den Kautschuksaft von den Indios übernommen haben, haben Methoden entwickelt, um damit Stoffe zu imprägnieren und Gefäße herzustellen.

Also rollt gegen Ende des 19., Anfang des 20. Jahrhunderts eine gewaltige Nachfragewelle auf Manaos zu, den einzigen Hafen in Amazonien, der von hochseetauglichen Schiffen angesteuert werden kann. Bald wird Manaos zur Hauptstadt des Kautschuk. Der zweite Akt der Tragödie beginnt.

Als die Monopolstellung Amazoniens im Kautschukhandel gesichert ist, geht ein warmer Goldregen auf Manaos hernieder, eine Stadt mitten im Dschungel. Champagner und Cognac fließen in Strömen. Ende des 19. Jahrhunderts bietet Manaos denselben Komfort wie jede europäische Hauptstadt: gepflasterte Straßen, eine großartige Oper, eine Trambahn, mehrere Hospitäler. Zwischen 1908 und 1910, am Gipfel seiner Glanzzeit, exportiert Manaos pro Jahr 80 000 Tonnen Rohkautschuk, der in einem Waldgebiet von 3 Millionen Quadratkilometer Größe gesammelt wird. Doch nun beginnt der Aufstieg der Hevea-Pflanzungen in Malaysia und anderen südostasiatischen Ländern, die Manaos Konkurrenz machen. Bald gibt es die ersten Unternehmenspleiten. Die schöne Fassade der Stadt bekommt erste Risse und gibt den Blick frei auf das, was in den Wäldern wirklich passiert ... und den Geschehnissen im Kongo in nichts nachsteht.

Am 20. Juli 1912 titelt die *Illustrated London News* in ihrer Ausgabe über »die Enthüllungen vom Putumayo«: »4000 Tonnen – 30 000 Leben«. Die bolivianische Kautschukgesellschaft, geleitet von dem Bolivianer Julio Cesar Arana, hat ihren Sitz in London und besitzt am Putumayofluss, der zwischen Kolumbien und Peru verläuft, 30 000 Quadratkilometer Land. Sie hat sich auf dem Stammesland verschiedener als friedlich bekannter Indianervölker wie der Bora, Huitoto und Ocaïna niedergelassen. Es kommt zu ersten Gerüchten, dass die Lebensbedingungen der für das Unternehmen tätigen Indianer sehr zu wünschen übrig lassen. Damit steht die Ehre Großbritanniens auf dem Spiel, haben doch nicht wenige Finanziers des Börsenplatzes London in Aranas Gesellschaft investiert. Man beruft eine Untersuchungskommission ein. Deren Bericht lässt Schlimmes vermuten. Auch hier spielt Roger Casement wieder eine entscheidende Rolle bei der Aufdeckung des Skandals. Von den 50 000 Indios, die zu Beginn der Arbeiten das fragliche Areal bewohnten, haben nur 8000 die Sklavenarbeit überlebt. Man schätzt, dass jede Tonne Kautschuk der bolivianischen Gesellschaft mindestens sieben Menschenleben forderte. Die Indios werden angekettet, damit sie nicht weglaufen können. Wenn sie ihre Quote nicht erreichen, verbrennt man sie bei lebendigem Leibe. Die Frauen sperrt man in so genannte »Reproduktionsfarmen«. Die Äcker der Indios werden zerstört, um sie so besser unterjochen zu können ... Die Liste der Gräueltaten ist lang. Das Camp der Gesellschaft wird 1914 geschlossen, doch die Geschichte der Kautschukproduktion wird stets mit Blutvergießen in Verbindung gebracht werden.

Bedauerlicherweise scheint sich die Geschichte immer zu wiederholen. Denn die Arbeitsbedingungen der Seringueiros, der Kautschukzapfer, unterscheiden sich nicht allzu sehr von denen ihrer Vorgänger. Der einzige Fortschritt ist, dass aus Sklaven Zwangsarbeiter geworden sind. Immer noch sind die Indios Opfer dieser wirtschaftlichen »Entwicklungs«-Strategie. Entweder beutet man sie als schlecht bezahlte Arbeiter aus, oder man vertreibt sie von ihrem Land, weil sie der Erweiterung der Plantagen im Weg stehen.

Der dritte Akt dieser tropischen Tragödie spielt im Jahr 1963, doch das Stück scheint damit noch nicht zu Ende, denn der Hunger nach Profit ist so lebendig wie eh und je.

Das brasilianische Latexunternehmen Junqueira & Co. will sich vergrößern. Es sucht am Aripuanafluss nach aussichtsreichen Standorten, um seinen Latexausstoß und somit seinen Gewinn zu steigern. Und man wird fündig. Dummerweise leben auf den begehrten Ländereien die Cinta Larga, was den wirtschaftlichen Aktivitäten Junqueiras zunächst einmal einen Riegel vorzuschieben scheint. Und so macht sich Antonio Mascarenhas Junqueira, der Geschäftsführer des Unternehmens, an die planerischen Vorbereitungen für ein Massaker an den Indios. Mit der Gleichgültigkeit eines Kammerjägers meint er: »Diese Indios sind nichts weiter als Parasiten. Sie sind eine Schande für das Land. Es ist ohnehin an der Zeit, mit ihnen aufzuräumen und dieses Gezücht ein für alle Mal auszurotten.«[48] Gesagt, getan. Aus einem Privatflugzeug wirft er Dynamit auf die kleine Gemeinde ab. Um sicherzugehen, dass es keine Überlebenden gibt, schickt er seine Schergen vor Ort, die ihren Job mit einer Grausamkeit erledigen, für die es keine Worte mehr gibt. So wird der Leib einer Mutter mit der Machete in zwei Teile gehauen, nachdem das Kind, das sie eben noch stillte, vor ihren Augen geköpft worden war. 1975 wird einer der Mörder des »Massakers vom 11. Breitengrad«, wie man diesen kaltblütigen Massenmord in den Medien nannte, zu zehn Jahren Zuchthaus verurteilt ... und einige Monate später begnadigt.

Kautschukarbeiter werden vielleicht nicht mehr in Ketten gelegt, doch die Methoden, mit denen man die Rentabilität der Kautschukproduktion sichert, sind immer noch alles andere als human. In Liberia beispielsweise besitzt das amerikanische Unternehmen Firestone, aufgekauft vom japanischen Bridgestone und damit nach Michelin zweitgrößter Reifenhersteller der Welt, mehr als 400 000 Hektar Land, mehr als 8 Millionen Heveabäume und etwa 6000 offizielle Angestellte. Erst kürzlich aber veröffentlichte die Zeitung *Le Monde* eine Reportage über »Zwangsarbeit bei Firestone«[49]. Hinter dem schönen Schild »Willkommen bei Firestone« öffnet sich der Blick auf eine düstere Realität: Jeder

48 In: *Disinherited – Indians in Brazil*, ebenda.
49 Ariane Chemin, »Les forçats de Firestone«, in: *Le Monde* vom 3. Februar 2006.

der Arbeiter erhält für Arbeit unter den unmenschlichsten Bedingungen gerade einmal 3,19 Dollar pro Tag. Die Journalistin Ariane Chemin hat die Aussage eines dieser Kautschukzapfer aufgenommen: »Ich bin zwölf Jahre lang zur Schule gegangen. [...] Ich weiß, was welchen Namen verdient. Und das hier ist Sklaverei, wie sie in den Schulbüchern beschrieben wird. Man hat täglich mit Ammoniak und mit Säuren zu tun. Bei dieser Arbeit kann man nur sterben.« Doch nicht alle Angestellten von Firestone teilen diese Meinung. Trotzdem wird das Unternehmen 2005 unter Anklage gestellt. Wegen Zwangsarbeit, wie der International Labor Rights Fund (ILRF) die Sklaverei schönfärberisch nennt. Nichtsdestotrotz hat er vor dem Bundesgericht in Venice, Kalifornien, gegen das Unternehmen Klage erhoben. Jerome Verdier, ein liberianischer Anwalt, der auf Umweltprobleme spezialisiert ist, erklärt, dass die Arbeiter bei Firestone ihre Quote nicht erfüllen können, ohne all ihre Kinder mit zur Arbeit zu nehmen. So beschäftigt das Unternehmen zwar offiziell keine Kinder, doch es zwingt seine Angestellten, ebendies zu tun.

1988 lassen Rancher Chico Mendes ermorden, einen Seringueiro, der sich für die Umwelt einsetzt und für die Grundbesitzer daher zur echten Bedrohung wird. Doch Chico Mendes, der einer Familie von Seringueiros im Staate Acre in Brasilien entstammt, war nicht nur Umweltschützer, sondern auch Gewerkschafter. Und er kämpfte für die Rechte der Kautschukzapfer.

In den Sechzigerjahren sinkt der Kautschukpreis immer mehr. Die meisten Kautschukplantagenbesitzer verkaufen ihr Land an den Meistbietenden. Dies sind meist Pferde- oder Rinderzüchter. So schnell es irgendwie geht, werden die Kautschukzapfer von dem Land vertrieben, auf dem sie teils schon seit Jahrzehnten mit ihren Familien leben, um es besser abholzen zu können. In den Siebzigerjahren beginnt Mendes mit anderen Kautschukzapfern gegen die fortschreitende Entwaldung jener Gebiete zu kämpfen, in denen die für die neuen Besitzer nutzlosen Kautschukbäume stehen. Diese wollen das Land einem gründlichen Kahlschlag unterziehen, damit sie es als Weideland nutzen können. Mendes aber hat schon früh begriffen, dass der Wald erhalten werden muss und dass es möglich ist, seine Früchte wie zum Beispiel die Paranuss nachhaltig zu nutzen. Durch sie würden all jene, die vorher von der Kautschukproduktion lebten, wieder ein dauerhaftes Einkommen erzielen. 1987 gelingt es ihm, die Interamerikanische Entwicklungsbank zu überzeugen, dass der Bau der neuen Bundesstraße BR 364, deren Finanzierung die Bank übernommen hat, zu einem ökologischen und sozialen Desaster führen würde, weil sie ein ganzes Ökosystem zerstören und viele Menschen ihrer Heimat berauben würde.

Der Erfolg beflügelt Mendes. Er stellt sich gegen den Großgrundbesitzer Darly Alves da Silva, der zur Ausweitung seiner Weidegründe noch mehr geschützten Wald abholzen will. Der Kahlschlag wird verhindert, das Schutzgebiet eingerichtet. Gegen Alves da Silva ergeht wegen eines Mordes in einem benachbarten Bundesstaat ein Haftbefehl. Doch die Polizei, obwohl sie einen Haftbefehl in Händen hält, versucht nie, des Großgrundbesitzers tatsächlich habhaft zu werden. Am 22. Dezember 1988 wird Mendes in seinem eigenen Haus erschossen. Darly Alves da Silva und sein Sohn Darcy Pereira, die wegen dieses Mordes zu 19 Jahren Haft verurteilt werden, erreichen Ende 1990, dass ihr Verfahren neu aufgerollt wird. 1992 werden sie erneut verurteilt, 1993 verhilft man ihnen zur Flucht. Nach drei Jahren im Untergrund wird Darly Alves da Silva erneut gefangen genommen.

Gestern Kautschuk, heute Soja, Palmöl, Krabben oder Papier. Die Geschichte der Ausbeutung findet kein Ende. Die tropischen Wälder werden systematisch geplündert und zerstört, die Menschen, die im und vom Wald leben, vertrieben oder ermordet. Einige Bankkonten werden immer dicker, und auf Aktionärsseite herrscht eitel Freude. Dabei würden sie sich vermutlich zweimal überlegen, welche Unternehmen sie mit ihrem Geld unterstützen, wenn sie wüssten, welche Konsequenzen ihre Investition für die Erde und für Millionen Menschen hat.

Verseuche und herrsche

Die Missachtung der Menschenrechte bzw. der Rechte indigener Völker macht keineswegs bei der Zwangsarbeit Halt. Neben der fehlenden Achtung für Leib und Leben bedeutet sie oft genug eine mehr als bedenkliche Umweltverschmutzung. Einige Beispiele habe ich bereits genannt, wie die gewaltige Pipeline von Chevron-Texaco in Ecuador, die löchrig ist wie ein Sieb und so viel Erdöl in den Urwaldboden austreten lässt, dass der von der Exxon Valdez 1989 in Alaska verursachte Ölteppich dagegen klein erscheint. Möglicherweise ist einfach nur Nachlässigkeit daran schuld, doch in einigen Fällen wird Umweltverschmutzung auch konkret als Waffe gegen die indigenen Völker eingesetzt, deren Land von skrupellosen Geschäftemachern beansprucht wird.

Die Region von Vailala FMA/TRP in Papua-Neuguinea ist ein weitläufiges, von intaktem Regenwald bestandenes Gebiet. Trotzdem hat die Frontier Holdings Ltd., eine Tochtergesellschaft des malaiischen Konzerns Rimbuna Hijau, 1995 eine Konzession für 900 000 Hektar Wald erhalten, die umfangreichste Konzession, die bislang in Indonesion erteilt wurde. Diese Konzession lief 2002 aus, doch sie wurde erneuert, ohne dass man mit den Papua, denen das Land dort gehört, Rücksprache hielt. Im Klartext heißt das, dass das Stammland der Papua privatisiert wurde, ohne dass man sich die Mühe machte, die Eigentümer überhaupt in Kenntnis zu setzen. Baum um Baum wird gefällt – auch ohne die Genehmigung der Papua. So schlug man beispielsweise auch Bäume, deren Stamm einen gewissen Umfang noch gar nicht erreicht hatte, was das Gesetz eigentlich verbietet. Wiederaufforstung und Umweltschutz sind für Frontier Holdings ohnehin Fremdwörter. Durch die Waldarbeiten wurden einige Quellen verschüttet, und der Vailala-Fluss ist mittlerweile so braun wie der Schlamm, der sich ständig in ihn ergießt, weil an den Uferböschungen kein Baum mehr steht, der das Abrutschen der Hänge verhindern könnte. Im Namen der »Entwicklung« hat der Holzkonzern die heiligen Ritualstätten im Wald einfach plattgemacht. Und was noch schlimmer ist: Im Jahr 2002 entsorgte das Unternehmen DDT in den Vailalafluss, und zwar genau oberhalb eines Papuadorfes. Alle Wasserpflanzen wurden vernichtet. Innerhalb einer Woche starben im ersten Dorf unterhalb der Stelle, an der das Gift entsorgt wurde, neun Kinder. Auch in den weiter flussabwärts gelegenen Dörfern verloren mehrere Kinder das Leben.

In der indonesischen Provinz Papua (früher Irian Jaya) liegt auch die größte Gold- und Kupfermine der Welt: Freeport. Sie wird von dem amerikanischen Unternehmen Freeport McMoRan ausgebeutet. Zur Förderung der Edelmetalle wurde der heilige Berg der Amungme-Papua zerstört. Einige Papua, die ihr Land verteidigen wollten, wurden von indonesischen Soldaten getötet, welche zum Schutz der Minen abkommandiert waren.

Weiter flussabwärts sind es die Kamoro, die unter den Unmengen von Abfällen leiden, die Tag für Tag in ihre Flüsse gekippt werden. Ob dies vorsätzlich geschieht? Die Frage stellt sich eigentlich nicht, denn es ist schlechterdings unmöglich, dass die Leiter der Mine in Freeport über die Umweltschutz- und Menschenrechtsverletzungen ihrer Arbeiter nicht Bescheid wissen. Sind Wegsehen und Dulden nicht dasselbe?

Freeport hat sich 1967 in dem Gebiet angesiedelt. Das Unternehmen schloss einen Vertrag mit der indonesischen Regierung, der ihm im Vertragsgebiet alle Vollmacht über die lokale Bevölkerung und die Ressourcen des Waldes gab. Dazu gehörte auch das Recht, sich Land, Holz und Wasser anzueignen und indigene Völker, die etwa dem Geschäftsbetrieb im Weg waren, umzusiedeln. In den 30 Jahren, in denen die Mine in Betrieb ist, häuften sich die Menschenrechtsverletzungen. Die Vereinten Nationen sowie verschiedene Nicht-Regierungsorganisationen hielten die einzelnen Verstöße fest, die aufgrund von Zeugenaussagen oder anderen Beweismitteln belegt werden konnten. Folter, Vergewaltigung, Mord, Entführung, Freiheitsberaubung und Schutzhaft sind in Freeport an der Tagesordnung. Der Konzern beschlagnahmte die Äcker der Papua. Ihre Wasserquellen und Fischgründe wurden verschmutzt. So erklärte einer der Amungme 1995 einem Journalisten der indonesischen Tageszeitung *Kompas*: »Was denken sie nur von uns Amungme? Sind wir in ihren Augen Menschen, Halbmenschen oder gar keine Menschen? Wenn sie uns als Menschen betrachten würden, dann würden sie uns ja wohl nicht die in unserer Kultur kostbarsten Güter stehlen, so wie wir ihnen nicht ihr Hab und Gut rauben würden ... Manchmal frage ich mich, wer von uns handelt wie ein ›Primitiver‹?«

4 | Diebstahl am Leben

Die Anfänge der Biopiraterie

Juni 1986. Der Amerikaner Loren Miller ist glücklicher Besitzer eines Patents. Seine Erfindung heißt »Da Vine«. Es ist eine Pflanze, eine Liane, um genau zu sein, die den wunderschönen wissenschaftlichen Namen *Banisteriopsis caapi* trägt. Die »Neuheit« kommt aus dem Regenwald Ecuadors und hat dort den Schamanen vieler verschiedener amazonischer Völker zu ihren Visionen verholfen. Die »Geistliane« oder »Ayahuasca«, wie man sie dort nennt, wird seit Generationen zur Herstellung eines Rituaaltranks benutzt, dessen halluzinogene Wirkung hilft, »zu den Geistern zu gehen«, um von ihnen Botschaften über den Ursprung von Krankheiten oder die Zukunft des Dorfes zu erhalten. Miller aber hat ein Patent auf Ayahuasca angemeldet und ist damit zum einzigen Besitzer der Pflanze und all ihrer Wirkstoffe geworden. Nur er darf sie kommerziell nutzen.

Diesen Diebstahl am Leben, diese widerrechtliche Aneignung der jahrhundertealten Kenntnissen der indigenen Völker hat man »Biopiraterie« getauft. Methoden, die in den Achtzigerjahren aufkamen, als man in den Ländern des Nordens die Biotechnologie entdeckte. Ein Gesetz von 1951 schreibt vor, dass nur »gemachte« Produkte, Maschinen oder industrielle Verfahren in den Vereinigten Staaten patentiert werden können. Das patentierte Objekt muss zudem drei Kriterien erfüllen: Es muss eine Erfindung sein, sie muss gewerblich anwendbar und neu sein.

Doch mit dem Aufkommen genetischer Manipulationen hat sich die Sachlage verändert. Nachdem der Supreme Court, der höchste Gerichtshof der Vereinigten Staaten, zum ersten Mal ein Patent auf einen lebendigen Organismus zuließ, der minimal genetisch verändert worden war, öffnete er eine Tür, durch die nun alle Landwirtschafts-, Kosmetik- und Pharmazie-Unternehmen drängen. Heute erteilt das Patentamt in Washington, das direkt dem Wirtschafts- und Handelsministerium untersteht, nahezu 70 000 Patente pro Jahr. 15 Prozent davon entfallen auf lebende Organismen. Auch das Europäische Patentamt steht dem nicht nach und verfolgt mehr oder weniger die gleiche Linie bei der Patenterteilung.

Das Brasilianische Umweltinstitut (IBAMA) schätzt, dass die Biopiraterie weltweit mittlerweile einen Umsatz von circa 60 Milliarden Dollar generiert. Damit stehen wir zunächst einmal vor einem ethischen Problem: Haben wir das Recht, uns andere Lebewesen anzueignen und an ihren Genen herumzupfuschen? Kann die Biodiversität wirklich privatisiert werden? Und nach welchen Kriterien soll man dabei vorgehen? Denn genau darum geht es mittlerweile. Die Technologieführer unter den Staaten, die fast durchweg auf der Nordhalbkugel angesiedelt sind, eignen sich die biologischen Ressourcen der artenreichen Länder im Süden an, ohne sie dafür zu entschädigen.

Einst landeten Seemänner und Entdecker an den Küsten neuer Länder, ausgestattet mit Schutzbriefen ihres Königs, die ihnen Eigentums- und Nutzungsrechte in den von ihnen entdeckten Ländern verliehen. Die Völker, die bereits dort lebten, wurden als nicht relevante Größe betrachtet. So rissen die Konquistadoren Südamerika an sich und machten die dortigen Ureinwohner zu Sklaven für die portugiesische oder spanische Krone. Im

Allgemeinen galten diese Inseln, Länder und Kontinente nämlich als *terra nullius*, als »Niemandsland«. Dieses Rechtsprinzip stammt aus dem 17. Jahrhundert. Es legte fest, dass alles Land, das nicht einer von den europäischen Herrschern anerkannten Macht gehörte, gleichsam »vogelfrei« war.

Dahinter steht die Vorstellung, dass alles, was nicht mit der abendländischen Kultur in Berührung gekommen ist (auch die Artenvielfalt), nicht von Rang oder Bedeutung sein kann und keinen geistigen Wert darstellt. Nur der westliche Lebensstil, der sich auf die Ökonomie der Märkte stützt, hat eine Daseinsberechtigung und soll deshalb die Welt beherrschen. Nichts, ob Ding oder Lebewesen, hat eine Existenzberechtigung, wenn es nicht zur Gewinnerzielung genutzt werden kann. In diesem System hat das Wissen der indigenen Völker keinen Platz. Doch die patentierten Techniken werden von den lokalen Gemeinschaften, die in Harmonie mit ihrer Umwelt leben, seit Jahrhunderten genutzt. Wenn man also eine Pflanze wie Ayahuasca patentiert, beraubt man die indigenen Völker damit ihres geistigen Eigentums und der Gewinne, die sie damit erzielen könnten. Von einer adäquaten Gegenleistung ganz zu schweigen. Nehmen wir einmal das Beispiel Curare. Verschiedene Stämme in Lateinamerika sammeln das Gift von den Fröschen und bestreichen damit ihre Jagdpfeile. Da Curare muskelentspannend wirkt, hat sich vor Ort ein gewisser Handel entwickelt. Die Indianer verkauften Curare an medizinische Labors und profitierten so vom Wissen ihrer Vorfahren. Dann hat man in den Labors die wirksame Substanz isoliert. Das Molekül konnte nun plötzlich synthetisch hergestellt werden, und die Indianer verloren das geringe Einkommen, das ihnen aus dem Handel erwuchs. Für ihre unschätzbare anfängliche Hilfe erhielten sie keine Gegenleistung. Natürlich stellen Isolieren und synthetische Herstellung der Substanz einen Mehrwert dar, der durch Wissen entstanden ist, ein Wissen, das speziell die Industrieländer besitzen.

Es geht nicht darum, dass wir das ethnobotanische Wissen der indigenen Völker nicht nutzen dürften, sondern darum, dass der Westen sich heute dieses kollektive Wissen aneignet, ohne den Menschen, welche es schon seit Jahrhunderten umweltgerecht einsetzen, eine entsprechende Entschädigung zu bieten. Die Biodiversität ist Teil eines Erbes, das uns allen gehört. Gehört der kollektive Anspruch eines Volkes auf sein geistiges Eigentum dann nicht zu den unveräußerlichen Rechten?

Immergrün, Niem und Kaktus

Lange bevor das Wort Biopiraterie aufkam, gab es bereits heftige Diskussionen um die Nutzung einer bestimmten Pflanze. Das Madagaskar-Immergrün *(Catharanthus roseus)* mit seinen wachsüberzogenen Blättern und seinen lebhaft rosaroten Blüten erwies sich schon früh als wahrer Schatz, was seine Wirkstoffe angeht. Es wurde von den Madegassen für medizinische Zwecke genutzt, was in den Fünfzigerjahren das Interesse der biomedizinischen Forschung erregte. Nach zahlreichen Analysen entdeckten die Forscher vor allem zwei Wirkstoffe: Vincristin, das bei der Behandlung der Hodgkin-Krankheit (Tumor des Lymphsystems) eingesetzt wird, und Vinblastin, das sehr gut gegen Leukämie bei Kindern wirkt. Beide therapeutischen Effekte wurden zufällig entdeckt, wurde doch das Madagaskar-Immergrün bis dato hauptsächlich als Antidiabetikum eingesetzt. Der amerikanische Pharmariese Eli Lilly, der mit pharmazeutischen

Bestsellern viel Erfahrung hat, produziert er doch auch Prozac (ein Antidepressivum) und Cialis (ein Potenzmittel), ließ sich Vincristin patentieren. Der Verkauf des Medikaments bringt Eli Lilly jährlich etwa 75 Millionen Dollar ein. Madagaskar, das Heimatland der Ursprungspflanze, hat davon keinen Cent gesehen. Doch waren es nicht die Sammlertätigkeit der Madegassen sowie ihre biologischen Kenntnisse, welche die Aufmerksamkeit der Forscher und des Pharmakonzerns überhaupt erst auf die Pflanze lenkten? Und natürlich wurde das Immergrün fast bis zur Ausrottung eingeholt, damit man es in großem Stil pharmazeutisch nutzen konnte. Madagaskar zählt zu den ärmsten Ländern der Erde. Die Madegassen haben für ihre Mithilfe bei der Entwicklung dieser kostbaren Medikamente nur den Gegenwert für ein paar Wurzeln erhalten, von denen sich einige Familien ein paar Säcke Reis kaufen konnten. Heute baut man *Catharanthus roseus* auf Plantagen an, damit die Pflanze nicht vollkommen ausgerottet wird. Doch nicht einmal davon profitieren die Madegassen.

Dieselbe Geschichte wiederholt sich auf einem anderen Kontinent. In Indien gibt es einen Baum, der den Alltag der Inder seit jeher begleitet: *Azadirachta indica*, der Niembaum. Die Inder stellten daraus unter anderem eine Flüssigkeit her, die als natürliches Fungizid wirkte und in der Landwirtschaft eingesetzt wird. Verschiedene Abkochungen aus Rinde und Blättern dienen zur Behandlung von Krankheiten. Die Inder kennen die positiven Effekte des Niembaumes schon seit 3000 Jahren. Damals wurde die Fungizidwirkung zum ersten Mal beschrieben.

1995 meldete das amerikanische Pharmaunternehmen GRACE ein Patent auf die Extraktion des Fungizids an, was für die Inder einem Patent auf den Niembaum gleichkam, da ja das ätherische

Öl des Baumes patentiert worden war. Das Patent wurde vom Patentamt erteilt, da sowohl die Extraktionstechnik als auch die Wirksamkeit des Stoffes eine »Neuheit« im patentrechtlichen Sinn darstellten. »Neuheit« bedeutet in diesem Zusammenhang, dass diese Charakteristika noch nie in einer akademischen Fachzeitschrift beschrieben worden waren. Es liegt auf der Hand, dass die Erkenntnisse der traditionellen Medizin, die ja meist mündlich weitergegeben werden, nur selten in den von illustren Patentgremien gelesenen Zeitschriften auftauchen und auch ihren Weg ins Internet nicht finden. Heißt das, dass dieses Wissen nicht existiert?

Die Inder beschlossen, die Sache vor Gericht zu bringen. Gleichzeitig lancierten sie eine groß angelegte Kampagne zur Sammlung traditionellen Wissens im ganzen Land. Dabei kamen zahlreiche alte Texte zum Vorschein, welche schließlich dazu führten, dass das GRACE-Patent auf Niemöl widerrufen wurde. Man schuf im Internet die Traditional Knowledge Digital Library, damit die Patentämter in aller Welt überprüfen konnten, welches Wissen bereits traditionell vorhanden ist. Wird diese Datenbank dazu beitragen, dass das geistige Erbe der Inder adäquat geschützt wird?

In unserem letzten Beispiel geht es zwar nicht um eine tropische Regenwaldpflanze, doch es illustriert nichtsdestotrotz, wie hemmungslos die Industrie sich am Wissen der indigenen Völker und an der Biodiversität der südlichen Länder bedient. Dieses Mal entrollt sich das Patentdrama in Namibia, bei den San, einem Buschmannvolk im Süden Afrikas. Die San machen lange Jagdausflüge in die Kalahariwüste. Sie ziehen ohne Vorräte los und ernähren sich während der Jagd von dem, was die Natur ihnen bietet. Dabei spielt vor allem eine sukkulente

Pflanze eine Rolle: der Hoodia- oder Ghaap-Kaktus, der appetitzügelnd wirkt.

Da in den Ländern der Nordhalbkugel Fettleibigkeit mittlerweile buchstäblich ein gewichtiges Problem geworden ist, witterte so manches Unternehmen, das sich auf Schlankmacher spezialisiert hat, im Hoodia-Kaktus eine Goldmine. 1995 wird der appetitzügelnde Wirkstoff des Kaktus, den man P-57 getauft hat, vom Conseil sud-africain de la recherche scientifique et industrielle (CSIR) patentiert. Die Nutzungsrechte werden an die Firma Phytopharm vergeben, ein britisches Biotechnologieunternehmen. Im Jahr darauf verkauft diese die Lizenz für 32 Millionen Dollar an den Pharmagiganten Pfizer, der aus dem Wirkstoff ein Medikament entwickeln will. 2004 entscheidet Unilever, die Nutzungsrechte zu erwerben, um aus dem Hoodia-Kaktus eine neue Diätserie mit Schlankheitsdrinks und -riegeln zu entwickeln.

Die Gier nach den Pflanzen nimmt zu: Sie werden fast ausschließlich wild gesammelt. (Mittlerweile wurden in Südafrika Plantagen errichtet.) Daraufhin beschließen die Buschmänner ihre Rechte geltend zu machen, haben sie ihr Wissen doch unentgeltlich mit den Wissenschaftlern geteilt, die daraus ein für einige Unternehmen sehr lukratives Geschäft machten. Ihr Anwalt handelt mit dem CSIR eine Vereinbarung aus, derzufolge auf das Konto des Rates der San 1,5 Millionen Dollar fließen sollen, falls die Produkte aus dem Hoodia-Kaktus ein Erfolg werden. Ob dies der Fall sein wird, sei jedoch noch völlig ungewiss, lassen die beteiligten Unternehmen verlauten ...

Wie wir bereits gesehen haben, sind die tropischen Regenwälder ein Hort der Artenvielfalt. Zwischen 1950 und 1980 wurde ein Viertel der in Nordamerika produzierten Medikamente aus

Substanzen hergestellt, die ursprünglich aus dem Regenwald stammen. Heute liegt diese Zahl bei 48 Prozent. Der Markt für diese Medikamente pflanzlichen Ursprungs macht einen Umsatz von etwa 47 Milliarden Dollar jährlich. Davon gehen 43 Milliarden Dollar direkt auf die Vermarktung ethnobotanischen Wissens der indigenen Völker zurück. Das UN-Entwicklungsprogramm schätzt, dass die Entwicklungsländer jährlich 5,3 Milliarden Dollar erhalten müssten, wenn man ihnen nur 2 Prozent Nutzungsgebühr an den ethnobotanischen Umsätzen der Saatgutindustrie und 20 Prozent an denen der Pharmaindustrie zukommen ließe.

Die Länder im Norden wissen ganz genau, wie die Dinge liegen. Sie besitzen weder Zugriff auf diese biologische Vielfalt noch verfügen sie über das notwendige Wissen. Die zunehmende ökonomische Bedeutung dieser Ressourcen führte in den letzten Jahren zu teils recht scharf geführten Verhandlungen zwischen den Staaten, da die Industrieländer versuchen, sie quasi umsonst auszubeuten. So haben die Vereinigten Staaten mehrere bilaterale Wirtschafts- und Handelsverträge mit einzelnen Ländern, beispielsweise mit Chile, geschlossen, in denen es auch Klauseln zum geistigen Eigentum gibt. Diese gehen weit über den von der Welthandelsorganisation beschlossenen Rahmen hinaus.

Die Schliche der mächtigen Welthandelsorganisation

Nun muss man wissen, dass die Welthandelsorganisation mit dem Internationalen Verband zum Schutz von Pflanzenzüchtungen (UPOV) gemeinsame Sache macht, um die Entwicklungsländer zu überzeugen, dass der UPOV den idealen juristischen

Rahmen für den Schutz der geistigen Rechte an der Biodiversität ihrer Länder bietet. Dabei verfolgen sie eine recht eigenartige Strategie. Einige Regierungen von Entwicklungsländern jedenfalls hatten den Eindruck, sie müssten zuerst dem UPOV beitreten, um zur hochheiligen Welthandelsorganisation zugelassen zu werden. Ein übler Trick!

Worum aber geht es nun beim UPOV? Der Verband wurde 1961 gegründet, um den Züchtern die Exklusivrechte auf die von ihnen neu gezüchteten Sorten zu sichern. Auf diese Weise konnten sie alle genetischen Neuheiten, die sie aus dem Pflanzenmaterial schufen, gewinnbringend verwerten. Ein ganz auf die Interessen der Landwirtschaftsindustrie abgestimmtes System, die von einigen besonders gierigen multinationalen Konzernen bestimmt wird. Diese Rechtelage schützt nämlich keineswegs das Leben, pflanzlich oder tierisch, sondern vielmehr jene, die sich dessen bemächtigt haben, um daraus Gewinn zu ziehen. Was noch schlimmer ist: Der UPOV verhindert auch den Zugang zu den genetischen Ressourcen, sowohl was die Produktion als auch was die Verbesserung der geschützten Produkte angeht. Anders gesagt: Der UPOV kann einem Bauern verbieten, die Samen der ausgesäten Pflanzen für das nächste Jahr zu sammeln und dabei nur die besten Sorten auszuwählen oder eine bestimmte Bestäubungsmethode einzusetzen, um die Sorte zu verbessern. Ob die Wiederverwendung der Samen im nächsten Jahr zulässig ist, bleibt nach den Prinzipien des UPOV allerdings den einzelnen Mitgliedsländern überlassen. Und die multinationalen Konzerne scheuen sich nicht, einzelne Bauern gerichtlich zu verfolgen, die gewagt haben, das Saatgut fürs nächste Jahr wiederzuverwenden, ohne Nutzungsgebühr zu bezahlen. In einigen Fällen haben sie sogar die Regierung einzelner Länder gezwungen, so genannte »Terminator«-Saaten zu kaufen, die im nächsten Jahr nicht mehr zur Aussaat verwendet werden können. Dieses Saatgut ist genetisch so programmiert, dass die Pflanzen sich selbst sterilisieren, was die Bauern dazu zwingt, das Saatgut des Konzerns auch im nächsten Jahr teuer zu erwerben.

Damit sind wir scheinbar weit vom Thema Regenwald abgekommen, doch in Wahrheit ist dies leider nicht der Fall. Denn die Welthandelsorganisation, die so erpicht darauf ist, die Entwicklungsländer zu UPOV-Mitgliedern zu machen, setzt sich damit eben für eine Privatisierung der Natur ein, was ja nicht nur Kulturpflanzen betrifft, sondern auch Wildpflanzen aus dem Regenwald mit kosmetischen, ernährungstechnischen und pharmazeutischen Verwendungsmöglichkeiten. Ziel dieser Vorgehensweise ist letztlich die vollkommene Kontrolle über Kultur und Vermarktung dieser Pflanzen bzw. Organismen, denn auch Mikroorganismen, Bakterien und Wirbeltiere sind Gegenstand der UPOV-Regeln.

Was natürlich bedeutet, dass nur »nützliche« Arten wirklich geschützt werden, solche also, die man patentieren lassen kann. Der Rest, der sich wirtschaftlich nicht nutzen lässt, kann dann ruhig vernichtet und durch Soja-, Palmöl- oder Eukalyptuskulturen ersetzt werden. Und genau das geschieht im Augenblick – und zwar in bislang ungekanntem Ausmaß.

Im Zentrum der Kritik steht heute das TRIPS-Abkommen, das Abkommen über die handelsbezogenen Aspekte der Rechte am geistigen Eigentum. Dieses Übereinkommen soll nur auf patentierbare Erfindungen angewandt werden. So heißt es in Artikel 27, Abschnitt 3 b: »Die Mitglieder können von der Patentierbarkeit auch ausschließen: [...] Pflanzen und Tiere, mit Ausnahme von Mikroorganismen, und im Wesentlichen biologische Verfahren für die Züchtung von Pflanzen oder Tieren mit Ausnahme von nicht-biologischen und mikrobiologischen Verfahren. Die Mitglieder sehen jedoch den Schutz von Pflanzensorten entweder durch Patente oder durch ein wirksames System sui generis oder durch eine Kombination beider vor.« Ein Widerspruch in sich: Lebende Pflanzen und Tiere sind nicht patentierbar, außer die Mitglieder beschließen, dass dies doch der Fall sein soll. Hier wird mit der Frage gespielt, ob es auf Leben Patente geben kann. Was in Artikel 27 des TRIPS-Abkommens noch als Ausnahme bezeichnet wurde, scheint allerdings mittlerweile die Regel zu werden, denn die Zweideutigkeit der Formulierungen führt dazu, dass multinationale Konzerne und Länder wie die Vereinigten Staaten die Ursprungsbestimmungen umgehen. Andere Länder allerdings lehnen sich mehr und mehr dagegen auf, dass man ihnen ihr Wissen und ihre biologische Vielfalt nehmen will, zu denen es ihrer Ansicht nach stets freien Zugang geben sollte. Und so sah das TRIPS-Abkommen bereits bei der Erstunterzeichnung im Jahr 1994 vor, dass die Bestimmungen von Artikel 27, Abschnitt 3 b nach vier Jahren noch einmal diskutiert werden sollten.

Eine Gruppe von Ländern, zu denen neben Brasilien, Indien und Bolivien auch Kolumbien, Kuba, Ecuador, Peru, die Dominikanische Republik und Thailand gehören, treten – unterstützt von den afrikanischen Entwicklungsländern – dafür ein, dass das TRIPS-Abkommen geändert wird. Sie fordern, dass bei jeder Patentanmeldung ganz klar das Ursprungsland des Wirkmechanismus, die verwendeten biologischen Ressourcen und traditionellen Kenntnisse genannt werden. Darüber hinaus solle der

Patentanmelder belegen, dass er die Zustimmung derer erlangt hat, die ihm diese Ressourcen zugänglich gemacht haben, dass er sie über den wahren Grund seines Verlangens aufklärt und sie an den Profiten fair beteiligen wird. Das kommt natürlich einigen Ländern gar nicht zupass. Vor allem die Vereinigten Staaten wehren sich vehement gegen die Änderungsvorschläge, da ihre Großkonzerne vermutlich am meisten darunter leiden würden. Monsanto beispielsweise schätzt, dass sein Umsatz auf dem Markt für genveränderte (und daher patentierte) Organismen etwa 6 Milliarden Dollar ausmachen wird. Die Pharmaindustrie hat den Wert jeder einzelnen Arzneipflanze auf etwa 200 Millionen Dollar geschätzt. Kein Wunder also, dass die Großkonzerne nicht von Biopiraterie sprechen. In ihren Augen nutzen sie die genetischen Ressourcen dieser Länder ganz legal. Zum Wohle der ganzen Welt, so heißt es, müssten für diese Form des Handels Bedingungen geschaffen werden, damit er sich entwickeln kann, selbst wenn die Rechte der indigenen Völker dadurch eingeschränkt würden. Dieser Logik zufolge aber wären nur reiche Länder auf ihrem Staatsgebiet tatsächlich souverän und rechtmäßige Eigentümer ihrer Ressourcen. Ist es nicht an der Zeit, dass wir uns darüber einmal Gedanken machen?

Der große Bluff: INBio in Costa Rica

Das National Institute for Biodiversity (INBio) in Costa Rica wurde 1989 geschaffen. Seine Aufgabe ist es, eine Bestandsaufnahme der nationalen Biodiversität zu machen, was für ein kleines Land, in dem die Natur im Gegensatz zu den Nachbarstaaten relativ gut erhalten ist, von enormer Bedeutung ist, denn dieses Inventar soll letztlich zum Nutzen des Landes eingesetzt werden. Also umgab sich INBio mit zahlreichen nationalen und internationalen Wissenschaftlern, um dieses schöne und scheinbar so löbliche Unterfangen zu beginnen.

Erst 1991 zeigte ein zwischen INBio und dem Pharmariesen Merck geschlossener Vertrag, was tatsächlich hinter der Organisation steckte. Gegen 1 Million Dollar und mehrere wissenschaftliche Apparate erlaubte INBio Merck, zwei Jahre lang die Naturschutzgebiete des Landes zu durchsuchen, zu inventarisieren und den wirtschaftlichen Wert der Pflanzen, Tiere und Mikroorganismen zahlenmäßig zu schätzen (Bioprospektion). Obwohl INBio mit Merck also über lebende Organismen verhandelte, die dem Staat und somit dem Volk gehören, bleibt die genaue Ausgestaltung dieses Vertrages geheim. Nichts drang bisher an die Öffentlichkeit, weder über eventuelle Patenthalter noch über mögliche Nutzungsgebühren[50]. Bislang wurde der Vertrag zweimal verlängert. 1995 schloss INBio einen gleichartigen Vertrag mit der Diversea Corporation ab, der bereits 1998 verlängert wurde. Diversea ist eine Biotechnologiefirma, die ihre Fischzüge in Mangrovenwäldern, Korallenriffen und im feuchten Regenwaldboden durchführt. Ihr Ziel ist es, Mikroorganismen zu isolieren, die Enzyme oder Strukturproteine enthalten, die sich für Biotechnologie oder Pharmazie als nützlich erweisen könnten. Der Vertrag sieht vor, dass jede DNS-Sequenz, die INBio isolieren kann (denn diese Arbeit übernimmt die Organisation), schließlich Eigentum der Diversea Corp. wird. Wird eines der Produkte sodann kommerziell genutzt, erhält INBio eine Nutzungsgebühr, deren Höhe nicht bekannt ist.

50 Siehe: *Nature for Sale: the Impact of Privatizing Water and Biodiversity*, FOE 2005.

Was INBio einnimmt, kommt also zumindest dem Umweltministerium Costa Ricas zugute. Die Menschen vor Ort aber, die den Forschern ihr Wissen und ihre Kenntnisse zur Verfügung gestellt haben, gehen wie immer leer aus. 1999 erhält INBio einen Kredit der Interamerikanischen Entwicklungsbank, um selbst Bioprospektionsunternehmen gründen zu können. Nun sind es costaricanische Firmen, die sich daranmachen, das lokale Wissen über Medizinpflanzen aufzuspüren und auszubeuten. Man füllt den isolierten Wirkstoff in Kapseln und verkauft sie auf dem Markt. Das Wissen der traditionellen Heiler ist damit überflüssig geworden. Ihr Einkommen, das sie hauptsächlich aus der Sammlung und Verarbeitung von Arzneipflanzen gewinnen, schmilzt dahin wie Butter in der Sonne. INBio gibt sich zwar den Anschein, im Dienste des Volkes zu stehen, in Wirklichkeit aber treibt das Unternehmen nur die Privatisierung der biologischen Vielfalt in Costa Rica voran – zum Schaden der Costaricaner.

Wie besiegt man Goliath?

Für die Länder des Südens ist der Kampf gegen die meist vom Norden betriebene Biopiraterie in den letzten Jahren ein wichtiges Thema geworden. Die brasilianische Naturschutzbehörde IBAMA hat mittlerweile eine eigene Abteilung eingerichtet, die sich um solche Fälle kümmert. Sie überwacht vor allem die Flughäfen, um angebliche Touristen daran zu hindern, mit Pflanzen, Samen, Vogelspinnengift und verschiedensten Mikroorganismen aus allen Teilen des Landes über die Grenze zu gehen und sie gegen Höchstgebot an einen der multinationalen Konzerne zu verkaufen.

Die Anpassung des TRIPS-Abkommens, die Erteilung von Patenten sowie der Schutz der Biodiversität gegen die Begehrlichkeiten der Pharma-, Kosmetik- und Nahrungsmittelkonzerne werden im Süden heftig diskutiert, wobei Brasilien, eines der größten Länder im Süden, meist federführend ist, weil es als eines der wenigen Länder auf der Südhalbkugel über genügend Mittel verfügt, um sich gegen die Angriffe aus dem Norden zu wehren.

So kamen im März 2006 die Repräsentanten von mehr als 181 Staaten in Curitiba, im Süden Brasiliens, anlässlich der achten Konferenz zur Biodiversitäts-Konvention zusammen, um Strategien gegen die alarmierende Abnahme der biologischen Vielfalt weltweit zu entwickeln. Dabei ging es auch um die gerechte Aufteilung der aus der Nutzung lebender Organismen entstehenden Gewinne. Man beschloss, bis zum Jahr 2010 eine Vereinbarung zu treffen, welche den Zugang zu natürlichen genetischen Ressourcen und die Gewinnverteilung im Falle kommerzieller Nutzung regeln soll. So wird das Regelwerk der Welthandelsorganisation endlich geändert, auch wenn die Konzerne noch bis 2010 freie Hand haben. Außerdem liegen immer noch Welten zwischen dem Beschluss, eine Regelung zu finden, und deren konkreter Anwendung. Die Umsetzung der Biodiversitäts-Konvention ist umso schwieriger geworden, als die finanziellen Mittel des Globalen Umweltfonds radikal zusammenschmelzen. Die Vereinigten Staaten haben erst kürzlich angekündigt, dass sie ihren Beitrag zum Umweltfonds der Weltbank um die Hälfte kürzen werden. Sie können das Gesparte ja dann in weitere Bioprospektionsprojekte in den Ländern des Südens stecken. Von der Förderung zur Biopiraterie ist es ja nur ein kleiner Schritt!

Ich möchte einen heilen Himmel, eine heile Erde kennen.

Die größten Bäume, Tiere, Fische und Vögel sind längst verschwunden.

Wer weiß, ob die Flüsse nicht weniger Wasser führen als früher.

Henry David Thoreau

TEIL IV

Eine Chance für den Wald?

1 | Sinn und Unsinn der Holz-Zertifizierung

Seit einigen Jahren, seit sich die großen Nicht-Regierungsorganisationen gegen die Entwaldung starkmachen, gibt es neue Gütesiegel auf dem Markt: die Öko-Label für die Waldwirtschaft. Und die Supermärkte füllen sich mit Tropenholzprodukten aus umweltgerecht bewirtschafteten Wäldern. Stellen solche Initiativen nun einen echten Fortschritt dar, sodass wieder Hoffnung für die tropischen Wälder besteht?

26. Mai 2006. Die französische Tageszeitung *Libération* veröffentlicht ein Dossier mit dem Titel: »Grünes Holz mit Ökosiegel«. Darin wird die Vergabe des FSC-Siegels[51] an eine niederländische Firma in Kamerun heftig kritisiert. Vor allem die lokale Bevölkerung lässt kein gutes Haar an der angeblich ökologischen Bewirtschaftung. Ein Einzelfall? Leider nicht. Verschiedene Beispiele aus Asien, Lateinamerika und den nördlichen Wäldern werfen kein gutes Licht auf den Forest Stewardship Council (FSC), der sich um die Zertifizierung der Wälder bemüht. Viele Nicht-Regierungsorganisationen, auch solche, die sich ursprünglich für die Einführung dieser Zertifizierungspraxis eingesetzt haben, verlangen heute eine Reform der FSC-Regeln.

51 Das bekannteste Öko-Siegel für die Wälder ist zweifelsohne das des Forest Stewardship Council (FSC).

Vom Boykott zum Öko-Siegel

Der Forest Stewardship Council wurde 1993 ins Leben gerufen, doch müssen wir noch ein Stück weiter zurückgehen, wenn wir nach den Ursprüngen der Zertifizierung suchen wollen. Eine britische Umweltorganisation namens Friends of the Earth (FOE) beschließt, dem Verbraucher eine informierte Kaufentscheidung zu ermöglichen, indem sie Holz, das aus legaler und nachhaltiger Produktion stammt, mit einem Siegel versieht. Und damit ist das erste Öko-Label für Holz auf dem Markt. Bald kontaktiert FOE die Internationale Tropenholzorganisation (ITTO), um zu sondieren, ob dort Interesse an einem Zertifizierungsprojekt für Holz besteht, das nicht nur von Umweltschutzorganisationen getragen wird, sondern auch die Holzkonzerne, vor allem die auf Tropenholz spezialisierten Unternehmen, mit einbezieht. 1989 entscheidet man sich, das Projekt in die Tat umzusetzen. Doch von dem Moment an, da die ITTO die Bemühungen um eine Zertifizierung des Holzes koordiniert, gerät das Thema ökologisches Gütesiegel schnell unter die Räder industrieller Interessen. Die Holzbarone in Brasilien, Kanada, Amerika und Europa treten eine Lobby-Kampagne los, welche die Gründung des FSC eine ganze Weile zu verzögern hilft. Bis die Nicht-Regierungsorganisationen zum Gegenschlag ausholen. Eine breit angelegte Kampagne von FOE, Greenpeace und WWF führt zu dramatischen Einbrüchen bei den Verkaufszahlen von Tropenholz. Immer mehr Verbraucher werden gegen die illegale Abholzung der Tropenwälder mobilisiert. Und so wenden die Holzkonzerne sich nun freiwillig an diese Organisationen, um gemeinsam eine Form der Zertifizierung zu finden. So entsteht der Forest Stewardship Council.

Dieses Siegel ermöglicht es dem umweltbewussten Verbraucher Produkte zu erwerben, die leicht erkennbar sind und eine Reihe von ethischen, sozialen und ökologischen Kriterien erfüllen. Bei der Zertifizierung wird nicht nur die nachhaltige Bewirtschaftung des Waldes geprüft, sondern auch ob das Holz umweltverträglich weiterverarbeitet wird und die Rechte der indigenen Volksgruppen gewahrt bleiben.

Diese Initiative führte dazu, dass andere Unternehmen, nicht selten mit Unterstützung der eigenen Regierung, ebenfalls Ökosiegel für Holz entwickeln. Diese erfüllen meist nicht die Regeln des FSC, polieren aber das Image der Unternehmen auf. Der Verbraucher aber irrt von nun an durch das Labyrinth der Siegel, die mit dem ursprünglichen Zweck von Zertifizierung, nämlich dem Schutz des Waldes, nicht mehr viel gemein haben.

Trotzdem hat sich das FSC-Siegel zum wichtigsten Ökolabel für Holz entwickelt, was hoffen lässt, dass wir die letzten Wälder durch nachhaltige Bewirtschaftung vielleicht doch noch retten können. Das FSC-Siegel hat sich zum Verkaufsargument entwickelt, sodass die Zertifizierung mittlerweile auf einer recht breiten Basis steht. Doch ebendas bringt nicht selten Probleme mit sich.

FSC, PEFC, CSA oder SFI?

Bislang gibt es vier Öko-Siegel für die Produkte der Holz- und Papierindustrie. Was genau unterscheidet sie nun voneinander?

FSC, das Siegel des Forest Stewardship Council, hat eine eher globale Ausrichtung. Es zertifiziert die Holzproduktion in den Wäldern der nördlichen und gemäßigten Zonen ebenso wie im tropischen Regenwald. Die anderen drei Siegel hingegen werden (noch) nicht für Regenwaldprodukte vergeben. Seit 2006 wurden weltweit mehr als 73 Millionen Hektar Wald und Plantage vom FSC zertifiziert, davon mehr als 1 Million Hektar in Asien, 2,1 Millionen in Afrika und 8,8 Millionen in Lateinamerika.

Das PEFC-Siegel ist eine Zertifizierungsinitiative ausschließlich für europäische Wälder. Auch hier wurden bereits 52,5 Millionen Hektar zertifiziert. Der weniger strenge Zertifizierungsprozess steht auch kleinen Waldbesitzern offen, die sich das teure FSC-Siegel nicht leisten können. Es ist weit leichter zu bekommen, da die strengen Kriterien der Nicht-Regierungsorganisationen hier nicht in allen Punkten eingehalten werden. Häufig wird es vergeben, bevor noch Sachverständige geprüft haben, ob die Bewirtschaftung des Waldes die Bestimmungen des Siegels erfüllt. Kontrolliert wird später. Während dieser Zeit, die sich über Monate, manchmal auch Jahre hinziehen kann, hat der Waldbesitzer freie Hand. Er kann die Abholzung auch auf umweltschädliche Weise betreiben, sich aber trotzdem das Nachhaltigkeits-Siegel an die Brust heften. Man verteilt das Fell des Bären also, bevor er erlegt wurde – mit allen vorstellbaren Konsequenzen für die Umwelt ...

Die Canadian Standards Association hat ein Programm zum Sustainable Forest Management (CSASFM; nachhaltige Forstwirtschaft) ins Leben gerufen, das ausschließlich kanadische Wälder betrifft. Die Organisation hat noch kein Siegel entworfen, das sich auf die Holzprodukte kleben lässt, doch ihre Kriterien sollen über kurz oder lang von der PEFC-Initiative übernommen werden.

Die Sustainable Forestry Initiative (SFI) wurde 1995 von der American Forest & Paper Association ins Leben gerufen, da der

Großteil der Verbraucher ein Siegel für die Bewirtschaftung der amerikanischen Wälder wünschte. Die Bemühungen der AF&PA konzentrieren sich auf die Wiederaufforstung. So findet sich auf der Webseite ein Zähler, der jeden seit der Gründung der Initiative gepflanzten Baum registriert. Die Zahl ist natürlich beeindruckend: etwa 6 Milliarden. AF&PA verkündet stolz, dass jeden Tag 1,7 Millionen Bäume gepflanzt werden. Da steht es uns doch wohl frei, ein wenig nachzuhaken und die Frage zu stellen, welche Art von Bäumen da gemeint ist und innerhalb welcher Projekte so viele Bäume gepflanzt werden? Darüber hinaus scheint die SFI nicht über die Unterstützung der wichtigsten Nicht-Regierungsorganisationen zu verfügen, von denen sie heftig kritisiert wird. Man wirft der Initiative vor, dass sie ausschließlich im Interesse der Holzindustrie tätig ist, um dem Verbraucher Sand in die Augen zu streuen. Denn das SFI-Siegel verbietet keineswegs das Abholzen alter Wälder. Plantagen werden nicht begrenzt oder kontrolliert, und auch gegen genmanipulierte Wälder hat die Initiative anscheinend nichts einzuwenden. Dazu muss man wissen, dass natürlich nicht nur in den Tropenwäldern Kahlschlag betrieben wird. Auch die Wälder Europas, Kanadas, Nordamerikas, Russlands und Ozeaniens sind gefährdet. Diese Abholzung hat genau die gleichen negativen Konsequenzen für die Umwelt wie der Verlust der tropischen Regenwälder. Und auch hier gibt es Völker, die noch auf traditionelle Weise vom Wald leben und deren Überleben deshalb massiv gefährdet ist, wie die Samen in Finnland. Betrachtet man die radikalen Kahlschlagpraktiken, die von SFI-zertifizierten Unternehmen bei der Abholzung Oregons angewandt werden, so sind Zweifel an der Güte des SFI-Siegels durchaus angebracht.

Doch sehen wir uns das FSC-Siegel noch einmal genauer an. Immerhin ist es bislang das einzige, das für Tropenholz vergeben wird. Die Zertifizierung wird nach einem Prüfprozess erteilt, der sich über zwei bis drei Jahre hinstreckt. Dabei werden alle Phasen der Produktionskette, also auch Transport und Weiterverarbeitung, auf ihre Nachhaltigkeit in ökologischer, ethischer und sozialer Hinsicht hin überprüft. Der FSC vergibt den Prüfauftrag an Unternehmen in der ganzen Welt. In Frankreich zum Beispiel ist es die Eurocertifor-BVQI, die das Siegel verleiht. Ein Bericht des Forests and the European Union Resource Network (FERN)[52], der von den Regierungen und der Holzindustrie in Auftrag gegeben wurde, belegt, dass das FSC-Siegel immer noch in allen Punkten unangefochten an der Spitze aller Öko-Labels für den Wald steht. Der Forest Stewardship Council ist im Moment die einzige Organisation, welche auch daraufhin überprüft, ob die Rechte indigener Völker bei der Holzproduktion gewahrt bleiben, ob die Arbeitsbedingungen in der Produktionskette rechtlichen Standards entsprechen, ob genmanipulierte Bäume zum Einsatz kommen und geschützter Primärwald auch wirklich nicht angetastet wird. Nur der FSC-Zertifizierungsprozess ist von dem Bemühen um die Förderung nachhaltiger Forstwirtschaft auf globaler Ebene getragen. Trotz allem ist auch beim FSC-Siegel nicht alles Gold, was glänzt. Erst jüngst haben Waldschutzorganisationen auf verschiedene Schwachstellen aufmerksam gemacht. Diese betreffen vor allem die Frage der zu verhängenden Sanktionen, wenn eine der überprüften Firmen die Kriterien nicht erfüllt. Aber auch die vom FSC nicht grundsätzlich als negativ beurteilte Plantagenwirtschaft wird zunehmend in Frage gestellt.

52 *Behind the Logo: an Environmental and Social Assessment of Forest Certification Schemes*, FERN 2001.

Plantagen: Wald oder nicht?

Bislang wurden weltweit etwa 7 Millionen Hektar Plantagen und 30 Millionen Hektar Mischwald (Plantagen eingeschlossen) vom FSC zertifiziert. Dabei wirken sich gerade Plantagen, die ja meist Monokulturen sind, auf Umwelt und Biodiversität eines Landes negativ aus. Für Brasilien und Indonesien konnte nachgewiesen werden, dass Plantagen weiter zur Entwaldung beitragen und den Kahlschlag der Primärwälder forcieren, da diese Art der Monokultur den FSC-Kriterien genügt.

Damit gerät Artikel 10 der FSC-Kriterien unter Beschuss, der so schwammig formuliert ist, dass er – je nach Interpretation – jedermanns Interessen bedient. Die Nicht-Regierungsorganisationen halten ihn für zu lasch, da er die Ausbreitung schädlicher Monokulturen fördert. Die Waldbesitzer aber nutzen diese »künstlerische Freiheit« des Ausdrucks weidlich zu ihren Gunsten aus und lassen sich ihre Monokulturen gleich hektarweise zertifizieren. Der grundsätzliche Fehler liegt in der Annahme, eine Plantage spiele ökologisch die gleiche Rolle wie ein gewachsener Wald. Nur so lässt es sich erklären, dass Plantagen ebenso zertifiziert werden können wie Wälder. Zumindest werden sie auf der FSC-Webseite zu den Wäldern gerechnet. Nehmen wir einmal Artikel 10.3 der Zertifikationskriterien als Beispiel. Dort heißt es, dass Plantagen nach Möglichkeit aus mehreren Baumarten bestehen sollten, um die ökonomische, ökologische und soziale Stabilität der Umwelt zu verbessern. Diese Klausel ist so vage, dass ihr bereits Genüge getan ist, wenn der Plantagenbesitzer innerhalb einer gigantischen Monokultur zwei verschiedene Eukalyptusarten pflanzt. Und sogar diese lockere Vorschrift ist nicht bindend, sondern hat nur Empfehlungscharakter.

In Artikel 10.9 heißt es, dass Plantagen auf ehemaligem Waldgebiet »normalerweise« nicht zertifiziert werden können, wenn sie nach November 1994 in Monokulturen umgewandelt wurden. Die Zertifizierung kann trotzdem erteilt werden, wenn der Plantagenbesitzer den Beweis antritt, dass er weder direkt noch indirekt für die Umwandlung des Waldes verantwortlich ist. Das World Rainforest Movement hat eine Studie erstellt[53], die der Frage nachgeht, was »normalerweise« in diesem Zusammenhang bedeutet und unter welchen Bedingungen die Zertifizierung trotzdem erteilt wird. Außerdem macht Artikel 10.9 absolut klar, dass eine Monokultur, die nach der Umwandlung von einem anderen Unternehmen erworben wurde, zertifiziert werden kann, da der Käufer ja nicht direkt oder indirekt für die Abholzung des natürlichen Waldes verantwortlich ist. Das Holz aus solchen Wäldern trägt das FSC-Ökosiegel.

Auf Drängen verschiedener Naturschutzorganisationen liegt die Zertifizierung von Plantagenholz im Moment auf Eis, bis entsprechende Grundsatzdiskussionen um Artikel 10 abgeschlossen sind. Letztlich geht es hier um die Glaubwürdigkeit des FSC-Siegels bei den Verbrauchern, die durch die Zertifizierung riesiger Monokulturen ein wenig gelitten hat. Und so wurde mittlerweile beschlossen, die Einhaltung der FSC-Kriterien auf Plantagen vor Ort zu überprüfen. Diese Prüfphase hat im April 2007 begonnen.[54]

53 »FSC certification of plantation«, in: *World Rainforest Movement Bulletin* vom Februar 2001.

54 Die neuesten Informationen zum Thema finden Sie in englischer Sprache auf: www.fsc.org/plantations/. A. d. Ü.

Der Forest Stewardship Council: Mythos und Wirklichkeit

Das FSC-Siegel auf Holz und Holzprodukte soll dem Verbraucher die Sicherheit geben, dass er – wie die Organisation verkündet – »Holz kauft, das im Hinblick auf Umweltschutz, Nachhaltigkeit, soziale und ökonomische Belange höchsten Ansprüchen genügt«. Wer immer FSC-Produkte kaufe, trage dazu bei, dass »die Wälder der Erde sowie die Menschen und Tiere, die von diesen leben, eine Zukunft haben«. Ein Bericht der Rainforest Foundation von Ende 2002 aber vertritt die Auffassung[55], dass das Siegel keineswegs diese »Sicherheit« vermitteln könne. Die Organisation führte eine achtzehnmonatige Untersuchung durch, die zeigt, dass das Siegel (und keineswegs nur in Einzelfällen) auch an Firmen vergeben wurde, welche die strengen ethischen, sozialen und umweltschutztechnischen Kriterien in bestimmten Punkten nicht erfüllen. Einer der Hauptgründe dafür sei, so die Rainforest Foundation, dass die vom FSC mit den konkreten Prüfungen beauftragten Unternehmen ein gewisses Interesse daran haben, dass die Zertifizierung positiv ausfällt. Dies wiederum liegt an der harten Konkurrenz der Zertifizierungsunternehmen untereinander. Einige dieser Firmen scheuen sich nicht, die Messlatte etwas tiefer zu legen, nur um ihre Dienste billiger anbieten zu können. Und so drücken die Prüfer nicht nur gelegentlich beide Augen zu, wenn es um die Einhaltung der FSC-Kriterien geht. Als Folge dieser Praxis wurden nicht wenige Unternehmen, die sich sozialer oder umwelttechnischer Versäumnisse schuldig gemacht haben, vom FSC zertifiziert.

55 *Trading in Credibility: the Myth and Reality of the Forest Stewardship Council*, Rainforest Foundation 2002.

Der Wettbewerb macht auch hier nicht Halt, gibt es doch mittlerweile mehrere Öko-Siegel. Der Verbraucher will heute Öko-Siegel in den Regalen der Märkte sehen, und so erleben wir gerade eine wahre Zertifizierungswelle. Der WWF unterzeichnete 1998 mit der Weltbank ein Abkommen zur Zertifizierung von Holzprodukten mit der Zielsetzung, bis 2005 insgesamt 200 Millionen Hektar Wald mit dem Ökosiegel zu versehen. Da der WWF in enger Verbindung mit dem FSC steht, hat er entgegen seiner ursprünglichen Absicht zur Lockerung der strengen Normen beigetragen, um seine Verpflichtung aus dem Abkommen erfüllen zu können. Unter Zeitdruck werden eben auch kleine Unstimmigkeiten gerne übersehen. Das Abkommen ist zwar an sich eine gute Sache, doch wo Quantität vor Qualität geht, leidet die Letztere gezwungenermaßen! Wir dürfen nicht vergessen, dass die Übereinkunft für die beteiligten Nicht-Regierungsorganisationen, auch für den WWF, hohe Finanzierungszuschüsse vorsieht. Dabei darf die Weltbank, seit sie 1994 auf Druck verschiedener Umwelt- und Menschenrechtsorganisationen ihre Waldpolitik geändert hat, keine Aktivitäten mehr finanzieren, welche direkt oder indirekt mit der Abholzung der tropischen Primärwälder zu tun haben. Folglich konnten auch die Gelder zur Finanzierung der Zertifizierungsprojekte nicht fließen. Um die Zertifizierung voranzutreiben, machten WWF und die World Conservation Union Druck auf die Weltbank, damit sie diese Sperrklausel wieder aufhob. Ein sicher gut gemeinter, doch in seinen Nebenwirkungen katastrophaler Vorstoß, flossen die Gelder der Weltbank von da an nämlich nicht nur in Zertifizierungsprojekte, sondern auch in die Schaffung von Plantagen und die globale Holzwirtschaft. Mehr als 220 Nicht-Regierungsorganisationen haben gegen die Aufhebung protestiert, und es kam zur Spaltung zwischen den Organisationen, die sich für den Schutz des Waldes einsetzen. Dies spielt natürlich der Weltbank in die Hände. Von nun an hatte sie wieder die Zügel in der Hand, wo es um die weltweite Holzwirtschaft ging, was – wie wir sehen konnten – Natur und Menschen nicht gerade zuträglich war.

Bestimmte Maßnahmen, die der FSC ergriff, erscheinen denn auch, als seien sie speziell auf die Interessen der Holzindustrie abgestimmt. Dies gilt zum Beispiel für die Anteilsregelung. Dabei wird das FSC-Siegel auch dann verliehen, wenn nur ein gewisser Prozentsatz des Holzes aus FSC-zertifizierter Produktion kommt. So kann ein Unternehmen, das nur 50 Prozent seiner Produkte aus Papier oder Holz mit FSC-Genehmigung fertigt, die gesamte Produktion mit dem Siegel versehen. Das ist an sich schon eine eher zweifelhafte Methode, aber die entscheidende Frage ist doch, wer diese Anteile kontrolliert. In der Praxis nämlich lässt sich dies kaum bewerkstelligen. Auf diese Weise kann ein Unternehmen bis zu 70 Prozent nicht zertifizierte Fertig- oder Halbfertigprodukte verarbeiten, deren Herkunft keineswegs den FSC-Kriterien entsprechen muss. Anders gesagt: Illegaler Holzeinschlag wird nicht bestraft, dem Unternehmen werden keine Sanktionen auferlegt, solange wenigstens ein gewisser Anteil der Produktion aus zertifiziertem Anbau stammt. Diese Praxis wirft auch ein ethisches Problem auf: Der umweltbewusste Verbraucher kauft so seine Gartenmöbel aus FSC-zertifiziertem Tropenholz, das aber durchaus aus illegaler Rodung stammen kann, sodass er sich, ohne es zu wissen, zum Komplizen des Kahlschlags in Primärwäldern macht.

Außerdem gibt es keinerlei Unterstützung für Wälder der öffentlichen Hand oder kleinerer Waldbesitzer. Die FSC-Zertifizierung ist sehr aufwändig und an die Überwindung einiger Hürden gebunden (was vor allem kleinere Unternehmen trifft, die keinen politischen Einfluss haben). So wird der Forest Stewardship Council zum Verbündeten der Großkonzerne. Dabei sind es gerade die kleineren Produzenten, die viele Lösungen und Innovationen im Hinblick auf nachhaltige Waldbewirtschaftung finden. Sie tragen zu mehr Nachhaltigkeit bei, weil sie auf lokalem Gebiet operieren und der Bevölkerung vor Ort langfristig Arbeit und Einkommen bieten. Die multinationalen Konzerne hingegen haben ihren Sitz meist weit weg von den Rodungen bzw. Plantagen, importieren oft Arbeitskräfte aus billigeren Gegenden und reinvestieren ihre Gewinne nicht in der Region.

Zweifelhafte Zertifizierung in Brasilien

V&M Forestal Ltd. hat 1999 das FSC-Siegel für seine gesamte Produktion erhalten. Das Unternehmen gewinnt Holz auf 235 885 Hektar und ist somit in Brasilien der größte Anbieter zertifizierten Holzes. Es stellt in erster Linie Holzkohle für die Stahlindustrie her, vor allem für das Konsortium Vallourec & Mannesmann, deren Tochter V&M Forestal ist. Mehr als die Hälfte der Anbaufläche besteht aus Eukalyptusplantagen, der Rest ist Cerrado, die für Lateinamerika typische Baumsavanne. Zertifiziert wurde das Unternehmen von SGS. Dabei kam es zu Unregelmäßigkeiten, die bei den Umweltschutzorganisationen[56] einen gewissen Zweifel zurücklassen, was die Glaubwürdigkeit des FSC-Siegels für V&M Forestal betrifft.

56 *World Rainforest Movement Bulletin* vom November 2002.

Das Gleiche gilt für ein anderes Plantagenunternehmen, Plantar Reflorestamentos, das sich ebenfalls auf Holzkohle spezialisiert hat. So hat SGS die umwelttechnischen und sozialen Bedingungen, unter denen das Holz produziert wird, nicht genau geprüft und damit einen wichtigen Punkt der FSC-Zertifizierung vernachlässigt. Auch wurden keineswegs Meinungen von allen Seiten eingeholt. Man achtete bei der Prüfung penibel darauf, nur jene Parteien zu befragen, die sich weniger kritisch zu den Plantagen äußern würden. Die wahren Probleme blieben damit außen vor. Das World Rainforest Movement ist der Auffassung, dass von den Empfehlungen, die der FSC dem Unternehmen zur Auflage machte, keine einzige umgesetzt wurde.

Zudem gibt es keinerlei fortlaufende Kontrolle. Der genaue Text der Zertifizierung wurde nie veröffentlicht und schon gar nicht ins Portugiesische, die Landessprache Brasiliens, übersetzt. Außerdem prüft das Unternehmen nicht regelmäßig, ob seine Aktivitäten sich schädlich auf die Umwelt auswirken, und verstößt damit gegen das Gesetz. Ein Teil des von Plantar Reflorestamentos bewirtschafteten Landes soll dem Staat gehören. Außerdem soll es Konflikte mit der lokalen Bevölkerung geben, die enteignet wurde, um auf ihrem Land Eukalyptusplantagen einzurichten.

Die beiden Plantagen werden von Sub-Unternehmern bewirtschaftet. Ein Teil der Arbeiter ist also nicht direkt bei den genannten Unternehmen angestellt. Meist sind es Zeitarbeiter, welche nicht dieselben Rechte haben wie fest Angestellte. Man überträgt ihnen die schwierigsten und gefährlichsten Arbeiten. Mittlerweile wurde eine parlamentarische Untersuchungskommission einberufen, um die Arbeitsbedingungen vor Ort zu überprüfen, liegen dem Ministerium für Arbeit doch Hinweise auf so genannte »schwarze Listen« für Arbeitnehmer vor. Dies lässt vermuten, so das Ministerium, dass Gewerkschaftsführer und Arbeitnehmer Repressalien wie Einschüchterungsversuchen oder Gewaltanwendung ausgesetzt sind. Darüber hinaus bieten die Unternehmen der lokalen Bevölkerung keinerlei soziale, umwelttechnische oder wirtschaftliche Vorteile. Der Zugang zu den Cerrado-Zonen, die gewöhnlich von den dort ansässigen Dorfbewohnern genutzt werden, ist mittlerweile verboten. Die Gebiete wurden abgesperrt. Man holzt dort großflächig ab, was zum Austrocknen kleinerer Flussläufe führte. Dies fördert auch die Verschmutzung des Grundwassers mit den Pestiziden aus der Pflanzung.

Der Bericht des World Rainforest Movement unterstreicht ganz klar, dass die Cerrado-Bewirtschaftung zwar einen Teil der FSC-Klauseln erfüllt (obwohl die Nutzung durch die Bevölkerung eingeschränkt, ja sogar verboten wurde), doch die Plantagen verstoßen in umwelttechnischer und sozialer Hinsicht ganz klar gegen Artikel 10 der Zertifikationskriterien. Und der Großteil der Holzkohleproduktion stammt aus ebendiesen Eukalyptusplantagen.

Sind Zertifikate in Indonesien sinnvoll?

PT Diamond Raya gehört zu jenen Unternehmen, die in den Primärwäldern Sumatras arbeiten, welche von Entwaldung und Umwandlung in Monokulturen zur Papier- und Palmölproduktion ganz besonders bedroht sind. Daher wurden die letzten Regenwälder Sumatras zum Teil auch als UNESCO-Welterbe eingestuft, da sie eine ganz erstaunliche Artenvielfalt beherbergen.

Dort wachsen so kostbare Hölzer wie Meranti oder Ramin, die von den Holzkonzernen ganz besonders geschätzt werden. Solche Bäume schlägt man auch illegal in Naturschutzgebieten.

Illegale Abholzung ist in Sumatra gleichsam an der Tagesordnung. Vor diesem Hintergrund wirkt die Zertifizierung von PT Diamond Raya ein wenig befremdlich auf die dort tätigen Waldschutzorganisationen. Umso mehr, als das Unternehmen zu einem Konzern gehört, der PT Uniseraya Group, die in der Provinz Riau eine Konzession für mehr als 850 000 Hektar Wald besitzt. Dieser Wald war früher Primärwald, ein Sumpfwald, dessen Erhalt von besonderer Bedeutung gewesen wäre. Das Unternehmen schlägt dort Ramin, Meranti und Suntai, eine weitere begehrte Tropenholzart. PT Sindora Seraya, ein anderes Tochterunternehmen, wiederum hat gegen den Widerstand der Bevölkerung in der Pufferzone zwischen dem gerodeten Konzessionswald und den Dörfern eine Palmölplantage gepflanzt.

Der FSC arbeitet seit zwei Jahren mit dem Indonesian Ecolabelling Institute (LEI) zusammen, das Zertifizierungen nach den 1998 von der Holzindustrie und der indonesischen Regierung vereinbarten Kriterien vornimmt. Diese »nationalen Normen« folgen im Prinzip denselben Kriterien wie das FSC-Siegel, doch das Institut kümmert sich wenig um die Belange der indigenen Bevölkerung und der Gemeinden vor Ort. 1999 beschlossen LEI und FSC die Zusammenarbeit. Im Jahr darauf schuf man ein gemeinsames Zertifizierungsprotokoll. Mittlerweile muss also jedes Unternehmen, das eines der beiden Siegel erwerben möchte, die Kriterien des LEI und des FSC erfüllen.

Doch der Fall PT Diamond Raya lässt Zweifel aufkommen, ob eine Zertifizierung in Indonesien überhaupt möglich ist. Wie sollen jemals die Kriterien des FSC erfüllt werden, wo sich der indonesische Staat doch alle Wälder des Landes auf Kosten der lokalen Bevölkerung aneignete und damit gegen das in Indonesien geltende Gewohnheitsrecht verstieß? Das bedeutet, dass Artikel 2 und 3 der FSC-Kriterien keinesfalls erfüllt werden können. Dazu kommt, dass diese Nationalisierung der Wälder Motor eines Wirtschaftssystems wurde, das dem Land eindeutig Schaden zufügt. Von der Entrechtung der lokalen Bevölkerung, die häufig entschädigungslos von ihrem Land vertrieben wurde, gar nicht zu sprechen. Diese grundsätzlichen Widersprüche sind es, die die indonesische Umweltschutzorganisation WAHLI zu der Forderung veranlasst haben, jede Form der Zertifizierung in Indonesien einzustellen, welche die Holzwirtschaft vor Ort nachträglich legitimieren würde. Bis heute wurden drei Holzproduktionen, darunter eine Plantage, mit dem FSC-Siegel versehen.

Daraufhin ließen einige Waldschutzorganisationen, darunter auch WAHLI, eine Studie über die Zertifizierung der von PT Diamond Raya bewirtschafteten 90240 Hektar Wald erstellen. Dabei stellte sich heraus, dass im Zertifizierungsprozess eine ungewöhnlich hohe Anzahl an Fehlern begangen wurde. Zum Beispiel wurde nicht berücksichtigt, dass es auf dem Gelände zu illegalem Holzeinschlag kam (etwa 27 Tonnen Holz täglich). Oder dass der Anteil an illegal geschlagenem Holz so hoch liegt, dass man nicht mehr von nachhaltiger Bewirtschaftung sprechen kann. Auch wurden nur etwa 50 Prozent jener Gelder ausbezahlt, welche in Entwicklungsmaßnahmen zugunsten der lokalen Bevölkerung fließen sollten. Da in dieser Gegend außerdem der Sumatra-Tiger lebt, eine vom Aussterben bedrohte Art, hätte das Unternehmen nach Artikel 6 der FSC-Kriterien dafür sorgen müssen, dass innerhalb seines Konzessionsgebietes entsprechende Schutzmaßnahmen ergriffen werden. Doch die obligatorischen Bestandsaufnahmen von Flora und Fauna vor dem Beginn des Holzeinschlags wurden nicht durchgeführt.

Daraufhin stellten mehrere Naturschutzorganisationen bei SGS – dem vom FSC beauftragten Unternehmen – und beim Forest Stewardship Council selbst den Antrag, die Zertifikation für das Unternehmen aufzuheben und es erneut zu überprüfen. 19 Monate später hat sich, trotz verschiedener Besuche der Prüfer vom SGS vor Ort, nichts geändert. Und die Zertifizierung ist immer noch gültig. SGS musste notgedrungen eingestehen, dass einige Punkte der Kriterien – vor allem der illegale Holzeinschlag – wohl nicht ausreichend berücksichtigt worden waren.

Trotz dieser Kritikpunkte bietet das FSC-Siegel als Einziges dem Verbraucher die Möglichkeit, seine Kaufentscheidung im Hinblick auf Tropenholz oder daraus hergestellte Produkte nach ethischen, sozialen und ökologischen Kriterien zu fällen. Natürlich muss die Zertifizierung den sozio-ökonomischen Gegebenheiten in den einzelnen Ländern angepasst werden.

Doch der Forest Stewardship Council hat sich mit dem Bericht der Rainforest Foundation, *Trading in Credibility* (Handel mit Vertrauen), eingehend auseinandergesetzt. In einer internen Prüfung räumte das Exekutivkomitee ein, dass der Bericht durchaus Schwachstellen und Lücken im Zertifizierungssystem aufzeige. Einige der Punkte waren auch bereits bekannt, und es gibt erste Ansätze zu ihrer Diskussion und Beseitigung. Das System mag nicht perfekt sein, vor allem, wenn es um bestimmte Länder wie Indonesien geht, wo die Fakten im Grunde jede Zertifizierung unmöglich machen. Doch das FSC-Siegel hat für eklatante Fortschritte in der Bewirtschaftung der Wälder weltweit gesorgt. Dies ist vor allem für jene Tropenländer wichtig, die sich erst anschicken, die einzelnen Vorgaben umzusetzen, denn so kann die unglaubliche Nachlässigkeit, die zu der katastrophalen Situation in Ländern wie Kamerun, Indonesien oder Brasilien geführt hat, von vornherein vermieden werden.

Die Zertifizierung gibt dem Verbraucher Informationen über die Herkunft des von ihm gekauften Holzproduktes an die Hand. Sie garantiert ihm, dass das Holz unter nachhaltigen Bedingungen produziert, transportiert und verarbeitet wurde. Damit ermöglicht sie ihm eine verantwortliche Entscheidung. Dieser Weg zur Verbesserung der forstwirtschaftlichen Methoden ist sicher sinnvoller als alle Aufrufe zum Boykott von Tropenholz.

Trotzdem ist es von hier noch ein weiter Weg bis zu dem Punkt, an welchem dem Verbraucher sein gutes Gewissen auch einen höheren Preis wert ist. Was noch lange nicht der Fall ist, selbst wenn Nachhaltigkeit sich für eine aufgeklärte Käuferschicht in den Ländern der nördlichen Halbkugel langsam zum Verkaufsargument entwickelt. Was den weltweit tätigen Unternehmen nicht entgangen ist.

2 | Emissionsrechtehandel – pure Heuchelei?

Das Klima erwärmt sich stetig, und zu einem großen Teil ist der Mensch dafür verantwortlich. 1997 fand die Kyoto-Konferenz statt, welche das Thema der Weltöffentlichkeit zum ersten Mal zu Bewusstsein brachte. Im Februar 2005 trat das seitdem heftig diskutierte Kyoto-Protokoll in Kraft, als Russland endlich der Ratifizierung zustimmte. Damit hatten genügend Staaten unterzeichnet, dass ihr gemeinsamer Ausstoß an Kohlendioxid 55 Prozent der weltweiten Emissionen ausmachte. Dies war die Voraussetzung, unter der das Protokoll in Kraft treten konnte. Eines seiner Ziele ist es, die Konzentration der Treibhausgase in der Atmosphäre so weit zu stabilisieren, dass das Weltklima nicht weiter geschädigt wird und in der Folge für die Menschheit gravierende Klimaveränderungen eintreten. Unsere Atmosphäre setzt sich aus verschiedenen Gasen wie Kohlendioxid, Ozon und Wasserdampf zusammen, die der Erde einen natürlichen Treibhauseffekt bescheren, der für uns lebenswichtig ist, sichert er dem Planeten doch eine dauerhafte Durchschnittstemperatur von circa 15 Grad Celsius. Doch dieses Gleichgewicht ist heute gestört, da die Konzentration der Gase aufgrund der Bevölkerungsexplosion und der wirtschaftlichen Entwicklung ständig zunimmt. Die massive Verbrennung fossiler Brennstoffe sowie die fortschreitende Entwaldung haben dazu geführt, dass innerhalb von nur 50 Jahren der Kohlendioxidgehalt der Atmosphäre um 20 Prozent anstieg.

Seitdem interessiert sich jedermann für die Kohlendioxidaufnahmefähigkeit von Luft, Ozeanen, Erdboden und Vegetation. Der beste Kohlenstoff-»Pool« ist das Phytoplankton, das im Oberflächenbereich bestimmter Ozeane lebt. Dieser winzige Organismus nimmt bei der Photosynthese Kohlendioxid auf und lagert es als Kalk in den Zellwänden ab. Auch Meerwasser nimmt Kohlendioxid auf. Dort liegt es gelöst als Bikarbonat vor. Die Wissenschaftler gehen davon aus, dass auch die Wälder der nördlichen und tropischen Breitengrade eine unterstützende Wirkung entfalten. Meer und Wald zusammen sorgen dafür, dass nicht noch mehr von dem Gas in die Atmosphäre gelangt und zur Aufschaukelung des Treibhauseffekts führt. Die zu Beginn des 20. Jahrhunderts einsetzende Industrialisierung (mit dem steigenden Verbrauch fossiler Brennstoffe) sowie die Entwaldung der letzten Jahrzehnte haben jedoch dazu geführt, dass mehr Kohlendioxid als je zuvor in die Atmosphäre gelangte. Wenn die globale Waldfläche abgeholzt wird, mineralisiert der Boden und gibt große Mengen Kohlendioxid und Stickstoffoxide ab, von den übrigen Auswirkungen, die das Verschwinden der Bäume mit sich bringt, ganz zu schweigen. Heute übersteigt die Menge an abgegebenem Kohlendioxid bei weitem die Aufnahmefähigkeit von Meer und Wald.

Um diesen Überschuss wieder zu reduzieren, gibt es letztlich zwei Möglichkeiten, die leicht zu erkennen, aber nicht leicht umzusetzen sind: Abbau der Gas-Emission durch Einstellung des Verbrauchs von fossilen Brennstoffen und Verringerung der Entwaldung. Nun wird aber mehr Wald abgeholzt als je zuvor ... Deshalb suchte man nach einer dritten Möglichkeit.

Einige Unternehmen und Nicht-Regierungsorganisationen nutzten die Gunst der Stunde, um in der Aufregung über die wissenschaftlichen Daten zur Klimaerwärmung ein neues Projekt voranzubringen. Man sucht weltweit nach Kohlendioxidspeichern, um damit die Emissionen der Industrieländer zu kompensieren. Die dahinterstehende Idee ist simpel: Man pflanzt eine möglichst große Anzahl von Bäumen, um den Kohlendioxidausstoß eines Landes oder eines Industriezweiges auszugleichen.

Jeder Wald ist ein gigantisches Kohlenstoffreservoir. 51 Prozent sind im Boden gebunden, 8 Prozent im Falllaub, 41 Prozent in den Bäumen. Auch bei der Photosynthese nehmen die Bäume Kohlendioxid auf. Während ein reifer Wald eine recht ausgeglichene Kohlendioxidbilanz besitzt, da das aus der Atmosphäre aufgenommene Kohlendioxid durch jenes ersetzt wird, das bei der Verrottung seiner Blätter auf dem Boden frei wird (wobei die Boden-Mikroorganismen eine entscheidende Rolle spielen), bindet ein entstehender Wald mehr Kohlendioxid, als er abgibt. Die im Wachsen begriffenen Bäume brauchen viel Kohlenstoff, da ihre organische Materie ja erst entsteht. Blätter und Holz müssen sich erst entwickeln. Und so ist man auf folgende Idee gekommen: Wenn man überall neue Wälder anpflanzt, dann müsste doch mehr Kohlendioxid als zuvor gespeichert werden. Die Idee ist keineswegs neu, denn auf diese Weise versuchte man schon, den negativen Effekten der Entwaldung entgegenzuwirken.

Was allerdings neu ist, ist die Tatsache, dass man Bäume gegen das Recht tauscht, die Umwelt zu verschmutzen. Ein Unternehmen, das die Umwelt belastet, kann plötzlich eine ausgeglichene Öko-Bilanz vorweisen, weil es gleichzeitig irgendwo auf der Welt neue Wälder anpflanzt, die Kohlendioxid binden. Das wäre an sich ein positiver Effekt, wenn dabei nicht jeder Anreiz, die eigene Umweltbilanz durch Reduktion der Verschmutzung zu verbessern, ausbliebe. Es gibt ja eine Alternativlösung, welche die Umweltschützer allerdings nicht gerade glücklich macht. Oliver Rackham, Botaniker und Waldhistoriker an der Universität Cambridge, meint, dieser Vorschlag sei so, als würde man den Menschen empfehlen, mehr zu trinken, um den Anstieg des Meeresspiegels zu reduzieren[57]. Anders ausgedrückt: Wie viele Bäume wir auch immer pflanzen mögen, sie werden niemals ausreichen, um die unglaublichen Mengen an Emissionen auszugleichen, die wir durch Verbrennung fossiler Brennstoffe in die Luft blasen.

Sehen wir uns das »Emissionsrecht« noch einmal an. Dahinter steht der so genannte »Clean Development Mechanism« (CDM). Er besagt, dass jedes Unternehmen, das in einem Entwicklungsland investiert, dafür Emissionsrechte für Treibhausgase, so genannte »carbon credits« oder CER, erhält. Diese CER können in der Folge an Unternehmen verkauft werden, die nicht in Entwicklungsländern investieren, aber Emissionsrechte brauchen. Man geht das Problem des Energieverbrauchs also nicht direkt an, sondern vertagt es gewissermaßen. In den fossilen Brennstoffen, die jetzt noch in der Erde ruhen, sind etwa 4 Milliarden Tonnen Kohlenstoff gespeichert, also etwa zehnmal mehr, als momentan in den Wäldern weltweit gespeichert ist. Wer also kann sich der Illusion, man könne die durch die Nutzung der verbleibenden Brennstoffe freigesetzten Treibhausgase durch Aufforstung unschädlich machen, noch guten Gewissens hingeben? Darüber hinaus ist die Fläche zum Aufforsten begrenzt, dafür sorgt schon allein das Bevölkerungswachstum.

57 *Nature for Sale: the Impact of Privatizing Water and Biodiversity*, FOE, op. cit.

Diese angeblichen neuen Kohlenstoffspeicher sind also Luftschlösser, die den Industrieländern erlauben, weiterhin die Atmosphäre zu verpesten und die letzten Ressourcen zu verschwenden. Dies ist umso schlimmer, als es durchaus Alternativlösungen im Energiebereich gäbe. Doch Forschungsarbeiten in dieser Richtung werden seit eh und je von den Erdölkonzernen behindert, welche die Führung auf dem Weltmarkt nicht preisgeben wollen. Also setzen sie alles daran, dass der Energiekonsum und die Abhängigkeit der Industrieländer von den fossilen Brennstoffen weiter hoch bleibt. Zumindest solange die zur Neige gehenden Erdölvorräte dies erlauben.

Doch zurück zur Kohlendioxidaufnahme der Wälder, die von den Befürwortern des Emissionsrechtehandels stets so positiv betrachtet wird. Bei näherem Hinsehen jedoch trübt sich der schöne Schein. Natürlich bindet der Wald Kohlendioxid in Form von Kohlenstoff, aber nur während der Wachstumsphase. Nach etwa 100 Jahren nimmt dieser Effekt ab, die Kohlendioxidbilanz gleicht sich allmählich aus. Bei einigen Waldtypen dauert dies bis zu 200 Jahre oder länger. Um also den Kohlendioxidausstoß der Industrieländer tatsächlich zu kompensieren, bräuchte man, grob gerechnet, etwa 850 Millionen bis zu 1 Milliarde Hektar Jungwald, wenn man 3 bis 5 Tonnen jährlich gebundenen Kohlenstoff pro Hektar rechnet. Das wäre etwa zwanzig Mal die Fläche Frankreichs ...

Hinzu kommt ein weiteres Faktum, das die Weltbank und alle anderen Fans des Emissionsrechtehandels gern übersehen. Damit diese Rechnung aufgeht, müsste der großflächigen Entwaldung sofort ein Riegel vorgeschoben werden, ganz besonders in den Tropenwäldern. Wenn wir den Ausstoß von Treibhausgasen wirklich verringern wollen, dann sollten wir nicht vergessen, dass der Regenwald ein gewaltiger Kohlenstoffspeicher ist. Man rechnet mit 200 bis 400 Tonnen pro Hektar. Wenn man das Holz des Regenwalds vernichtet, werden Hunderte von Tonnen Kohlenstoff frei und entweichen in die Atmosphäre. Etwa 20 Prozent des jährlichen Kohlendioxidausstoßes gehen auf die Entwaldung zurück. Wir sollten uns also zunächst einmal um die Erhaltung der noch vorhandenen Wälder bemühen, bevor wir neue pflanzen. Oder sie zumindest nachhaltig bewirtschaften, was, wie wir gesehen haben, keineswegs der Fall ist. Jene Organisationen jedenfalls, die sich für Umweltschutz und die Rechte indigener Völker einsetzen, sehen den Emissionsrechtehandel mit Unbehagen, eben weil er zur Anlage vieler neuer Baumplantagen führt. Was ja an sich positiv wäre, wenn es sich dabei nicht in den meisten Fällen um Monokulturen (oder wie bei den zwei Eukalyptusarten um »Bikulturen«) handelte, die großzügig mit Dünger und Pflanzenschutzmitteln bearbeitet werden, was gleich auch noch Grundwasser und Boden schädigt. Die Anlage neuer Plantagen ist, wie wir gesehen haben, nicht selten sogar der Grund für eine Brandrodung der Regenwälder. In jedem Fall schaffen sie enorme soziale Probleme bei der Bevölkerung vor Ort.

Denn wir sollten eines nicht außer Acht lassen: Diese Plantagen werden der Umwelt ja nicht »geschenkt«. Sie sollen eines Tages genutzt werden und zwar in der überwiegenden Zahl der Fälle für die Produktion von Papier und Holzfaserplatten. Wie viel Kohlenstoff wird also in den Plantagen wirklich auf Dauer gebunden? Doch nur sehr wenig, wenn man am Ende Bilanz zieht. Denn der Kohlenstoff, der während der Wachstumsphase im organischen Material des Baumes gespeichert wird, wandert am Ende also in den Papierbrei oder in die Holzspäne. Und wie hoch würden Sie nun die Lebensdauer eines Papierblatts oder eines Kartons einschätzen? Auch heute noch werden nur etwa 50 Prozent des Papiers recycelt. In den USA stammen gar nur 14 Prozent des benutzten Papiers, vorzugsweise im Büro, aus Recyclingquellen. Der Rest des benutzten Papiers wandert auf die Müllkippe, wo er verbrannt oder zersetzt wird. In beiden Fällen gelangen dabei die Treibhausgase Kohlendioxid und Methan in die Atmosphäre. Bei Holzfaserplatten ist die Lebensdauer sicher länger, übersteigt aber kaum einen Zeitrahmen von zehn bis zwanzig Jahren. Dann blüht den Produkten dasselbe Schicksal: Müllverbrennung oder langsames Verrotten.

Die Befürworter des Emissionsrechtehandels übersehen bei ihren Kalkulationen immer mehrere Punkte: Damit Kohlenstoff auf lange Sicht gespeichert wird und nicht als Kohlendioxid in die Atmosphäre entweichen kann, wo er den Treibhauseffekt verstärkt, müssten die Plantagenbäume zu Produkten mit langer Lebensdauer, also einigen Hundert Jahren, verarbeitet werden. Man dürfte sie nicht fällen, bevor sie nicht ausgereift sind. Und die Produkte, die daraus entstehen, dürften niemals auf der Müllkippe landen, wo die organische Materie auf anaerobem Wege (also ohne Sauerstoff) zersetzt oder auf aerobem Weg (mit Sauerstoff) verbrannt wird. Beides führt zur Entwicklung von Treibhausgasen, im ersteren Fall Methan, im letzteren Kohlendioxid.

Diese Kohlenstoff-Pools dienen nur als Vorwand für die Anlage neuer Plantagen in den Ländern der Südhalbkugel, vor allem zum Nutzen der Papierindustrie. Die Weltbank, die nicht müde wird, ihren angeblichen Politikwechsel hin zum Kampf gegen die Klimaerwärmung pressewirksam zu verkünden, hat als erstes Kohlenstoff-Pool-Vorhaben das »Plantar-Projekt« im brasilianischen Bundesstaat Minas Gerais finanziert. Mit Hilfe des Prototype Carbon Fund (PCF)[58] werden vom Holzwirtschaftsunternehmen Plantar, das bereits 280 000 Hektar Eukalyptusplantagen besitzt, weitere 23 000 Hektar solcher Monokulturen angelegt. Natürlich werden diese zunächst einmal Kohlenstoff einlagern, den sie der Atmosphäre entnehmen, bevor sie diesen in ein paar Jahren, wenn sie zu Holzkohle verarbeitet werden, wieder abgeben.

Dann kann Plantar die aus diesen 23 000 Hektar angeblich hervorgehenden CERs verkaufen. In der Projektbeschreibung heißt es, dass Plantar diese Credits nach Belieben verwenden kann (also auch mit Gewinn wieder verkaufen), da der Eukalyptuswald als dauerhafter Kohlenstoffspeicher betrachtet wird (was ein wenig merkwürdig ist, da die Bäume zu Holzkohle verarbeitet werden sollen). Dies geht nur, weil die Holzkohle, die zum Befeuern von Schmelzöfen in der Eisenverhüttung verwendet werden soll, als weniger »verschmutzungsträchtig« gilt als die sonst verwendete Steinkohle.

In einem offenen Brief an Verantwortliche und Financiers des PCF haben sich Politiker, Nicht-Regierungsorganisationen und Bürger einzelner Bundesstaaten, darunter zum Beispiel auch Minas Gerais, gegen diese Ausweitung der Plantar-Plantagen ausgesprochen, die im Rahmen des Clean Development Mechanism gefördert wird. Sie weisen darauf hin, dass das Unternehmen Cerrado (die für Lateinamerika typische Baumsavanne) und atlantischen Regenwald abgeholzt hat, um Eukalyptusplantagen anzulegen. Auch die Holzkohlenproduktion geht zu Lasten des

58 Der PCF wurde vom Präsidenten der Weltbank gegründet und dient der Finanzierung von Projekten, welche die Abgabe von Treibhausgasen wie zum Beispiel Kohlendioxid an die Atmosphäre verringern sollen.

Cerrado, da einer wissenschaftlichen Untersuchung zufolge 15 bis 20 Prozent der in Brasilien verwendeten Holzkohle aus Cerradopflanzen hergestellt werden. Wie passt das nun zusammen: Auf der einen Seite richtet man Kohlenstoff-Pools ein, auf der anderen holzt man die natürliche Flora ab?

Die Augenwischerei des Emissionsrechtehandels endet an diesem Punkt immer noch nicht, da die Aktion »Kohlenstoff-Pool« ja nicht an den Wurzeln des Problems ansetzt, wie vom Kyoto-Protokoll vorgesehen, nämlich an der Reduktion der Treibhausgas-Produktion in den Unterzeichnerstaaten.

In dieser Welle von Begeisterung für die Wiederaufforstung der vorher entwaldeten Erde sieht man buchstäblich den Wald vor lauter Bäumen nicht. Denn je mehr das Augenmerk aller auf die Plantagen gelenkt wird, desto leichter gerät in Vergessenheit, dass bislang kaum Maßnahmen getroffen wurden, um den Ausstoß von Treibhausgasen zu senken (statt ihn mit Jungwald auszugleichen). Auf diese Weise wird glauben gemacht, dass wir um eine drastische Reduktion unseres Verbrauchs an fossilen Brennstoffen herumkommen. Doch angesichts des Ausmaßes der Situation müssten alle Register gleichzeitig gezogen werden. Viel zu viele Entscheidungsträger verstecken sich hinter dem Plantagenkonzept, um dem Thema »erneuerbare Energien« aus dem Weg zu gehen. Statt sich auf die wahre Ursache des Kohlendioxidausstoßes zu konzentrieren, stürzt man sich weltweit auf diesen neuen, vielversprechenden Markt des Emissionsrechtehandels, der einmal mehr die Länder der Nordhalbkugel begünstigen wird. Währenddessen wird weiterhin Regenwald abgeholzt, um neue Erdöl- oder Erdgasvorkommen freizulegen.

1997 präsentierte James Wolfensohn, der Weltbankpräsident, im Gefolge der Kyoto-Konferenz seinen Plan für einen Investmentsfonds, der die Kohlenstoffbindung fördern sollte. 1999 fand man für das Projekt den Namen Prototype Carbon Fund, im Jahr 2000 wurde es gegründet. Das Geld aus den Industrieländern sollte in Projekte zur Schaffung von Kohlenstoff-Pools investiert werden. Die daraus resultierenden Carbon Credits (CER) sollten die Industrieländer dann erwerben, um die Ziele des Kyoto-Protokolls umzusetzen. Damit erkaufte sich die Weltbank (und mit ihr viele andere Banken) endlich eine ökologisch weiße Weste.

Sehen wir uns einmal an, wie viel Geld die Weltbank wirklich für saubere Luft ausgibt – im Vergleich zu anderen Projekten: Von 1992 bis 2004 finanzierte sie 128 Projekte zur Förderung fossiler Brennstoffe und investierte dafür 11 Milliarden Dollar. Diese Projekte belasteten die Atmosphäre mit einigen Milliarden Tonnen Kohlendioxid. 80 Prozent der Produktion aus diesen Projekten flossen in die Industrieländer. Das World Rainforest Movement hat errechnet, dass die Summe, welche die Weltbank in die Projekte zur Reduktion von Treibhausgasen zu investieren gedenkt, nur etwa 20 Prozent dieser Summe ausmacht. Und obwohl die Weltbank 1999 verkündet hatte, sie wolle von nun an mehr Geld in die Erforschung erneuerbarer Energien stecken, lehnte sie im selben Jahr den Antrag ab, 20 Prozent ihrer Finanzierungsmasse in solche Projekte fließen zu lassen. Ist hier das Wort »Heuchelei« nicht angebracht?

Zwischen 1999 und 2004 steckten multinationale Konzerne und Großbanken wie BP, Mitsubishi, Deutsche Bank, Gaz de France und Statoil 45 Millionen Dollar in die Finanzierung des PCF[59]. Innerhalb von zehn Jahren vergab die Weltbank an diese

59 *World Rainforest Movement Bulletin* vom April 2005.

Unternehmen die beeindruckende Summe von 3834 Milliarden Dollar an Krediten ...

Der Clean Development Mechanism und die CERs sind also nicht unbedingt geeignete Instrumente, um die Emission von Treibhausgasen zu reduzieren, selbst wenn sie gelegentlich dazu beitragen. Doch sie nehmen den Druck von den Industrieunternehmen und den Ländern des Nordens, endlich ihren Ausstoß an Treibhausgasen zu verringern. Letztlich wurden diese beiden Instrumente von den Industrieländern ersonnen und werden auch nur diesen zugute kommen. Die Weltbank schätzt, dass der Handel mit Emissionsrechten bis 2020 einen Umfang von mehreren Milliarden Dollar jährlich erreicht haben wird. Bereits im Jahr 2005 wird er etwa 100 Millionen Dollar Gewinn einbringen. Die großen Verlierer dabei sind die Länder der Südhalbkugel und zwar aus zwei Gründen: Zunächst einmal sind sie fast alle extrem hoch verschuldet. Mit dem meist trügerischen Versprechen, diesen Schuldenberg abbauen zu können, bringen Regierungen und internationale Finanzinstitutionen diese Länder dazu, ihr natürliches Erbe, ob es sich nun um Holz oder fossile Brennstoffe handelt, zu verschleudern, um den ständig steigenden Bedarf in den nördlichen Ländern zu decken. Doch wenn wir Weltgeschichte und Umweltsituation genauer unter die Lupe nehmen, stellt sich uns eine Frage, die mittlerweile vielen Menschen auf den Nägeln brennt: Wer schuldet hier wem etwas?

Die Länder im Norden haben einen Großteil ihres heutigen Reichtums durch Annexion, Ausbeutung und Kolonisierung der Länder im Süden erworben. Die Industrialisierung im Norden ist es, die heute zu so tiefgreifenden Umweltproblemen führt, dass die ganze Welt davon betroffen ist. Die Industrieländer haben nämlich über Jahrzehnte der Luft, dem Meer und mitunter auch dem Boden die Rückstände der Industrieprodukte aufgebürdet, ohne sich über die langfristigen Folgen Gedanken zu machen. Wenn man die Atmosphäre je nach erzieltem Pro-Kopf-Einkommen auf die verschiedenen Staaten der Welt aufteilt, sieht man schnell, dass einige Länder wie zum Beispiel die Vereinigten Staaten, die europäischen Länder und Japan sechs bis zwölf Mal so viel in Anspruch genommen haben, wie ihnen eigentlich zustünde. Andere, beispielsweise Bangladesh, haben höchstens ein Zehntel ihres Anteils für sich reklamiert. Der ökologische Fußabdruck (der Umweltverbrauch) der Länder im Norden ist unendlich viel größer als der der südlichen Länder. Nimmt man dann noch die Plünderung der Ressourcen des Südens durch den Norden hinzu, die seit dem 16. Jahrhundert im Gang ist – sind nicht wir es, die Länder im Norden, die dem Süden gegenüber eine Umweltschuld haben? Bangladesh zum Beispiel ist von der Erhöhung des Meeresspiegels, der in Folge der Klimaerwärmung auf uns zukommt, besonders bedroht. Das gilt natürlich auch für die Niederlande, nur verfügen die Niederländer eben über die technischen und finanziellen Mittel, um eine Lösung für dieses Problem zu finden. Bangladesh hat beides nicht. Und so bleibt dem Land letztlich nur die Möglichkeit, sich mit seinen geringen Ressourcen einem Investor aus dem Norden zu öffnen, der ihm dann als falscher Nothelfer die nötige Technologie liefert.

Die Widersinnigkeit der aktuellen Situation lässt einen bitteren Nachgeschmack zurück. Müssten wir den Indern, die darum kämpfen, dass im Yasuni-Nationalpark kein Erdöl gefördert wird, nicht eigentlich CERs zugestehen, weil ihr Kampf, sollte er Erfolg haben, die Klimaerwärmung stoppen hilft? Tatsächlich wird dabei ein Stück Regenwald erhalten, ein echter Kohlenstoff-Pool. Darüber hinaus wird die Verbrennung fossiler Energieträger verhindert, was unserer Atmosphäre Tausende Kubikmeter Kohlendioxid erspart!

Und als sich die Aktivisten in Nigeria gegen die Abfackelung von Erdgas einsetzten, haben sie da nicht ebenfalls die weitere Belastung der Atmosphäre mit Treibhausgasen verhindert? Gerade solche Initiativen werden von den Energiekonzernen, die doch vom Kyoto-Protokoll am stärksten betroffen sind, nicht selten mit brutaler Gewalt bekämpft. Aber die Energieriesen kümmern sich kaum um das Kyoto-Protokoll – außer in ihren Werbespots.

Wir brauchen heute schnell wirkende und praktische Lösungen, um der drohenden Klimakatastrophe zu entrinnen, in die wir, die Industrieländer des Nordens, die ganze Welt hineinmanövriert haben. Der Clean Development Mechanism und seine CERs aber sind keine echte Lösung. Allenfalls zögern sie den Moment, in dem wir handeln müssen, ein wenig hinaus. Es gibt zwar einige löbliche Initiativen zur Wiederaufforstung, auch wenn diese noch kein wirksames Ausmaß erreicht haben, doch insgesamt hat die Möglichkeit des Emissionsrechtehandels die Situation für die tropischen Regenwälder und die indigenen Völker eher noch verschlimmert. Solange wir im Norden glauben, die Erde und ihre Wälder gehörten uns allein, sodass wir sie zu wirtschaftlichen Zwecken nach Belieben ausbeuten können, solange nähern wir uns Schritt für Schritt dem Abgrund.

Bei den indigenen Völkern rufen solche Gefälligkeitsgesten gegenüber den Industrieunternehmen des Nordens nur Zorn und Verachtung hervor. Bei einer Konferenz im Mai 2006 in Ecuador protestierte man gegen diesen erneuten Ausverkauf der Natur, bei dem die Industrieländer erneut Dinge verkaufen, die ihnen nicht gehören, wie Kohlenstoff und Luft. Und wieder geht der Handel zu Lasten jener Menschen, die im und vom Wald leben und daher auf seine Erhaltung angewiesen sind. Heute will jeder Sauerstoff und Kohlenstoff-Pools verkaufen, auch einige Nicht-Regierungsorganisationen, die sich urplötzlich wie Unternehmen gebärden. Bei der Konferenz in Puyo wurde diese Art von »Umweltdienstleistungen« *(environmental services)* von den Vertretern einiger ethnischer Minderheiten heftig kritisiert. Das Konzept der Umweltdienstleistungen kam vor etwa zehn Jahren auf. Seitdem zeigt sich allerdings, dass auch sie gewaltige Schattenseiten besitzen.

Alles begann mit kleinen Umweltprojekten und Initiativen für sanften Tourismus. Stellen wir uns beispielsweise vor, einige Gemeinden im Süden setzen sich besonders für die Erhaltung ihres Stücks Regenwald ein und erhalten dafür eine Finanzierung. Die verantwortliche Umweltschutzorganisation stellt einen Plan zum totalen Schutz der Umwelt dort auf, der von den Gemeinden genau befolgt werden muss. Damit geben sie wieder die Kontrolle über ihr Land auf, das sie nun nicht mehr, auch nicht auf nachhaltige und traditionelle Weise, bewirtschaften dürfen. Damit sind keineswegs alle Projekte zur Bewahrung von Biotopen oder Arten gemeint, die von Nicht-Regierungsorganisationen finanziert werden ... Der Zorn in Puyo richtete sich auch nur gegen einige bestimmte Nicht-Regierungsorganisationen.

Eine weitere Umweltdienstleistung, die mittlerweile auf dem Privatsektor angeboten wird, ist das Management von Nationalparks. Gerade in den Tropen werden immer mehr Naturschutzgebiete »privatisiert«. In diesem Fall wird die Pflege des

Nationalparks einer Nicht-Regierungsorganisation oder einer Stiftung anvertraut, die häufig erst zu diesem Zweck gegründet wird. Dieser ist es dann auch erlaubt, die Ressourcen des Naturschutzgebietes in einem gewissen Rahmen (zum Beispiel durch Ökotourismus) zu nutzen. Die Verlierer dabei sind wie so oft die Bewohner vor Ort, da sie künftig keinen Zugang mehr zu ihrem angestammten Land haben, auch wenn dies in der Pufferzone rund um den Park liegt. Die Nicht-Regierungsorganisationen oder Stiftungen aber haben freie Hand beim Verkauf von Bäumen, CERs oder anderen Umweltdienstleistungen. In Bolivien beispielsweise wurde die Pflege des an der Grenze zu Brasilien gelegenen Nationalparks Noel Kempff, einem der größten Naturschutzgebiete des Landes, als Konzession an die Stiftung Friends of Bolivian Nature (FAN-Bolivia) vergeben[60]. 1996 wurde der Park dank der Spenden von BP, American Electric Power, PacifiCorp (durchweg Unternehmen aus dem Energiesektor also) und The Nature Conservancy um 600 000 Hektar erweitert. Im Gegenzug erhielten diese Unternehmen CERs, die ihnen erlauben, zehn Jahre lang insgesamt 14 Millionen Tonnen Kohlendioxid in die Atmosphäre entweichen zu lassen. Damit läge eine Tonne Kohlendioxid-Emission bei weniger als einem Dollar, während sie auf dem freien Markt etwa zwischen 150 und 200 Dollar kostet. Eine lukrative Investition also, welche die Unternehmen höchstens ein Zehntel dessen kostete, was sie für ein alternatives Emissionsrecht hätten bezahlen müssen.

Darüber hinaus erzielt FAN-Bolivia Einnahmen aus dem Ökotourismus und der Bioprospektion, die manchmal zur Biopiraterie ausartet. Ein Teil dieser Gelder wird sicher zum Aufbau und

60 »No, air, don't sell yourself«, in GRAIN vom April 2005.

Erhalt einzelner Projekte rund um den Park eingesetzt, die auch der lokalen Bevölkerung zugute kommen. Doch die Gemeinden vor Ort beschweren sich, dass sie nicht mehr anbauen dürfen, was sie wollen. So hat die Naturschutzorganisation The Nature Conservancy sie beispielsweise zum Anbau von Palmherzen verpflichtet, obwohl die ökologischen und wirtschaftlichen Probleme des Palmherzenanbaus bekannt sind[61].

Obwohl die hinter diesen Praktiken stehenden Absichten meist löblich sind, sollte für den Betrieb der Nationalparks eine andere Lösung gefunden werden, denn auch hier sind es die Länder des Nordens, die den Menschen im Süden einen bestimmten Lebensstil aufnötigen, oft ohne sie zu fragen. Auf der Webseite von The Nature Conservancy werden unter dem Schlagwort »Schulden gegen Natur« die Auslandsschulden eines Landes und die Finanzierung von Naturschutz in einen Topf geworfen. Die Organisation geht sogar noch einen Schritt weiter und empfiehlt Umweltdienstleistungen als Königsweg der Entschuldung, da der wirtschaftliche Wert unberührter Natur bislang nicht erkannt worden sei. Das bedeutet, dass jeder, der sauberes Wasser zur Verfügung hat oder einen Kohlenstoff-Pool nutzen kann, für diese »Dienstleistung« der Natur bezahlen müsste. Doch dieser Blick auf die natürlichen Ressourcen, der ihren wirtschaftlichen Wert in den Vordergrund stellt, ist keineswegs neu und wird zum Beispiel von Friends of the Earth heftig kritisiert[62].

Die ethnischen Minderheiten haben auf der Konferenz von Puyo einstimmig erklärt, dass sie die Umweltdienstleistungs-

61 Bei der Gewinnung von Palmherzen muss ein ganzer Baum gefällt werden, damit aus dem oberen Stammbereich etwa ein Meter der nahrhaften Markfasern entnommen werden kann. Dies führt vielerorts zur Dezimierung der gesamten Kohlpalmenbestände *(Euterpe oleracea)*. A. d. Ü.

62 *Nature for Sale: the Impact of Privatizing Water and Biodiversity*, FOE, ebenda.

projekte ablehnen. Sie wenden sich vor allem gegen den Clean Development Mechanism, der ihren Lebensraum mit neuen Kraftwerken und Plantagen nur weiter belasten würde. Auch gegen die Bioprospektion, vor allem zum Zwecke der Biotechnologie, gaben sie ein einstimmiges Votum ab. Sie haben vereinbart, in Zukunft keinen Vertrag mehr mit Nicht-Regierungsorganisationen oder Einzelpersonen zu unterzeichnen. Bestimmte Organisationen wie GTZ, Conservation International, The Nature Conservancy, Ecolex, Ecociencia, Fundacion Natura oder Arco Iris betrachten sie als auf ihrem Gelände unerwünscht.

Enttäuschung und Desillusionierung angesichts der Machenschaften dieser Nicht-Regierungsorganisationen sind heute bei allen indigenen Völkern spürbar. Ihre Botschaft ist klar und eindeutig: Natur, Wälder, Wasser, Luft und Biodiversität … sind nicht käuflich.

3 | Gibt es noch Hoffnung?

Die Entwaldung wird meist als rein ökologisches Problem wahrgenommen. Doch die ökologische Seite ist gleichsam nur die Spitze des Eisbergs, da sie eine ganze Reihe von humanitären und sozialen Problemen bedingt. Tatsächlich leben in den Tropen Millionen Menschen im und vom Regenwald. Die fortschreitende Entwaldung, die aus einstmals ausgedehnten Regenwäldern vereinzelte Inseln macht, nimmt ihnen die Möglichkeit, selbst für ihren Lebensunterhalt zu sorgen. Die indigenen Völker werden meist sogar von ihrem Land vertrieben. Man deportiert sie nach Belieben, bestiehlt und tötet sie. So werden die Menschen dort ihrer Würde und ihrer Identität beraubt.

Wenn die Wälder tropischer und nördlicher Breitengrade heute immer kleiner werden, so liegt es nicht daran, dass wir die direkten und indirekten Ursachen dieses Prozesses nicht kennen würden. Der Grund dafür ist vielmehr der mangelnde politische Wille, der Wirtschaftsmaschinerie endlich Einhalt zu gebieten und eine nachhaltige, umweltgerechte Lösung zur Waldnutzung zu finden, welche auch die Rechte und Wünsche indigener Völker berücksichtigt. Zum Unglück aller geht es um zu viel Geld. Zu viele politische und wirtschaftliche Interessen stehen auf dem Spiel, als dass die Regierungen in den nördlichen Ländern (die bei ihren Raubzügen nicht selten mit den Behörden vor Ort gemeinsame Sache machen) endlich zum Umdenken und zu konkreten politischen Maßnahmen zu bewegen wären. Welche Lösungsvorschläge hat man uns denn bislang vorgelegt?

Eine globale Umweltpolitik, die sich bei näherem Hinsehen als reine Farce entpuppt, und gleichzeitig schreitet die Privatisierung natürlicher Ressourcen wie Wasser, Biodiversität und Wald voran ...

Die Länder im Norden lassen bisher noch nicht den geringsten Willen erkennen, ihre Version der Entwicklungs- und Handelspolitik zu ändern. Doch da die Öffentlichkeit Umweltthemen gegenüber immer sensibler reagiert, haben Politiker und Industrielle aller Länder gelernt, Kreide zu fressen. Sie haben ein paar recht praktische Öko-Vokabeln gelernt wie beispielsweise »Nachhaltigkeit« und sie so inflationär gebraucht, dass sie mittlerweile ihren Sinn verloren haben. Immer wieder stoßen wir in den Medien auf solcherart »umgewidmete« Begriffe ... Der Clean Development Mechanism beispielsweise wurde nach der Konferenz zur Klimaerwärmung geschaffen. Dass an ihm nichts, aber schon gar nichts »sauber« ist, konnten wir gemeinsam feststellen.

Was das Etikett »Entwicklung« trägt, erweist sich nicht selten als warmer Regen für Spekulanten – und nur für diese –, die ihre Geschäfte auf dem Rücken der Wälder und der Allgemeinheit machen. Die Globalisierung macht es möglich, dass der Ausverkauf der Natur völlig neue Dimensionen angenommen hat. Und wenn Regierungen heute Naturschutzgebiete ausweisen, dann geschieht dies häufig nur, um sich den Zugriff auf Regionen zu sichern, deren Reichtum an Biodiversität bzw. natürlichen Ressourcen besonders groß ist. Für Pharma- und Biotechnologieunternehmen stellt der Zugriff auf Biodiversität eine strategische Investition dar, die ihren Profiten erst so richtigen Aufwind verschafft – Gewinne, die einzig mit Arzneipflanzen aus tropischen Ländern erzielt werden. Und um das Wasser auf unserem Planeten liefern sich diverse multinationale Konzerne gerade eine heiße Schlacht.

Außerdem geht die Entgrenzung der tropischen Regenwaldschutzgebiete unter der Ägide verschiedener Nicht-Regierungsorganisationen nicht selten mit der Vertreibung der indigenen Völker oder dem Nutzungsverbot ihres angestammten Landes einher. Besonders auffällig ist dies beim Buschfleisch. Nicht die dort ansässigen Pygmäenvölker wie Efe, Mbuti oder Baka sind es, welche die Wälder Zentralafrikas leer geschossen haben. Erst seit Buschfleisch in alle Welt verkauft wird und in die reichen Städte wandert, wo es zum modischen Gaumenkitzel bestimmter Leute wird, weitet sich das Sterben der Wildtiere im Kongobecken zum ökologischen Drama aus ...

Damit bin ich bei einem weiteren wichtigen Punkt angelangt: Wir müssen aufhören, die lokale Bevölkerung zu inkriminieren. Sie ist nicht verantwortlich für dieses enorme Ausmaß der Entwaldung! Die indigenen Völker nutzen den Wald, wie sie ihn seit jeher nutzen: mit Hilfe eines Rotationssystems, das den entwaldeten Stellen Zeit zur Regeneration lässt.

2004 erhielt ich den Brief einer besorgten Mitbürgerin, der die Entwaldung und das Schicksal der Orang-Utans nicht gleichgültig sind und die sich gegen die Werbung für Tropenholz wehrte. Sie hatte einen Leserbrief an verschiedene Medien geschrieben und ließ mir nun die Antwort zukommen, die sie vom zuständigen Redakteur von *Valeurs actuelles*, einer französischen Wochenzeitschrift, erhalten hatte. Hier seine Ausführungen:

Sie treten hier für die Orang-Utans auf Borneo und Sumatra ein. Das ist ein löbliches Unterfangen.

Einige Mitglieder unserer Redaktion kennen Indonesien. Teak-

holz wächst dort in verschiedenen Regionen des Archipels. Heute wird Teakholz in Plantagen angebaut und nicht mehr nur wild geschlagen. Denn, wie Sie selbst zu bemerken geruhten, es findet im Westen immer mehr Freunde. Das Plantagenholz kommt nicht aus dem Habitat der Orang-Utans. Die Menschenaffen werden durch den Teakholzverbrauch im Westen nicht mehr bedroht.

Für die allgemeine Entwaldung sind die Bauern vor Ort verantwortlich, die ständig auf der Suche nach Ackerland sind. Das aber ist ein ganz anderes Problem.

Diese Anhäufung unsinniger Behauptungen ist umso skandalöser, als die Bevölkerung Indonesiens zwar mit Hilfe des Brandfeldbaus ihre Äcker bestellt, doch da sie dies seit Jahrhunderten tut, ist sie wohl keineswegs für die Zerstörung von mehreren Millionen Hektar Regenwald verantwortlich, die in den letzten Jahren in Indonesien verloren gingen.

Wir alle, ob wir nun im Norden oder im Süden leben, haben uns heute zu Marionetten der Industrie und der multinationalen Konzerne entwickelt, welche die natürlichen Ressourcen unseres Planeten bis zur Neige ausschöpfen und so ihren Profithunger stillen – zum Schaden der Umwelt und der indigenen Völker.

Heute geht es letztlich nur noch um die Frage, ob wir den kritischen Punkt schon erreicht haben oder ob wir das Ruder noch herumreißen und die letzten Regenwälder retten können. Was die Lunge unseres Planeten und die Zukunft des Lebens angeht, müssen wir uns nun entscheiden: Wir müssen endlich handeln.

Zunächst einmal müssen wir uns anhören, was die indigenen Völker zu sagen haben, da sie von der Problematik am stärksten betroffen sind. Sie sind es, welche uns am besten den Weg zu einer nachhaltigen Waldwirtschaft weisen können, die sie ja seit jeher betreiben. Dazu gehört natürlich auch, dass wir aufhören, ihnen die Verantwortung für die globale Entwaldung zuzuschieben. In einem Artikel der französischen Zeitschrift *Libération*[63] wendet sich Pirakuman, Führer der in Brasilien lebenden Yawalapitis, gegen diese Inkriminierung: »Die [brasilianische] Regierung untersagt uns, Federn für unsere Mäntel zu verwenden. Dabei ist es die Entwaldung, welche die Vögel zum Verschwinden bringt, nicht wir.« Aber es ist eben so viel einfacher, jene unter Anklage zu stellen, die sich nicht wehren können ... Dabei belegen die Beobachtungen der Biologen zweifelsfrei, dass, wenn ein Wald intakt ist, meistens eine Gemeinschaft von Menschen in ihm lebt und ihn nachhaltig zu ihrem Vorteil nutzt. Die Erfahrung lehrt außerdem, dass ein Ökosystem mit seiner Biodiversität dann am besten geschützt werden kann, wenn man den Menschen, die ein wirkliches Interesse haben, es am Leben zu halten, in diesem Falle also all jene, die im und vom Wald leben, die entsprechenden Möglichkeiten an die Hand gibt. Denn für sie ist der Wald nicht nur Nahrung, sondern auch Identität, Kultur und Religion.

Diese Völker sind die angestammten Hüter des Waldes, und wir sollten ihre Rolle anerkennen und hören, was sie uns zu sagen haben. Dies sollte unser Ausgangspunkt zur Rettung der Wälder sein.

Wie Fritjof Capra, Physiker an der Universität Berkeley (USA),

63 *Libération* vom 3. Dezember 2005.

in einem seiner Aufsätze[64] schreibt: »Die erste Beobachtung, die man macht, wenn man ein Ökosystem betrachtet, ist, dass es sich dabei nicht um eine beliebige Ansammlung von Arten handelt, sondern um eine Gemeinschaft. Die einzelnen Mitglieder sind wechselseitig voneinander abhängig, sie sind wie durch ein großes Netz untrennbar miteinander verbunden.« Jede Interaktion zwischen den Mitgliedern eines solchen Systems muss auf nachhaltige Weise erfolgen, wenn die Gemeinschaft langfristig überleben soll. Wir aber sind gerade dabei, dieses Netzwerk zu zerstören.

Wie immer in der Geschichte ist es so, dass das Wort derer, die am stärksten betroffen sind, am wenigsten Gewicht hat. Der Großteil der Verantwortlichen in Politik und Wirtschaft schert sich keinen Deut um die Forderungen der indigenen Völker. Seit den Achtzigerjahren jedoch, seit der Sänger Sting sich für die indigenen Völker einsetzt, kommen ihre Führer immer wieder nach Europa, wo man ihnen mehr Gehör schenkt als in ihren Heimatländern. Für Raoni, den Führer der Bewegung zum Schutz des Regenwaldes, ist es an der Zeit, Alarm zu schlagen: »Wir atmen alle dieselbe Luft. Wir trinken alle dasselbe Wasser. Wir leben alle auf einer Erde. Wir müssen sie bewahren. Helfen Sie uns. Helfen Sie sich selbst, bevor es zu spät ist. Der Wald ist die Mutter des Lebens. Ihn zu retten heißt, uns selbst zu retten.«[65]

Pirakuman, der Führer der Yawalapiti, der erst kürzlich mit Unterstützung der Ethnologin Émilie Barrucand in Frankreich

64 *Ecology and Community*, Centre for Ecoliteracy, Berkeley 1997. Als pdf-Datei unter folgender Internetadresse erhältlich: http://www.ecoliteracy.org/publications/

65 Bartillat, Laurent de, Retallack, Simon, *Stop*, Paris 2003.

vor der Öffentlichkeit die Rechte seines Volkes vertrat, erklärte in dem bereits zitierten Artikel der *Libération*: »Wir haben genug von den Nicht-Regierungsorganisationen, die im Namen der Indianer sprechen, ohne unsere Kultur auch nur zu kennen, und Unmengen von Subventionen einstecken, ohne dass wir auch nur das Geringste davon haben.« Es ist wahrhaft an der Zeit, dass die wahren Hüter des Waldes diese Aufgabe wieder übernehmen: die Völker, die von ihm leben.

Der so genannte »Erdgipfel«, die Umweltkonferenz 1992 in Rio de Janeiro, schien diese Hoffnung der indigenen Völker endlich zu erfüllen. Das Regenwaldproblem stand bei dieser Konferenz der Vereinten Nationen auf der Tagesordnung. Man würde ja sehen ... Doch der Berg kreißte und gebar nur eine Maus. Die Regierungen der einzelnen Länder konnten sich nicht auf eine gemeinsame Haltung zum Regenwaldproblem einigen und gaben sich zufrieden mit einer »Grundsatzerklärung, die juristisch nicht bindend ist, aber als Leitlinie für einen globalen Konsens im Hinblick auf ökologisch nachhaltige Pflege, Erhaltung und Nutzung aller Waldtypen gelten kann«. Doch wie es im Bericht des World Rainforest Movement so richtig hieß: »Die Länge der Überschrift ist nicht proportional zur Tiefe der Inhalte.«[66] Nirgendwo in der so genannten Wald-Deklaration wird auf die Rechte der indigenen Völker hingewiesen. In der Agenda 21, mit der man versuchte, die ökologischen und sozialen Probleme der Welt anzugehen, finden sich die indigenen Völker gerade einmal in Kapitel 11 erwähnt, wo es um die Entwaldung geht. Den »örtlichen und indigenen Bevölkerungsgruppen« misst man dort nur eine marginale Rolle zu, an

66 *World Rainforest Movement Bulletin* vom April 2004.

anderer Stelle werden sie erst gar nicht erwähnt und damit von vornherein von der Diskussion ausgeschlossen. Dort, wo es um konkrete Maßnahmen und den Kampf gegen die Entwaldung geht, wurden die Bewohner des Waldes nicht einmal befragt. Ganz im Gegenteil. Die Unterzeichnerstaaten maßen sich einmal mehr das Recht an, über diese Wälder zu entscheiden. Zwar wird in Kapitel 11 auch das Mitspracherecht der einheimischen Bevölkerungsgruppen festgelegt, doch damit wird dem weniger kundigen Beobachter nur Sand in die Augen gestreut, denn bei den Entscheidungen ist dieses Mitspracherecht plötzlich ersatzlos gestrichen.

Anlässlich des Weltgipfels für nachhaltige Entwicklung 2002 in Johannesburg kam man den indigenen Völkern zum ersten Mal einen Schritt entgegen. Dort heißt es in Artikel 45 der gemeinsam verabschiedeten Schlusserklärung zum Thema »Wälder«, dass die Staaten sich von nun an auf allen Ebenen dafür einsetzen werden, dass »die von indigenen Völkern entwickelten Methoden der Walderhaltung anerkannt und unterstützt werden sollen, sodass die indigenen und örtlichen Bevölkerungsgruppen am Thema Waldschutz effektiv beteiligt werden.«

In Wirklichkeit aber ist es bis dato zu multinationalen Konzernen, den Regierungen der nördlichen Länder sowie den internationalen Finanzinstitutionen noch keineswegs durchgedrungen, dass die indigenen Völker einen wichtigen Beitrag zur Bewirtschaftung der Wälder leisten könnten. Angesichts dieser Haltung der Ignoranz gegenüber den indigenen Völkern beriefen einige Hundert Nicht-Regierungsorganisationen und Vertreter indigener Bevölkerungsgruppen das Social Forum von Porto Alegre ein, gleichsam als Antwort auf den Weltwirtschaftsgipfel in Davos, und gaben eine Erklärung gegen die »Globalisierung der Armut« ab. Der Slogan des Forums, das seitdem Jahr für Jahr (meist in Brasilien) abgehalten wird, ist kurz: »Eine andere Welt ist machbar.« Das Manifest von Porto Alegre verlangt unter anderem die Streichung aller Schulden der Länder des Südens ohne Gegenleistungen wie zum Beispiel eine Öffnung der nationalen Wirtschaft für die Länder des Nordens, wie dies der G8-Gipfel erst kürzlich forderte. Darüber hinaus fordert man, dass es keine Patente auf DNS geben soll, sowie ein gerechteres Management des Welthandels. Es geht dabei um die Schaffung einer neuen Gesellschaft, in der die Beziehungen des Menschen zu seinen Mitmenschen und zur Umwelt von Harmonie und Gerechtigkeit getragen sind. Dies mag auf den ersten Blick utopisch erscheinen, doch die Umsetzung dieser Ideen ist möglich und notwendig.

Auch das Schicksal der Wälder wurde auf dem World Social Forum diskutiert, bis man zu einer gemeinsamen Grundsatzerklärung kam: der Mumbai – Porto Alegre Forest Initiative[67]. Man beschloss zwölf Artikel, deren wichtigster wohl der erste ist: »Jene Bevölkerungsgruppen, die in und von den Wäldern leben, sind die wahren Hüter und Beschützer des Waldes und haben, was diesen betrifft, unveräußerliche Rechte.« In Artikel 9 und 10 wird festgelegt, dass sowohl Regierungen als auch Nicht-Regierungsorganisationen und Unternehmen keinerlei Rechte auf den Wald und seine Biodiversität besitzen. In Artikel 10 und 11 heißt es: »Industrielle Holzgewinnung und Plantagen sowie alle angeblichen Entwicklungs- und Schutzprojekte, die zu einer weitergehenden Entwaldung, zu Waldschäden und der Vertreibung lokaler Bevölkerungsgruppen führen, können

67 Sie finden diese Erklärung in englischer Sprache unter: http://www.wrm.org.uy/statements/Mumbai/index.html

nicht geduldet werden. Jede Beteiligung der Weltbank, des IWF, der Welthandelsorganisation und anderer internationaler Finanzinstitutionen an Projekten, die den Wald betreffen, wird abgelehnt.« Und Artikel 12 besagt ganz lapidar: »Die Kommerzialisierung der Natur und der Wälder durch Unternehmen, Regierungen, internationale Finanzinstitutionen und einige Nicht-Regierungsorganisationen kann nicht hingenommen werden.«

Ziel dieser Bestrebungen ist es, eine neue Welt zu schaffen, in der die Wirtschaft den Menschen dient und nicht umgekehrt, wie dies im Moment der Fall ist.

Die dezentrale Bewirtschaftung der Wälder durch die dort lebenden Menschen hat bereits einige Erfolge aufzuweisen, vor allem in Nordamerika, genauer gesagt in Britisch-Kolumbien, wo die Holzindustrie ebenso große Verwüstungen anrichtet wie in den Tropenwäldern. Doch ebendiese Erfolge stören die Ruhe der Holzbarone und ihrer Konzerne.

Auch in Kenia wurde ein neues Projekt beschlossen, das den ortsansässigen Bevölkerungsgruppen den Wald zur Bewirtschaftung überlässt. Auf diese Weise versucht die Regierung den Gefahren durch die fortschreitende Entwaldung des Landes entgegenzuwirken. Erste Früchte gibt es bereits. In verschiedenen Regionen, die für die lokale Bewirtschaftung ausgewählt wurden, bildete man Institutionen, die sich des Waldes annehmen (in den Wäldern von Eburru, Kereita, Rumuruti, Ngangao und Kitobo). Auf diese Weise gelang es, die illegale Abholzung erheblich zurückzudrängen. In Benin, Nigeria, Tansania und Kamerun wurden ähnliche Initiativen geschaffen. Mit der Zucht von Eulacodes, einer vormals wilden Nagetierart, wurde ein

Ersatz für Buschfleisch geschaffen. In diesen Projekten, in denen es wirklich um nachhaltiges Wirtschaften geht, sind meist Frauen tonangebend. Natürlich können damit nicht sämtliche Probleme der Waldbewirtschaftung auf einmal gelöst werden, doch immerhin gibt es einen hoffnungsvollen Ansatz, der zeigt, wie sich die tropischen Wälder erhalten lassen.

Auch in Kolumbien, Ecuador, Brasilien, Indien, Indonesien und auf den Philippinen gibt es Bemühungen im Hinblick auf die dezentrale Bewirtschaftung der Wälder. So wurde in Indonesien erst kürzlich ein Dekret erlassen, das den örtlichen Gemeinden die Möglichkeit gibt, Kooperativen zu bilden, die von der Regierung das Recht auf die wirtschaftliche Nutzung des Waldes im Rahmen lokaler Entwicklungspläne erhalten können.

Es gibt also durchaus Alternativen zur industriellen Holzwirtschaft. Die Regierungen der Nationalstaaten müssten sie nur intensiver fördern und nutzen.

Aber natürlich müssen auch wir, die wir nicht in Regenwaldländern wohnen, das Gewicht unserer Kaufkraft in die Waagschale werfen, um solche Initiativen zu unterstützen und gegen das Verschwinden der Regenwälder anzukämpfen. Eine verantwortungsvolle Kaufentscheidung ist umweltbewusst. So gilt es auf jeden Fall, Tropenholz und Papier ohne eindeutige Herkunftsbezeichnung zu meiden. Bevorzugen Sie Produkte, bei denen klar ist, woher das Holz kommt und wie es bearbeitet wurde. Entscheiden Sie sich für Holzprodukte mit dem FSC-Siegel oder gleich für einheimische Produkte wie Eiche, Kastanie, Kiefer, deren umweltgerechte Herstellung ebenfalls zertifiziert wurde. Heute kann man diese Hölzer entsprechend behandeln, sodass sie ebenfalls für den Außenbereich genutzt werden können. Wir sollten auf alle Produkte verzichten, die Palmöl enthalten, da es kein Zertifikationssystem gibt, das garantiert, dass sie aus einer nachhaltig bewirtschafteten Plantage stammen. Ein solches ist zwar geplant, doch konkrete Ergebnisse sind noch in weiter Ferne.

Im Klartext: weniger konsumieren, verantwortlich konsumieren und sich über die Entstehungs- und Herstellungsbedingungen jener Produkte informieren, die wir in den Einkaufskorb legen. Dann kann man von einer ethischen Entscheidung sprechen, die sowohl die Umwelt als auch die Rechte der indigenen Völker respektiert.

Wissen ist der erste Schritt zum ethischen Handeln. Informieren Sie sich über den Wald, über die Biodiversität in den Tropen und über die Menschen, die in den Wäldern leben. Auf diese Weise helfen Sie, unser gemeinsames Erbe zu erhalten, das unser aller Überleben sichert.

Abschließend möchte ich Raoni, den Führer der Bewegung zum Schutz des Regenwalds in Amazonien, nochmals zu Wort kommen lassen. Denn sein Mut und seine Entschlossenheit in diesem Kampf gegen Goliath sind mehr als bemerkenswert. Seine Worte, die er vor mehr als 15 Jahren sprach, als er zum ersten Mal in die westliche Welt kam, haben mich tief bewegt:

»Der weiße Mann ist seltsam. Er nimmt sich keine Zeit zum Träumen, zum Nachdenken, zum Genuss der Schönheiten der Erde wie dem Morgenrot oder einem abendlichen Bad im klaren Wasser eines Flusses. Er blickt niemals zu den Sternen auf. Nur Geld ist ihm wichtig, immer nur Geld. Er rennt, bis er tot umfällt. Sein Leben läuft vor ihm davon. Sogar für das Wasser, mit dem er seinen Durst löscht, muss er bezahlen. Er lebt nicht. Er überlebt in einer Welt, die für uns unverständlich ist. [...] Der weiße Mann weiß nicht, wer er ist. Er teilt nicht. Ich habe Bettler auf den Straßen gesehen. Und Menschen, die blicklos an ihnen vorübergingen. Ihr habt keine guten Führer. In unserer Gesellschaft gibt es keine Bettler. Wir helfen uns gegenseitig. Vielleicht sind wir ja menschlicher als ihr.«[68]

68 Bartillat, Laurent de, Retallack, Simon, *Stop*, ebenda.

Danksagung

Dieses Buch verdankt sein Dasein vielen Lebewesen, Menschen ebenso wie Tieren und Bäumen. Da sind zunächst einmal Mono, Maya, Pasaran und viele andere Orang-Utans, die mir in Borneo bewusst werden ließen, wie und aus welchen Gründen ihr Wald verschwand. Sie öffneten mir überhaupt erst die Augen für dieses globale Verbrechen gegen die Biodiversität.

Ein Artikel über den Mangrovenwald im mittlerweile eingestellten Magazin *Forêts* war der Anfang meiner journalistischen Recherchearbeit, die ich mit den Untersuchungen zu meiner Doktorarbeit über die Orang-Utans verband. Ein Kapitel meiner Arbeit war der Entwaldung in Indonesien gewidmet.

Von diesem Moment an halfen mir viele Menschen bei der Verwirklichung meines Buchprojektes. Zunächst einmal möchte ich Cyril Ruoso danken, der mir Tag für Tag seine moralische Unterstützung angedeihen ließ und das Manuskript immer wieder las und kommentierte. Auch meinen Eltern, die sich stunden-, ja tagelang meine Ausführungen zum Regenwald anhörten, sei dafür herzlichst gedankt.

Claudine André und die Bonobos in der Station Lola Ya Bonobo haben mich mit all ihren Kräften unterstützt. Claudine sorgte dafür, dass ich erfuhr, was in den Wäldern der Bonobos vorging. Auch die Waldfachleute, die ich anlässlich meiner Aufenthalte in der Demokratischen Republik Kongo kennen lernte, haben mir viel über ihr Metier und die Geschichte der Waldnutzung in Europa und seinen Kolonien beigebracht.

Den beiden bekannten TV-Journalisten Nicolas Hulot und Alain Tixier sei gedankt, weil sie mir mit ihrem Film *Ushuaïa Nature*, den sie in Gabun und Uganda drehten, indirekt Mut gemacht haben.

Die Liste jener Menschen und Nicht-Regierungsorganisationen, die mir Informationen über so verschiedene Gebiete wie Wirtschaft, Geopolitik, Menschenrechte, indigene Völker, Holzzertifizierung und -industrie oder Papierherstellung zukommen ließen, ist so lang, dass ich sie hier nicht aufführen kann. Sie mögen mir doch bitte verzeihen.

Am Ende steht der Dank an meinen Verleger Ronald Blunden, der stets Vertrauen in mich hatte. Und natürlich an sein Team, das mir half, dieses Projekt zu verwirklichen, das mir so sehr am Herzen lag.

Quellenangaben und weiterführende Hinweise

Hier finden Sie Bücher, Filme und Organisationen zum Thema »Wald und Entwaldung«. Natürlich ist diese Liste nicht vollständig. Sie soll den Menschen, die bestimmte Aspekte der Fragestellung vertiefen wollen, erste Anhaltspunkte liefern. Und natürlich soll sie jenen Menschen Wege aufzeigen, die sich weitergehend für den Regenwald und seine Bewohner einsetzen wollen.

Buchtipps

Barraclough, Solon L., Ghimire, Krishna B., *Agricultural Expansion and Tropical Deforestation: Poverty, International Trade and Land Use*, London 2000.

Bermingham, Eldredge, Dick, Christopher W., Moritz, Craig, *Tropical Rainforests: Past, Present and Future*, Chicago 2005.

Chew, Sing C., *World Ecological Degradation: Accumulation, Urbanization and Deforestation 3000 B. C. – A. D. 2000*, Walnut Creek 2001.

Conrad, Joseph, *Herz der Finsternis*, München 2004.

Durand, Frédéric, *La Jungle, la Nation et le Marché: chronique indonésienne*, Nantes 2001.

Ferro, Marc (Hrsg.), *Le Livre noir du colonialisme. XVIe-XXIe siècle. De l'extermination à la repentance*, Paris 2004.

Gheerbrant, *Amazonas – der sterbende Riese*, Ravensburg 1990.

Goldsmith, Frank Barrie (Hrsg.), *Tropical Rain Forests: A Wider Perspective*, London/New York 1998.

Hochschild, Adam, *Schatten über dem Kongo*, Reinbek 2002.

Lefébure, Antoine (Hrsg.), *L'Amazonie disparue. Indiens et explorateurs 1825–1930*, Paris 2005.

Pétré-Grenouilleau, *Les Traites négrières. Essai d'histoire globale*, Paris 2004.

Shiva, Vandana, *Biopiraterie: Kolonialismus des 21. Jahrhunderts*, Münster 2002.

Stiglitz, Joseph E., *Die Schatten der Globalisierung*, München 2002.

ders., *Un autre monde: contre le fanatisme du marché*, Paris 2006.

Vadrot, Claude-Marie, *Guerres et environnement. Panorama des paysages et des écosystèmes bouleversés*, Paris 2005.

Whitmore, Timothy Charles, *Tropische Regenwälder: eine Einführung*, Heidelberg/Berlin/New York 1993.

Die Grundsatzerklärung der Mumbai-Porto Alegre Forest Initiative finden Sie im Wortlaut unter: http://www.wrm.org.uy/statements/Mumbai/index.html

Dokumentarfilme

Allen, David, *Deep Jungle*, Dokumentarserie, Granada International Media Ltd. 2004.

Smith, Miranda, *Voice of the Amazon: the Story of Chico Mendes and the Fight for the Rainforest*, Miranda Production Inc. 1989.

Robin, Marie-Monique, *Les Pirates du vivant*, Arte France, Galaxie Production 2005.

Organisationen, die sich für die Wälder, für den Schutz der Biodiversität und für indigene Völker einsetzen

Survival France, 45, rue du Faubourg-du-Temple, 75010 Paris, Frankreich, www.survivalfrance.org

Environmental Investigation Agency (EIA), 62/63 Upper Street, London N1 0NY, Großbritannien, www.eia-international.org

World Rainforest Movement, Maldonado 1858, Montevideo 11200, Uruguay, www.wrm.org.uy

Greenpeace e.V., Große Elbstr. 39, 22767 Hamburg, www.greenpeace.de

WWF Deutschland, Rebstöcker Str. 55, 60326 Frankfurt a. M., www.wwf.de

Friends of the Earth (Europe), Rue Blanche 15, 1050 Brüssel, Belgien, www.foeeurope.org

Global Witness, P.O. Box 6042, London N19 5WP, Großbritannien, www.globalwitness.org

Noé Conservation, c/o La Ménagerie du Jardin des Plantes, CP 31, 57, rue Cuvier, 75231 Paris cedex 05, Frankreich, www.noeconservation.org

The Borneo Orangutan Survival Foundation (BOS Deutschland), Böckhstr. 39, 10967 Berlin, www.bos-deutschland.de
Siehe auch: www.orangutan.or.id (BOS Indonesien) und www.bos-international.org (Dachorganisation)

Ikamaperou; kämpft für die Erhaltung des peruanischen Regenwaldes und der Seidenaffen, ikamaperou@yahoo.fr.

Kalaweit, Organisation für die Rettung der Gibbons in Indonesien, www.kalaweit.org

Lola Ya Bonobo, Station für Bonobos der Demokratischen Republik Kongo, www.bonoboscongo.net

Jane Goodall Institute, 1, rue du Général-Bertrand, 75007 Paris, Frankreich, www.janegoodall.fr

Jane Goodall Institut Deutschland, Leonrodstr. 42, 80636 München, www.janegoodall.de

Environmental Justice Foundation, 5 St. Peter's Street, London N1 8JD, Großbritannien, www.ejfoundation.org

Fondation Nicolas Hulot pour la nature et l'homme, 6, rue de l'Est, 92100 Boulogne-Billancourt, Frankreich, www.fondation-nicolas-hulot.org

Awely – Des animaux et des hommes; setzt sich für ein konfliktfreies Zusammenleben von Mensch und Tier ein, www.awely.org

Traffic, überwacht den Handel mit bedrohten Tier- und Pflanzenarten, www.traffic.org

Pro Regenwald; unterstützt Projekte zum Schutz des Regenwaldes in verschiedenen Ländern, Frohschammerstr. 14, 80807 München, www.pro-regenwald.de

Rettet den Regenwald e.V.; setzt sich für den Erhalt des Regenwaldes weltweit ein, Friedhofsweg 28, 22337 Hamburg, www.regenwald.org

Robin Wood, 1982 gegründete Umweltorganisation zum Schutz der Wälder, Postfach 102122, 28021 Bremen, www.robinwood.de

Tropenwaldnetzwerk Brasilien; ein Zusammenschluss von mehr als 30 Nicht-Regierungsorganisationen, die sich für den Schutz der Wälder einsetzen, www.tropenwaldnetzwerk-brasilien.de

Waldportal; umfassende deutschsprachige Webseite zum Thema, www.waldportal.org